国家社科基金项目“西方大学发展史研究”
（课题编号：14BSS004）结项成果

U0854736

西方大学发展史研究

杜海燕 著

人民东方出版传媒
People's Oriental Publishing & Media
東方出版社
The Oriental Press

图书在版编目（CIP）数据

西方大学发展史研究 / 杜海燕著. -- 北京 : 东方出版社，2022.2
ISBN 978-7-5207-1966-7

Ⅰ.①西… Ⅱ.①杜… Ⅲ.①高等学校－教育史－研究－西方国家 Ⅳ.①G649.1

中国版本图书馆CIP数据核字（2021）第079749号

西方大学发展史研究
（XIFANG DAXUE FAZHANSHI YANJIU）

责任编辑： 张晓雪　李小娜
出　　版： 东方出版社
发　　行： 人民东方出版传媒有限公司
地　　址： 北京市西城区北三环中路6号
邮　　编： 100120
印　　刷： 三河市元兴印务有限公司
版　　次： 2022年2月第1版
印　　次： 2022年2月第1次印刷
开　　本： 787毫米×1092毫米　1/16
印　　张： 22
字　　数： 315千字
书　　号： ISBN 978-7-5207-1966-7
定　　价： 77.00元
发行电话：（010）85924641　85924738

版权所有，违者必究
如有印装质量问题，我社负责调换，请拨打电话：（010）85924738

内容摘要

本研究以现代大学的形成与发展为研究对象，经过多次尝试和反复修改，将几所大学的创立作为分期依据：1158 年是“欧洲大学之母”意大利博洛尼亚大学的法定成立之年；1810 年“现代大学之母”德国柏林大学成立，这所新制大学确定了教学科研一体的全面人文教育办学宗旨；1836 年英国伦敦大学成立，由民众创办，注重工业与科学领域，招收学生没有教派及性别限制；1901 年美国乔利埃特初级学院成立，哈珀将大学分成学术学院和大学学院两部分的做法使得高等教育大众化具备了前提条件；1969 年英国开放大学是因远程教育和高等教育的蓬勃发展而兴起的新型大学。

本研究主要采用文献分析、个体剖析、数据统计等研究方法，努力遵循陈寅恪“从史实中求史识”的原则，将欧美和澳大利亚等主要西方国家的大学发展历史资料尽可能全面地进行搜集，然后将这些材料进行分析梳理，寻找各个国家大学发展历史之间的异同，并从历史文化和自身嬗变的角度等进行深入分析，为各个国家大学发展的变异现象寻找合理的历史文化和国家自身的解释。结语部分对现代大学的变革、学术独立的灵魂、为国为民的责任以及大数据背景下无边界大学的发展趋势进行了论述。

关键词：西方大学，高等教育，发展史

目录

绪　论

一、选题缘由及意义

（一）选题缘由

关于古今大学存在的变化和差异，哈斯金斯曾经说过这样一段话，“尽管它们之间有着很大的差异，但20世纪的大学是中世纪巴黎和博洛尼亚大学的直系后裔却是一个不争的事实。它们是我们现代大学的源头和赖以发展的基础。它们的基本构成是一样的，历史的延续性并没有被破坏。它们创造了现代世纪的大学传统，那是一种无论是最年轻的还是历史最悠久的高等教育机构所共有的传统，并且为所有学院人和大学人所了解和珍视的传统”[①]。恰如大学的根本使命始终如一，大学的古老传统也一直没有改变。无论社会发展进步如何，人类价值观多么复杂多样，总是需要大学这种怀有宗教般虔诚态度的机构来维护知识与真理的存在。

1.“大学”本身的发展与吸引力

“在85个创立于公元1520年之前、至今仍然一脉延续、拥有相似功能和不间断历史的西方机构名单中，包括少许主教座堂，爱尔兰、冰

① ［美］查尔斯·霍默·哈斯金斯：《大学的兴起》，梅义征译，上海三联书店2007年版，第8页。

岛议会，以及大不列颠、瑞士的几个州议会；另外，就是接近70所的大学。当那些曾经不可一世的专制王朝、封建领主和垄断行会都已烟消云散，这70所大学，依然矗立在原来的地址，沿袭着同样的称谓；仍然有教授和学生在一些古老的房子里做着大致相同的事情，遵循着一脉相承的治理方式。”与此同时，现代大学的发展充满了困惑与危机，伯顿·克拉克说，“全世界的大学已经进入一个看不到尽头的令人感到混乱的时期。由于在20世纪最后25年间全球大学的困难有增无减，高等教育丧失了它可能一度具有的稳定状态”①。“大学”究竟是一种什么样的机构使得它在如此长的时间里有着如此大的影响力？它又为什么能在如此长的时间里有着如此大的影响力？它还会不会在以后很长的时间里依然有着如此大的影响力？随着知识轴心时代的到来，在大数据背景下的互联网时代，大学何去何从？

2. 学界对西方大学发展问题研究的不充分

学界对西方大学的研究成果不少，其中四卷本的《欧洲大学史》由欧洲大学校长常设会议（CRE）领导的编委会组织编写，阐明大学如何且为什么能逐渐包括所有的知识并遍布于世界绝大部分地区，以及大学如何培养具有超越国界特征的学术和职业精英。国际大学史研究领域的权威刊物《大学史》自创办以来刊发了大量大学史研究方面的论文、书评和文献，可以使人了解大学特别是欧洲大学史的研究状况。而且，随着历史计量、集体传记等新式研究方法的运用以及史料尤其是实物史料和口述史料应用的逐渐增多，大学史的研究主题有不同程度的拓展，研究范围更广更

① ［美］伯顿·克拉克：《建立创业型大学：组织上转型的途径（导言）》，王承绪译，人民教育出版社2003年版，第1页。

深。浙江教育出版社的“汉译世界高等教育名著丛书”[①]看了，上海交通大学出版社“世界一流大学史丛书”[②]翻了，读秀知网 CALIS、ProQuest 以及 JSTOR 也查了。但是，对于自己心中那种说不出来的对“大学”的困惑与迷茫，他人之酒杯终不能浇自己之块垒。

3. 个人因素

笔者的博士论文为《澳大利亚大学发展史研究》，与本研究都属于大学史的研究范畴。但是，博士论文仅仅对澳大利亚一个国家的大学发展历程进行了研究，对于“大学”这个组织机构究竟有怎样的发展变迁笔者还没有形成清晰的整体概念。而且，限于博士学习时间及阅读能力，对澳大利亚大学发展更多是教育内史研究，本研究则努力将对大学史的研究从教育学侧重内部因素引申到更为广阔的历史背景去关注影响大学的外部社会因素。左陈端溪砚，右列薛涛笺，我手写我口，努力在博士论文基础上有所扩展与深化。

（二）选题意义

1. 理论意义

大凡历史研究，其首要目的在于弄清历史事实，厘清发展脉络。本研究将西方大学发展的历史过程纳入研究视野，本着一切历史都是当代史的

---

① 浙江教育出版社 2001 年“汉译世界高等教育名著丛书”共 12 本：[美]约翰·S. 布鲁贝克《高等教育哲学》；[美]伯顿·克拉克《高等教育新论：多学科的研究》；[西]加塞特《大学的使命》；[加]约翰·范德格拉《学术权力：七国高等教育管理体制比较》；[美]克拉克·克尔《高等教育不能回避历史（21 世纪的问题）》；[美]伯顿·克拉克《研究生教育的科学研究基础》；[美]克拉克《探究的场所》；[美]弗兰斯·F. 范富格特《国际高等教育政策比较研究》；[美]亚伯拉罕·弗莱克斯纳《现代大学论——美英德大学研究》；[英]亨利·纽曼《大学的理想》；[美]赫钦斯《美国高等教育》；[美]德里克·博克《走出象牙塔——现代大学的社会责任》。

② 单中惠、顾建民主编：具体包括《哈佛大学史》（徐来群著）、《牛津大学史》（周常明著）、《剑桥大学史》（刘亮著）、《耶鲁大学史》（周雁著），上海交通大学出版社 2012 年版。

原则试图拓宽和加深外国教育史尤其是大学史研究。巴茨说："研究教育史，就其本身而言，是不能解决目前的实际问题的，但却能够使我们更为明智地对待目前的实际问题。"① 经济－社会史理论为本研究的顺利进行提供了有益的理论视野及方法依托，从政治、经济、文化等社会因素不同层面的微观研究入手，可以将大学发展史的研究深化和扩展至整个社会领域，对以往教育学领域侧重大学内部因素研究形成有益补充，还可以以新视角审视大学教师和学生作为知识分子的生活状态，进而发现促进学术创新和知识积累的各种有利因素，发现西方大学发展历史的内在规律，了解西欧社会发展的文化动力。

2. 现实意义

大学充填了少年的梦想青年的未来，而且转折了个体的人生，国家的兴旺发达也要依靠大学及其培养的人才。虽然要办一流大学和国家大学整体水平的提高并不是一回事，但一流大学对国家发展的重要性不言而喻。发展中国家建设世界一流大学的任务无疑并不容易，但路漫漫其修远兮，吾将上下而求索。

二、概念界定

（一）中世纪的"大学"（studium、studium generale、universita）

1. 学馆（studium）

"studium"相当于"学舍、学校"，是进行教育教学的场所。11 世

① R.F. Butts, *A Cultural History of Education*, Irwin:McGraw-Hill, 1947, p.2.

纪后期城市涌现，这些城市不仅拥有一定的自治权利，而且是区域贸易和行政中心，文化教育也相对繁荣茂盛，学校由此开始出现，被称为“stadium”，和古希腊的雅典学校或亚历山大学校类似。但这些学校由于学科优势、名师任教或者单纯的地理位置比较好而吸引了欧洲各地的求学者会集，这种学者之间的学习交流逐渐成为中世纪大学的雏形。十二三世纪时，几乎所有的学校都被称为“stadium”，成为中世纪大学的早期称谓。

2. 总学馆（studium generale）

学校被称为“stadium”，后面多一个“generale”意味着该组织具备了国际性和综合性，意味着其颁发的教师资格证被欧洲各地普遍认可。“总学馆（studium generale）”区别于一般意义上的学校、神学研究班以及私立教育机构，是真正能够与英语“大学”这个概念相对应的拉丁语概念，其出现时间早于“universitas”。①

3. 行会（universita）

欧洲知识分子作为小生产者和中国的传统知识分子不一样，一开始即生于草根自谋生计，没有一个从主流政治中心游离而沦落于草根边缘的过程。为了保护自身的知识生产利益，他们结成“行会（universitas）”、“社群（community）”或者“社团（college）”等各种组织与各种政治宗教社会等势力进行抗争。“行会（universitas）”作为具有某些共同属性的社团只是表示组织的全体。在“行会（universitas）”、“社群（community）”和“社团（college）”等称谓中，只是出于偶然的因素“大学（universitas）”

① 国内教育史领域的学者对此已有所阐述。见陈洪捷:《何谓 studium generale——〈大学理念的传统与变革〉》,《北京大学教育评论》2006 年第 2 期；延建林:《中世纪大学称谓的变迁》,《教育学报》2007 年第 6 期；贺国庆等:《欧洲中世纪大学》，人民教育出版社 2009 年版，第 5—9 页；宋文红:《欧洲中世纪大学的演进》，商务印书馆 2010 年版，第 87—91 页。

直到12世纪末或13世纪初才逐渐地专指教师和学生这种特定形式的行会或联盟，完成由泛指演变为特指的过程。

（二）大学（University、College、University College）

1. 大学（University）

《牛津英语大词典（简编本）》中对大学（University）的概念界定涉及两个层面，首先是其起源意义，在拉丁语中指“全体”，在晚期拉丁语中指“行会，社团”，指的是师生就高于中学层次的一系列学科进行教学的组织机构。在中世纪时意大利、法国和英国的一些地方，由于大多数师生来自外地，他们为了维护自身的利益，便仿照手工艺人行会的方式组织了各自的行会：教师按所教的学科组成“教授会”（facultas），学生按籍贯组成“同乡会”（nation），或称为“民族团”。这些学生团体和教师团体又结合成学习和研究的“联合会”或称“行会”（universitas），于此诞生了被称为人类文化史上“智慧之花”的最早的中世纪大学。[①]

2. 学院（College）

在英语中“学院”的对应词很多，除了college之外，尚有institute，academy，school，conservatory，centre和faculty等词，例如，麻省理工学院（Massachusetts Institute of Technology）、美国的西点军校（The United States Military Academy at West Point）、澳大利亚的空军学院（Australian Defence Force Academy）等，独立的音乐学院或大学多用conservatory或academy（欧洲多用），但一所大学内的音乐学院则叫School of Music或College of Music；而神学院则用seminary一词。在有些国家比如美国事实上college和university两者之间的差别是

① 参见贺国庆等：《欧洲中世纪大学》，人民教育出版社2009年版，第9—14页。

很小的，都可以给学生颁发学位，根据专业领域的不同而颁发不同的学位。如常春藤盟校之一的 Dartmouth College，可授予硕士、博士和医学博士等学位，可它依旧名为达特茅斯学院，是一所虽具 university 之实却名为 college 的学校。①

3. 大学学院（University College）

西方大学发展史上还有一种称为大学学院（University College）的高等教育机构。被称为大学学院（ University College ）者大致有三种情况：一是属于大学性质的学院，比 college 这种学院具有更强的独立性和自主权，组织机构也更齐全更完善。如澳大利亚 1930 年成立的堪培拉大学学院（Canberra University College ）和 1938 年成立的新英格兰大学学院（New England University College）。前者的学生由墨尔本大学授予学位，后者的学生由悉尼大学授予学位。就像澳大利亚政府的联邦制一样，这些大学学院虽然在某大学的管辖之下，由其所属的大学颁发学位，但拥有自己的自主权和特色。这类大学学院一般会发展为独立的大学。二是在某些学科上可以授予学士学位的学院。为了和一般的 college 有所区别，特别指明是“大学”学院，也就是说这所 college 是有学士学位授予权的学院而并非没有学位授予权的普通学院。如加拿大国王大学学院（King’s University College）。三是兼设有大学部和专科部的学校。因学校包含有 university 部分，但总体仍旧是一所 college，故统称“大学学院”，如加拿大的 Okanagan University College。②

---

① 参见杜海燕、宫敬才：《澳大利亚高等教育研究中常见概念的界定与辨析》，《前沿》2010 年第 7 期。

② 参见杜海燕、宫敬才：《澳大利亚高等教育研究中常见概念的界定与辨析》，《前沿》2010 年第 7 期。

（三）西方

种族肤色、地理位置、文化背景和政治体制是划分东西方国家的标准：白色高加索人种，处于西半球、多信奉基督教、自认为实行民主制度，包括：英国、德国、法国、意大利、西班牙、奥地利、希腊、丹麦等所有欧洲国家；北美洲的美国和加拿大；大洋洲的澳大利亚和新西兰。[①] 俄罗斯和日本比较特殊：俄罗斯文化属于西方分支但出于政治原因一直没有得到西方国家认同，日本虽然位于亚洲属于黄色人种但因为政治制度一般被认为是西方国家，故两者均不被本课题作为研究对象。本课题的研究对象为西方大学的发展历史，从选题范围来讲包括西方国家的所有大学，从其不管是 college 还是 school 或者 university college 的前身到其 university 的现世。在实际的研究过程中，普查固然有益，但由于精力与时间所限不能事无巨细地面面俱到，笔者本着“窥一斑而见全豹、观滴水可知沧海”的原则，在不同时期依据西方大学发展的特点与脉络选取了不同国家的不同大学为代表进行论述，试图以此达到“是一滴水，却能够反映整个太阳的光辉！”的研究结果。本书的研究对象主要包括意大利、英国、法国、德国、澳大利亚的典型大学。

三、文献综述

古希腊是西方思想的摇篮，西方大学亦源于此，但关于古希腊的研究其理论或者教育哲学的性质远多于教育史的性质。一般认为，最早的外国教育史研究始于 1901 年 5 月王国维主编介绍日本、欧美各国教育现状和

① 参见佚名：《哪些国家是西方国家》，《政工学刊》2006 年第 10 期。

历史的《教育世界》，[①] 最早编撰的外国教育史著作是1921年商务印书馆姜琦撰写的《西洋教育史大纲》。[②] 随后到1937年抗战全面爆发前第一个研究外国教育史的高峰时期，先后受日本和美国的影响出版了一些由国人撰写的著作，既有通史类，也有断代史、专题史。外国教育史学科的复兴是1978年以后，关于中世纪大学的研究也从此开始并在数量上逐渐增加，国内较早阐述中世纪大学的论文是1979年朱锡强的《中世纪欧洲的大学》，[③] 赵祥麟也在1981年发表《西方高等教育简史》介绍西方高等教育概况。[④]

钱露、贺国庆的《中世纪博洛尼亚大学学生自治模式探析》研究了12世纪时作为博洛尼亚大学的运行和管理机构的同行会，揭示出早期大学自治的源泉。[⑤] 杜智萍的《论"学院"对中世纪大学的影响》提到在12世纪学生的不断增多使最初的寄宿舍无法实现对学生的有效管理，学院在此背景下应运而生，并逐渐形成了相对笃定的膳宿制度。[⑥] 张学文《大学理性的萌芽：中世纪大学思想制度考察》提到大学组织从"与上帝事业融为一体"趋于"主动依附于国家"，并在课程、考试、学位与管理诸方面呈现民主化倾向。[⑦] 李永全、胡钦晓《论中世纪巴黎大学社会角色及其冲突》认为诞生之初大学与教育之间存在广泛的互动关系，随后世俗性质逐渐明显，世俗权力对大学控制不断增强，世俗希望大学培养世俗人才以抗衡教

---

① 参见刘新科：《外国教育史学科在中国的发展历史回溯与新世纪瞻望》，《大学教育科学》2005年第2期。

② 参见贺国庆：《外国教育史学科发展的世纪回顾与断想》，《河北师范大学学报(教育科学版)》2001年第3期。

③ 参见朱锡强：《中世纪欧洲的大学》，《徐州师范学院学报》1979年第2期。

④ 参见赵祥麟：《西方高等教育简史》，《上海高教研究丛刊(第一辑)》1981年。

⑤ 参见钱露、贺国庆：《中世纪博洛尼亚大学学生自治模式探析》，《河北师范大学学报(教育科学版)》2013年第5期。

⑥ 参见杜智萍：《论"学院"对中世纪大学的影响》，《高教探索》2013年第5期。

⑦ 参见张学文：《大学理性的萌芽：中世纪大学思想制度考察》，《大学教育科学》2012年第1期。

会，大学在行为模式上也趋于世俗化。[①] 黄旭华、盛世明《中世纪欧洲大学教师资格制度及启示》涉及中世纪大学教师资格证的获取不仅需要教会的程序上形式上认可，还要得到教师行会在知识、能力方面的实质性认可。[②]

1985 年《关于教育体制改革的决定》颁布之后，外国教育史研究领域全面拓展，1982 年蔡克勇《高等教育简史》是我国最早的高等教育史著作。[③] 同时，对国外大学史的专题研究也随之展开，如贺国庆《德国和美国大学发达史》和郭健《哈佛大学发展史研究》等。近年来，欧洲大学史研究逐步深入，但大多散见于一个特定的时期，虽然研究领域逐步细化、具体专业领域也逐步深化，但也被认为外国教育史研究领域呈现“碎片化”状态，[④] 缺乏展示人类教育历史的整体画卷，对于大学在与社会经济、政治、科技与宗教诸因素交互作用过程中所表现出来的发展规律与整体特征没有探讨。本研究试图整合日趋细化与深化的大学史研究，探讨大学发展历史的整体脉络及其对民族国家发展与人类进步所发挥的文化启智与知识支撑作用。

赵祥麟认为西方国家自 20 世纪 60 年代以来才广泛开展高等教育研究，之前高等教育研究的重要的专门著作仅有三本：一是德国洪堡写的《柏林理智学院的精神和组织结构》（1809—1810），二是纽门的《一个大学的理想》（1853 和 1858）；三是美国人费莱克斯纳写的《大学——美国、英国、德国）（1930）。[⑤] 国内有关中世纪教育研究的最早译著是 1922 年出版的美国

① 参见李永全、胡钦晓：《论中世纪巴黎大学社会角色及其冲突》，《清华大学教育研究》2012 年第 4 期。

② 参见黄旭华、盛世明：《中世纪欧洲大学教师资格制度及启示》，《清华大学教育研究》2013 年第 1 期。

③ 详见《苏联高等教育的历史和现状》（王清华著）、《美国高等教育发展史》（陈学飞著）、《美国高等教育的发展与改革》（王英杰著）、《英国高等教育的历史、现状》（张泰金著）、《西方高等教育近代化》（黄福涛著）。

④ 参见王保星：《我国外国教育史研究的“碎片化”与“整合”——再论全球史观的外国教育史学科发展意义》，《河北师范大学学报（教育科学版）》2011 年第 9 期。

⑤ 参见赵祥麟：《西方高等教育简史》，《上海高教研究丛刊（第一辑）》1981 年。

教育史学家格莱夫斯的《中世纪教育史》，[①] 德国梅纳的《高等学院的形成和发展历史》、英国马尔顿的《大学与学位的起源》、多林格的《过去与现在的大学》、穆林格的《剑桥大学》等大学研究早期阶段的作品多为通史且缺少深入分析。同时，由于其中很多以非英语写作缺乏英译本，在一定程度上影响了学者的广泛吸收。[②] 英国历史学家艾伦·科班的《中世纪大学：发展与组织》是研究中世纪大学的代表作，真正具有划时代意义的作品是1885年《1400年以来的大学史》和哈斯丁·拉什达尔的《欧洲中世纪大学》。20世纪后期又出现了几部对中世纪大学进行总体研究的力作，包括奥夫·彼得森的《最早的大学：学院和欧洲大学教育的起源》和1992年出版的四卷本《欧洲大学史》。欧洲大学在文艺复兴和宗教改革时期都经历了巨大变迁，是欧洲传统大学向近现代大学过渡的重要时期，因此也是大学史研究的重要对象。研究成果可参考英国教育学家威廉·伍德沃德的《文艺复兴时期的教育研究》。在西方对于大学的研究起源于19世纪，研究已经形成相当规模，20世纪30年代至50年代，西方学者在大学研究的研究方法上取得了新的突破，具体表现为美国社会学家罗伯特·金·默顿突破科学史注重思想史或学说发展史的传统框架，主张将科学史的历史研究与社会学理论相结合，而法国历史学家雅克·勒高夫则聚焦大学知识分子、政权、教会三者之间的关系，奠定了后来者进行学术体制研究的基本思考点。[③]

---

① 参见［比］希尔德·德·里德-西蒙斯：《欧洲大学史（第一卷）：中世纪大学》，张斌贤等译，河北大学出版社2008年版，第1页。

② 参见陈默：《欧洲中世纪大学史研究述评》，《楚雄师范学院学报》2014年第7期。

③ 英文专著还有：C.Brooke,*A History of the University of Cambridge,V2,1546–1750*,Cambridge: Cambridge University Press,2004;W.A.Pantin,*Oxford Life in Oxford Archives*,Oxford: Clarendon Press,1972;*J.Simon,Education and Society in Tudor England,*Cambridge:Cambridge University Press,1966;D.R.Leader,*A History of the University of Cambridge,VI,the University to 1546*,Cambridge: Cambridge University Press,1988;J.R.Tanner,*Tudor Constitutional Documents:A.D.1485–1603*,Cambridge:Cambridge University Press,1951;*Currie,J.Universities and Globalization: Critical Perspectives*,Thousand Oaks:Sage Publications,1998;Tierney,William G.*The Social Role of Higher Education:Comparative Perspectives*,New York:Garland Publishing,1996.

四、研究方法

本研究努力遵循陈寅恪“从史实中求史识”的原则，将意、法、英、德、美等主要西方国家的大学发展历史资料尽可能全面地进行搜集，然后将这些材料进行分析梳理，寻找各个国家大学发展历史之间的异同，并从历史文化和自身嬗变的角度等进行深入分析，为各个国家大学发展的变异现象寻找合理的历史文化和国家自身的解释。本研究所选择“阐释”立场，不以或不直接以改造现实并追求直接的实用为指向，更不会将改造现实世界视为研究合法性存在的唯一理由。笔者认识到了研究主体自身的前见影响以及和研究对象的“价值关联性”所可能产生的局限，但更希望我的解释能把人带入我所解释的事物的本质深处。具体研究方法包括文献分析、数据统计、个案研究等。

五、创新点与不足

（一）创新点

1. 大学历史的分期

在大学的发展历史上，大学的理念、大学的功能或大学的结构以及大学的课程等都可以作为分期标准，而且有现成资料可供参考借鉴。徐蓝曾经说过：“对历史断代的分期是相对的，历史是一个不断发展的过程，断代之间并不是截然分开的，而是相互交叉的。”[①] 我非常认可先生的观

① 源自2015年9月21日徐蓝在“国培计划（2015）——示范性教师工作坊高端研修项目首都师范大学初中历史班”所作题为《资本主义制度的建立》的讲座内容。

点，但终归需要一个时间节点来作为划分的依据，就像每个人终归会记下一个日子当作自己的生日。经过长期的思考和犹豫彷徨，经过多次尝试和反复修改，本书将几所大学的创立作为分期依据：1158 年是“欧洲大学之母”博洛尼亚大学的法定成立之年；1810 年“现代大学之母”洪堡大学成立，这所新制大学确定了教学科研一体的全面人文教育办学宗旨；1836 年伦敦大学成立，由民众创办，注重工业与科学领域，招收学生没有教派及性别限制；1901 年乔利埃特初级学院成立，哈珀将大学分成学术学院和大学学院两部分的做法使得高等教育大众化具备了前提条件；1969 年英国开放大学是因远程教育和高等教育的蓬勃发展而兴起的新型大学。

2. 整体脉络的把握

与哈佛、耶鲁、牛津、剑桥等相比，这些大学在普通人的心目中不够著名。宋玉在《风赋》中说：“夫风，生于地，起于青蘋之末；侵淫溪谷，盛怒于土囊之口；缘泰山之阿，舞于松柏之下。”在大学的发展历史上，正是由于这些大学的先声并充当铺路石，才有了大学乃至整个高等教育的今天。关于西方大学发展历史的研究成果汗牛充栋，车载斗量；研究人员更是前有古人，后有来者。西欧不同国家不同时期的不同大学都被插上了胜利的旌旗，放眼望去尽是山头。我没有时间和能力去深入研究每个国家的每所大学，但这并不影响我判读它们的整体脉络。法国作家克洛代尔曾经说过：“一个笼统的概述，即使不很准确也比精确的细节描述要强，因为笼统的概述总是更接近事实的。”① 导师侯建新先生教导我说：不要多宏观，也不要多微观，中观就行。虽不知能不能至，我心向往，并为之努力。

① ［法］本内迪克特·拉佩尔：《欧洲脸谱》，刘玉俐译，高毅校，中国人民大学出版社 2015 年版，第 49—50 页。

（二）不足

1. 笔者语言能力非常有限，只能阅读中文和英文。以中世纪大学为例，其参考资料主要是当时官方文件如皇家特许证书或者教皇谕旨等，即使英文资料在表述当时情况也是夹杂着拉丁单词，好不容易搜集到的资料便只能云里雾里地看看稀罕看看样子，无法再靠近。

2. 尽管笔者尽力抱着科学的态度来描述分析收集到的资料，但笔者作为历史学的入门学生，写作过程难免郢书燕说、牵强附会，只是不自觉。请各位师友不吝批评指正。

3. 在向知识顶峰进取的勇敢精神激励下选定了研究课题，在研究过程中才发现无畏是源于无知。虽然已在规定的时间内尽力而为，但本研究无论广度还是深度都和理想相差甚远，甚至连文字与细节的有趣性都不能令自己满意。期待在以后的研究中弥补。

第一章

1158—1378：大学的产生[①]

① 1988年9月18日，欧洲430个大学校长在博洛尼亚的大广场共同签署了欧洲大学宪章，正式宣布博洛尼亚大学为欧洲“大学之母”（拉丁文：Alma Mater Studiorum），即欧洲所有大学的母校。1158年皇帝费德里克一世颁布法令，规定了博洛尼亚大学不受任何权力的影响，作为研究场所享有独立性，于是该年被认为是意大利博洛尼亚大学法定成立之年，略早于巴黎大学获得皇帝颁布称号的年份的1180年。博洛尼亚大学历史只能追溯到11世纪末（1088年），而巴黎大学则可追溯到9世纪末，所以，巴黎大学的历史更悠久。

第一节　古希腊高等教育思想及其实践

一、古希腊高等教育思想的基础

作为西方文明的摇篮，古希腊教育奠定了欧洲教育发展的基石，是欧洲高等教育发展的源头。毕达哥拉斯、智者学派、苏格拉底、伊索克拉底等的教育活动都具有高等教育性质，柏拉图的学园是西方最早的高等教育机构。亚里士多德的吕克昂注重研究和实验，可看作古代最早实施教学和研究相结合的高等学府。

（一）政治基础

公元前6世纪希腊经过梭伦改革和克利斯提尼改革使雅典由贵族政治走向民主政治，伯里克利统治时期雅典发展成为古希腊文明的中心，自由民因为社会政治地位的提高从而认识到自身价值越来越在政治生活中崭露头角，进而提高了对子女的教育期望。发挥自身能力参与城邦管理是当时希腊公民最为关切的问题，教育要为城邦造就未来的政治家以及能参与政治生活的公民。伯罗奔尼撒战争暴露了雅典的社会危机，这次古代世界大战促使人们思考如何改善雅典政治、如何维护公众利益、如何重新富强等问题。苏格拉底提出“知识即美德”的思想试图解决这些问题，着手以教育培养治国安邦之才。

（二）经济基础

古希腊发达的奴隶制使得奴隶主贵族能够脱离生产劳动专门从事文化教育。当时农业方面园艺经济十分发达，能生产葡萄酒和橄榄油大量出口；手工业方面则门类繁多，而且普遍使用奴隶劳动；对外经济方面，希腊海外贸易相当发达，是地中海商业中心。总之，经济发展带来大量财富的同时繁荣了科技文化艺术，但同时也加剧了工商业奴隶主贵族和传统农业奴隶主贵族的矛盾的激烈化程度，其双方争取自由民的矛盾对教育影响很多。

（三）文化基础

希腊神话为其高等教育发展奠定了良好基础，与人同形同性的希腊诸神是人的力量的理想化身，神的力量、智慧和意志以及技艺等都成为鼓舞希腊人与自然界作斗争的力量源泉，也是解决城邦大事和日常困难的精神动力。古希腊的科技因为军事的需要和为神学作脚注而备受重视，这影响了教育目的的内涵。希腊没有专门的祭祀阶层，其思想永远凌驾于信仰之上。[①] 伯里克利当政期间利用充裕的财政资源举办各种节日庆典赛会，当时的雅典政府借助庆典演说加强公民教育，政治生活使得辩论术、修辞学和演说的重要性凸显，也使得教授这些课程的智者学派应运而生。

---

① 参见李海云:《论古希腊的高等教育》，硕士学位论文，内蒙古大学历史与旅游文化学院，2009年，第5页。

二、古希腊高等教育思想与实践

（一）毕达哥拉斯及其学园

毕达哥拉斯（Pythagoras）生活于约公元前 580 年至约前 500 年，认为数是世界的本原，是所有物质中的一种属性，“万物皆数”。几千年来，毕达哥拉斯学派“简单、和谐、完美”的思想成为后来宇宙规律的哲学基础和精神火花。毕达哥拉斯的思想虽然有一定的唯心主义成分并受俄耳甫斯影响具有一些神秘主义因素，但“基本倾向是唯物主义的”[①]。作为科学思维的萌芽同宗教神话之类幻想间的一种联系，其失误不能掩盖毕达哥拉斯在自然科学形成和发展过程中起到的积极作用。毕达哥拉斯最早提出了“哲学”和“哲学家”的称谓，奠定了“哲学家”追求真理的基调并在此基础上形成了后世哲学家的信念，其思想推动了世人对知识的探讨和对真理的追求：教育则是实现这一追求的最终手段。为此，他首创把爱智慧作为宗旨，具有高等学校性质的学园，不仅直接影响了后世哲学家的教育目的和教育内容，而且影响到了柏拉图、亚里士多德以及伊壁鸠鲁的学园，进而影响到欧洲中世纪大学。

（二）柏拉图及其阿加德米学园

作为苏格拉底的学生，柏拉图因苏格拉底之死被迫离开雅典，在埃及和意大利等地生活及考察研究为其以后的教育实践和教育思想奠定了基础。公元前 387 年柏拉图创建了阿加德米学园[②]，并在此著述讲学长达四

---

① 徐长安：《略谈毕达哥拉斯哲学思想》，《兰州大学学报（社会科学版）》1984 年第 1 期。

② 柏拉图学园取名“阿加德米”（Academy），是为纪念当地一名叫阿卡德穆（Academus）的战斗英雄。

年，这是欧洲历史上第一所综合性的学校，其教育是雅典传统教育和毕达哥拉斯教育经验的结合体。学园环境优美，内设一个礼堂和一个图书馆，演讲屋、生活室若干，此外还有一个体育馆。教学内容丰富，教学方法多采用苏格拉底问答法。柏拉图首创四种必修课：算术、几何、天文、音乐理论。此外还有哲学、文法、法律、历史、伦理学，体育也被列为必修课。

辩证法统率其他所有学科，居于全部学科之首。在柏拉图看来，辩证法是最高深的学问，只有学好辩证法才能正确理解理念的世界，而人们 30 岁之前所学习的算术、几何、天文、音乐理论等一切课程都只是为学好辩证法作准备。到 35 岁时最后阶段的学习结束。但还要用 15 年的时间让那些才华出众的人进行实际锻炼。最终通过考验成为哲学王，这也是柏拉图全部教育思想体系的最终归宿。

柏拉图的学园作为西方最早的教学机构，是西方中世纪时大学的前身，公元 529 年被东罗马查士丁尼大帝查封关闭，从公元前 387 年至此学园存在了九百多年的时间，[①] 而中世纪主要指公元 5 到 15 世纪，因此柏拉图学园的理念直接影响到中世纪大学的构建，例如中世纪大学所具有的自治权、大学内部在学术上自由平等的风气等。中世纪大学在不断变革、更新与改造过程中发展到了今天的西方大学，虽然过去了两千多年，其中仍然可以看到柏拉图学园的理念与影子。

（三）亚里士多德及其吕克昂学园

亚里士多德（公元前 384—前 322）被黑格尔称为“人类的导师”[②]，被

---

① 参见胡婵：《中西方高等教育之源办学理念的反思——从柏拉图学园看中西方大学思想之异同》，《继续教育研究》2010 年第 6 期。

② ［德］黑格尔：《哲学史讲演录（第二卷）》，贺麟、王太庆译，商务印书馆 1981 年版，第 269 页。

马克思称为“古代最伟大的思想家”[①]，被恩格斯称为古希腊哲学家中“最博学的人物”[②]。亚里士多德不仅在哲学上超过柏拉图，还将理念深度及广度也向前推进一步，除此之外还研究政治学、经济学、伦理学、心理学、逻辑学、物理学和生物学等。公元前335年亚里士多德在雅典城建立吕克昂学园，由于他和学生总是在环境优雅树木葱郁的学园里来回走动着讨论哲学，被称为“逍遥学派”。吕克昂学园有严格科学的教学规章以培养学生的组织能力和研究能力，这套制度至今依然可以在欧洲大学中找到遗留下来的痕迹。吕克昂既是学校又是研究机构，其性质方面类似于柏拉图学园，但其图书馆的藏书丰富程度超过柏拉图学园数倍，这得益于亚里士多德的学生亚历山大，亚历山大要求只要在亚细亚发现了什么新奇动植物，必须把原物或该物的绘图或详细的描述寄送给亚里士多德。[③]

三、古希腊高等教育思想与实践的特点

古希腊高等教育具有以下特点：

（一）哲学最为重要

希腊哲学是希腊民族的标志，哲学在学园所设学科中占有突出地位：苏格拉底使哲学成为探究生活和道德、善与恶所必需；[④] 柏拉图学园把辩证

---

① ［德］马克思：《资本论》，《马克思恩格斯全集（第23卷）》，人民出版社1972年版，第447页。
② ［德］恩格斯：《反杜林论》，《马克思恩格斯选集（第3卷）》，人民出版社1972年版，第59页。
③ 参见［德］黑格尔：《哲学史讲演录（第2卷）》，贺麟、王太庆译，商务印书馆1981年版，第277页。
④ 参见［德］策勒尔：《古希腊哲学史纲》，翁绍军译，山东人民出版社1992年版，第81页。

法作为各门学科的塔尖；[①] 亚里士多德把哲学列入自由学术，对它的寻求不是为了任何别的利益。[②] 古希腊的哲学对后世影响很大，正如恩格斯所说："在希腊哲学的多种多样的形式中，差不多可以找到以后各种观点的胚胎、萌芽。"[③]

（二）教学方法注重启发

苏格拉底的产婆术又称启发性教学，用讨论问题的问答方式与人谈话，但不直接把结论说出来，而是指出问题并引导人最后得出正确的结论，包括讥讽、助产、归纳、定义等四个步骤。[④] 其中教师的作用在于帮助和推动学生自己思考。产婆术包括两条规则：一是使自以为知者知其不知，二是使自以为不知者知其所知。[⑤] 总之，"不自以为知"是其最根本的出发点。

柏拉图认为人类有两个决然不同的世界：现象世界和理念世界。[⑥] 柏拉图认为"认识是回忆"，这种"回忆说"直接承接了苏格拉底的思想，所谓教育只是用适当的方法使学习者回忆起他所遗忘的。虽然黑格尔曾提出："在某一意义下，回忆是一个笨拙的名词"[⑦]，但并不因此而否定内涵于"回忆说"中的某些合理成分。[⑧]

---

① 参见王川：《西方经典教育学说——从苏格拉底到蒙台梭利》，四川人民出版社 2000 年版，第 40—41 页。

② 参见杨适：《哲学的童年》，中国社会科学出版社 1987 年版，第 56 页。

③ ［德］马克思、恩格斯：《马克思恩格斯选集（第 3 卷）》，人民出版社 1995 年版，第 468 页。

④ 参见单中惠：《西方教育思想史》，教育科学出版社 2007 年版，第 14 页。

⑤ 参见陈桂生：《孔子"启发"艺术与苏格拉底"产婆术"比较》，《华东师范大学学报（教育科学版）》2001 年第 1 期。

⑥ 参见徐学福：《找寻迷失的人性：探究学习的终极关怀——柏拉图"回忆"学习、杜威"做中学"与建构学习比较》，《广西师范大学学报（哲学社会科学版）》2004 年第 4 期。

⑦ ［德］黑格尔：《哲学史讲演录（第 2 卷）》，商务印书馆 1960 年版，第 183 页。

⑧ 参见崔永杰、王青：《柏拉图的回忆说对人类认识发展史的贡献》，《山东师大学报（人文社会科学版）》2001 年第 1 期。

第二节　欧洲大学之母：博洛尼亚大学

一、教师大学的模板：巴黎大学

（一）巴黎大学的形成背景

欧洲早期大学的雏形包括早期基督教修道院学校和主教学校，成熟起来的基督教哲学为其创立提供了学理准备。巴黎大学（Paris University）成立于 1150 年，由巴黎圣母院坐堂发展而来。第一任有史可查的校长是香浦的威廉，他的演讲促成了一场知识运动，唯名论的经院哲学家阿伯拉尔 1108—1139 年在此讲学使得青年学者纷至沓来，最终发展成为著名的巴黎大学。

（二）巴黎大学的地位影响

教皇颁布“特许状”赐予巴黎大学特殊法律地位，借以巩固自己的政治地位。“早在 1179 年第三次拉特兰宫廷会议上，教皇亚历山大三世就已宣布‘教学无偿’原则，他的继任者时常引用这一决定。”[①]“教学无偿”一

---

① ［法］雅克·勒戈夫：《中世纪的知识分子》，张弘译，商务印书馆 1996 年版，第 88 页。

方面是希望穷苦学生也有获得大学教育的机会，同时教士们认为无偿教学是教士的天职，出卖上帝赐予的知识就犯了买卖圣职罪；而且，教士们认为教师的这种特殊劳动也能取悦上帝，因此教学被作为圣教的一部分。后来，神学与理性思维逐渐结合成为一门科学，成为大学的一门主课，巴黎大学也因此被誉为“教会第一所大学”。除了法兰西，还有来自英格兰、西班牙和意大利等地的学员，课程方面又在原有神学课程基础上加入医学和法学，一步步地发展成为真正的综合性大学。

二、学生大学的鼻祖：博洛尼亚大学

（一）博洛尼亚大学的形成背景

“从 11 世纪末期到 13 世纪中期这个时期，是兴建城市的时代。”① 依托西欧城市的推动，大学得以发展。随着中世纪后期依附农纷纷脱离领主涌入城市，流浪艺人、学者以及商人等也纷纷涌入城市，争取在城市中住满一年零一天以后按照惯例获得自由身份。② 汤普逊认为：“没有任何一个运动能比城市的兴起具有更持久的意义，城市运动，比任何其他中世纪运动更明显地标志着中世纪时代的消逝和近代的开端。”③ 城市中市民们可以自由经商自由组织行会，并进一步要求建立相应的法律制度来保障他们的生产与生活。城市繁荣的商业和手工业发展难免产生商业贸易摩擦，再加上

① ［德］汉斯－维尔纳·格茨：《欧洲中世纪生活：7—13 世纪》，王亚平译，东方出版社 2002 年版，第 238 页。
② 参见田薇：《信仰与理性：中世纪基督教文化的兴衰》，河北大学出版社 2001 年版，第 84 页。
③ ［美］汤普逊：《中世纪经济社会史（上册）》，耿淡如译，商务印书馆 1997 年版，第 407 页。

市民风俗信仰的复杂性，这就需要西欧社会有法律来规范和制约市民行为。博洛尼亚地处商业要冲，迫切需要法律人才应对各类诉讼案件，罗马法学者艾尼利阿斯使法律从神学分离并吸引了大量求学青年，约于1158年发展成为博洛尼亚大学。

（二）博洛尼亚大学的地位影响

作为世俗大学典型代表的博洛尼亚大学成立之后，各地世俗大学纷纷兴起，主要培养律师。例如牛津大学、剑桥大学、西班牙帕伦西大学、法国图卢兹大学、葡萄牙里斯本大学和捷克布拉格大学等。大学吸引更多人来到其所在的城市，来访者的食宿促进了该城市的经济发展，也提升了该城市的声望和形象，城市通过大学获得的这些好处使得城市当局愿意创办更多的大学，城市因为对大学的支持而成为大学产生的温床。

三、欧洲大学之母：博洛尼亚大学与巴黎大学之争

博洛尼亚地处意大利北部，始建于公元前534年，是艾米利亚-罗马涅大区的首府，也是南北交通和去罗马朝圣的必经之路，因而从中世纪开始逐渐发展为社会经济中心，与之相伴的则是频发的商业纠纷和与日俱增的诉讼案件，前身为法律学校的博洛尼亚大学应运而生。[①] 学生前往博洛尼亚大学主要是学习《民法》和《教会法》等罗马法律，而且学成以后大多以此为终生职业。1888年，以乔苏埃·卡尔杜奇为首的历史委员会经过考证

① 参见崔晓火：《博洛尼亚：大学城的千年契约》，《中国新闻周刊》2010年第6期。

确定博洛尼亚大学的具体建立时间为 1088 年，创办者是依内里奥。[①]1158 年，神圣罗马帝国皇帝费德里克一世·巴巴罗萨颁布《哈比塔宪章》，规定博洛尼亚大学作为研究场所享有独立性、不受任何权力的影响，博洛尼亚大学成为近代意义的“大学”，该年也被认为是其法定成立之年，略早于巴黎大学的法定成立之年。

巴黎大学追根溯源其前身草创于 9 世纪末，最初是附属巴黎圣母院的一个教会机构。1180 年法国皇帝路易七世正式颁授“大学”称号。1253 年，拉·索邦创建神学院，至今“索邦校区”中的巴黎第三大学和第四大学，仍以最“正统”的巴黎大学自居。[②] 如果不以法定成立之年而以其前身根源来论，博洛尼亚大学的历史只能追溯到 1088 年，而巴黎大学则可以追溯到 9 世纪末，从这个角度而言巴黎大学的历史更悠久。

1988 年 9 月 18 日，博洛尼亚大学 900 周年华诞之际，随着《欧洲大学宪章》的签署，博洛尼亚大学被正式宣布为欧洲“大学之母”，来自世界各地包括中国的 366 所大学的校长或代表相继签名表示承认。《欧洲大学宪章》反映了人们的理想，即打破了地理上的壁垒，拆除思想意识上的藩篱。同时，它进一步明确了“大学享有充分的自由；大学的知识属于人民；大学既创造知识，也传播知识；大学对科研和教学给予保障；精神和文化是人类尊严的实质内容，而大学则是维护精神和文化的中心”[③]。

---

① 参见彭韵芬：《博洛尼亚：欧洲大学之母》，《留学生》2009 年第 9 期。
② 参见史薄：《欧洲大学之母巴黎大学》，《世界博览》1990 年第 1 期。
③ 何左：《博洛尼亚大学》，《中国高校师资研究》2001 年第 2 期。

第三节　传承：牛津与剑桥

一、牛津大学

（一）牛津大学的开始

“牛津是英语国家中最古老的大学，它同巴黎大学和博洛尼亚大学在西方历史上形成‘大学’的概念方面起过最大的作用。”[①] 英国的盎格鲁–撒克逊人在7世纪基督教化。起初英国天主教教士都去欧洲大陆求学和进修。11世纪末才开始有人在牛津讲学，有人来听讲。从1096到1102年，可能更晚一些，埃当普的西奥博尔德在牛津讲学时，曾自称为“牛津学士”（Master of Oxford）。1129年牛津建立圣弗里德斯怀德修道院和奥斯尼修道院成为研究学问的场所，1133年神学家罗伯特·普伦在此作了有关《圣经》的一系列讲演，1149年意大利人伐卡琉斯又在此讲解罗马法。

1167年英格兰国王亨利二世因为与法兰西国王菲利普二世奥古斯特斯的矛盾使得他禁止英国学者去法国教书或学习，这批英国学者来到牛津使其迅速成为英国经院哲学中心。[②] 牛津也开始被称为“总学”，实际意味着牛津大学的开始。12世纪末牛津已开始被称为“师生大学”

① 布洛克：《序一》，见裘克安：《牛津大学》，湖南教育出版社1986年版，第1页。
② 参见胡冰玉：《保守中的革新：牛津大学变革路径探析》，《黑龙江教育》2010年第11期。

（Universitas Magistrorum et Scholarium）。牛津总学的第一位学长（Magister Scholarum）是罗伯特·格罗斯泰斯特（Robert Grossteste，1175—1253），也被称为牛津大学的第一任校长。

十三四世纪时，来自不同地区的学生之间经常发生争执。后来矛盾最大的还是在学生和市民之间，有时在街头发生械斗。1354 年 2 月 10 日至 12 日，连续三天市民大打学生和教士，甚至活剥人的头皮，师生纷纷逃走，到伦敦去告状。最后国王爱德华三世指派了王家委员会进行调查，责令市长和市民认罪道歉，并颁布特许状，规定给予大学当局一定的特权。至今大学都选派代表参加市政委员会；学生违反法律由大学自行处理，不归市政当局管辖。

（二）牛津大学的“学院”

1249 年牛津大学神学硕士得到威廉副主教的遗赠资助成为牛津创立专属学院的起始年份，在此以前牛津大学没有自己的建筑物，单纯是人的共同体。当然，正是这些人构成“大学学院（University College）”的核心，并建造大学一栋又一栋的建筑，例如 1263 年的贝利奥尔学院（Balliol College）和 1264 年的默顿学院（Merton College）。如按制订院规的年代来说，这两个学院是建院时就有院规的，而“大学学院”的院规却到 1280 年才制订。总之，以上是牛津大学最早的三个学院。而且它们都早于剑桥大学的任何学院，剑桥大学最早的是创立于 1284 年的彼得学院。

牛津大学的学院最初都是私人出资修建供穷苦学生寄宿，算是提供资助和保护的一种方式，后来开始聘用固定教师辅导学生，逐渐成为半独立的教学和研究机构。当时，大部分学生散居在市民家里或租赁公寓居住，只是听一些教士讲课，并在最后参加口试，比较松散。本科生学业开始时年龄较小，从 10 岁到 16 岁不等，学习的期限和一般手工学徒的期限一样是七年，师生关系也类似于行会中的师徒关系。学生要缴钱给老师；少数有钱的学生得到老师的宠爱和纵容，多数贫穷的学生往往受到歧视，或半途而废，不得毕业。不得毕业，也就是不能在教会谋得神职，而这正是贫穷的本科生来牛津求学的目的。

14 世纪牛津大学增加了四个学院：1314 年的埃克塞特学院（Exeter College）、1324 年的奥利尔学院（Oriel College）、1340 年的王后学院（The Queen's College）和 1379 年的新学院（New College）。“新学院”的创立者威廉·威克姆（*William Wykeham*，1324—1404）是牛津大学历史上是一个重要人物，曾任温彻斯特主教和英格兰大法官，他创建的导师制以及制订的学院规约为其他学院所仿效。威廉·威克姆在创办新学院的同时，还创办了温彻斯特公学，并把两者联系起来，即温彻斯特公学的优等毕业生多半自动升入新学院读大学。

二、剑桥大学

（一）剑桥大学的开始

剑桥镇的健康经济是形成学者圈的必要前提[①]，在牛津学者来到剑桥之前，剑桥就有一个小小的修士学者圈。除了交通便利、资财雄厚以及学习传统之外，英王约翰面临被教皇革除教籍的威胁时牛津镇竟然以强奸罪为名绞死了两名学者，牛津大学的学者为抗议牛津镇当局纷纷离校，奔向巴黎和里丁，一个名为约翰·格瑞（John Grim）领头的博士其故乡在剑桥，

① 参见［英］柯瑞思：《剑桥：大学与小镇 800 年》，三联书店 2013 年版，第 6 页。

来到剑桥恰好是回归故乡。[①] 剑桥成立的时间一般被认为是 1209 年，但直到 1233 年教皇才赋予剑桥学者群“校”（Studium）的地位使之成为正式的教学中心，但并不具备载有重大法律特权的章程。1318 年，爱德华二世支持请求教皇认定该校为大学（Studium Generale）地位的申请，标志着曾经松散的学者群落结成正式行业组织，剑桥大学的学位也从此得到整个基督教世界的认可。

（二）剑桥大学的“学院”

“祈祷去国王学院，用餐去三一学院，学习住宿耶稣学院，如厕去莫德林学院”，这反映出剑桥大学的每家学院都有自身的独特魅力和鲜明个性，和各学院的历史、建筑、校友、体育传统等密切相关。剑桥大学的第一所学院彼得学院（Peter House）是伊黎主教（Bishop of Ely）休·德·包舍姆（Hugh de Balsham）于 1284 年建立，因王室所赋予学者的法律地位而使学院相应地获得了土地恒业权（Mortmain），从此学院永久保有土地，不产生遗产税，这巩固了学院的生存。后来爱德华二世在 1317 年创立了国王学院（King’s College），1324 年成立了迈克尔学院，1326 年成立大学学堂（University Hall，后改建为克莱尔学院 Clare College），1374 年成立彭布罗克学堂（Pembroke College），此后五年又成立了三家学院：冈维尔学院（Gonville and Caius College）、三一学院（Trinity College）和圣体学院（Corpus Christi College）。这八家学院塑造了剑桥大学以学院为基础的永久架构。[②] 每家学院都有自身的特权和权利，都警惕地防备着其他学院或学校的侵犯。

学院的创办是社会大势所趋，每家学院背后的创办意图各有不同，创

① 参见［英］柯瑞思：《剑桥：大学与小镇 800 年》，三联书店 2013 年版，第 6 页。
② 参见［英］柯瑞思：《剑桥：大学与小镇 800 年》，三联书店 2013 年版，第 108 页。

办人的身份也五花八门，包括国王、王后或神职人员。在那些虚顶着学院创办者光环的人物背后，总有些相对卑微的人在实实在在地付出。例如，真正把王后学院办起来的是一位剑桥出身的牧师安德鲁·道奇特（Andrew Docket）；亨利六世之妻安茹的玛格丽特只是最初的庇护人。与此相仿，为了让托马斯·奥德利把白金汉学堂（原修士旅舍）改建成莫德林学院，一位名叫约翰·休斯（John Hughes）的威尔士人竭尽了全力。在16世纪早期奋力创办基督学院和圣约翰学院的是费舍尔主教，虽然亨利七世之母玛格丽特·博福夫人也颇费了些精力。[①] 剑桥大学不少学院的成立都离不开世俗人物的努力和支持，而欧洲大陆的大学教育直到拿破仑时代才受到世俗影响。

学院院长有各种各样的称呼，最普通的是“master”，许多中世纪行会就这样称呼首领，最古老的学院自然也这么叫。成立于17世纪之前的学院中，只有国王学院和王后学院不使用这个词，因为谁也无法做国王的“master”，除了国王也无人能当王后的“master”。国王学院院长叫“provost”，王后学院则叫“President”。剑桥大学纽纳姆学院和侯莫顿学院采用“Principal”一词，格顿学院则用“mistress”，罗宾森学院用“warden”。学院院长的名称固定后并不随掌权人性别的不同而变动。例如格顿学院有过男性“vice-mistress”，圣凯瑟琳学院也有过女性“master”。

（三）校园学习及生活

升入大学有正规仪式，其间学生姓名写进院长掌管的花名册。入学不久学生要参加“初试”，18世纪以来直到20世纪60年代这种初试俗称“小考”

① 参见［英］柯瑞思:《剑桥：大学与小镇800年》，三联书店2013年版，第114页。

（Little Go）。为取得文学士学位（B.A.）而参加的终考则称“大考”（Great Go）。“Great”一词是从牛津大学借用来的，如今在牛津大学指牛津古典人文三科试。剑桥大学，或者说中世纪全欧洲所有大学都要求学生在取得文学士学位前在校研读七年。前三年研修“三艺”，属于基础课程，后四年研修“四艺”，其中天文学最重要。[①]学位角逐者要面对坐在板凳上的考官：这种三只脚的板凳希腊语称为“tripos”，因此考官俗称“三角凳先生”，考试本身则称“三角凳考试”。“三角凳榜单”最初仅有两种结果：“Senior Optime”和“Junior Optime”。其中“Optime”是“Optime Disputasi”的缩写，意思是三角凳先生认为该生“答辩良好”。后来又创造了另一层级“Poll Men”，意思是刚刚及格。最惨的是那些毕不了业的学生，用剑桥术语讲就是被“plucked”（除名）。[②]

从中世纪到19世纪中期书籍在学生教育中仅仅充当着配角，其昂贵超出了多数学者的经济承受能力，而且藏书是给院士而非本科生的。因此，面对面的教育才是主体，学习和考试的核心都是口头言辞。对于师资而言，大学因薪酬微薄而欠缺教师，只好通过“义务代课制度”来弥补：新获文学硕士或文学博士学位的毕业生必须在校停留两年负责教育更年轻的学者。中世纪晚期剑桥大学讲师每年要授课140节，若每周组织学生辩论，课程可减至100节。一节课最短至15分钟，学生要支付小费给讲师。较为富裕的讲师偶尔不收小费，但往往引起较为贫穷的同事不快——他们课讲得再好，恐怕也会被隔壁班不收钱的课程抢去风头。[③]中世纪教学更多是一种责任而非职业选择，这种状况持续了几百年。甚至维多利亚时代牧师乔治·法伯（George Faber）还写道，“院士是一道精美可口的早餐、味同

① 参见［英］柯瑞思：《剑桥：大学与小镇800年》，三联书店2013年版，第135页。
② 参见［英］柯瑞思：《剑桥：大学与小镇800年》，三联书店2013年版，第135—136页。
③ 参见［英］柯瑞思：《剑桥：大学与小镇800年》，三联书店2013年版，第133页。

嚼蜡的午餐、悲惨无比的晚餐”[①]。

剑桥大学最初学生的社会背景没有什么差别，多数是自耕农、牧师、小吏和其他普通人家的聪明子女，最大区分不过是修道院的修士学生和普通学院世俗学生之别，少数特权阶层集中在国王学院。都铎王朝渴望提高公务人员的专业素养，从而刺激贵族家庭把子女送往大学。16世纪末，剑桥大学的学生按照社会地位高低被分为六等：贵族院士同桌生（noble fellow commoner）、院士同桌生（fellow commoner）、自费生（pensioner）、奖学金生（scholar）、免费生（sizar）和次免费生（sub-sizar）。[②]不同等级的学生在饮食、衣着、住宿甚至考试规则方面都有不同待遇，这种区分学生的办法一直沿用到19世纪，如今某些学院保留“院士同桌生”用来向档案员或合唱团指挥等重要职员致敬。现代大学其实依然有阶层之别，尤其在那些较为古老的学院，常有人通过铺张浪费来摆阔。牛津大学有声名狼藉的布灵顿俱乐部（Bullingdon Club），剑桥大学则有皮特俱乐部（Pitt Club），高昂的会费只有三个用途“华服、美食、搞破坏”[③]。

---

① ［英］柯瑞思：《剑桥：大学与小镇800年》，三联书店2013年版，第133页。
② 参见［英］柯瑞思：《剑桥：大学与小镇800年》，三联书店2013年版，第203页。
③ ［英］柯瑞思：《剑桥：大学与小镇800年》，三联书店2013年版，第204页。

第四节　欧洲中世纪大学

“事实上，中世纪高等学府的起源、发展、衰败及其向现代模式的转型，都值得我们如同对待教皇权力以及神圣帝国历史那样持之以恒地进行大量而深入的研究。”①

一、文化背景与教育思想

（一）社会文化背景

1. 基督教的文化累积

中世纪早期修道院的日常生活被精心安排的各种活动所占据，因为当时没有印刷术，抄录经典全凭手工。②“加斯藤修道院的修士用毕生精力

① ［英］海斯汀·拉斯达尔：《中世纪的欧洲大学——大学的起源》，崔延强、邓磊译，重庆大学出版社 2011 年版，第 1 页。
② 参见［英］克里斯托弗·道森：《宗教与西方文化的兴起》，长川某译，四川人民出版社 1989 年版，第 51 页。

抄书。”克里斯托弗·道森也认为：“只是通过教会，特别是通过修道僧，古典文化的传统和古典作家的著述即所谓‘拉丁古典作品’（the Latin Classics）才得以保存下来。……因之修道院的学校和图书馆以及寺院缮写室成为西欧高等思想文化的主要机构。”① 从古典文明到12世纪七百多年时间内，正是由于修道院的存在，文化才得到保存及整理并为中世纪大学奠定了基础。1179年，第三次拉特兰会议罗马教皇亚历山大三世要求所有教会大力兴办学校。② 中世纪的大学有相当一部分就是直接从一些久以教育质量著称的僧院学校和大主教学校的基础上发展起来的，巴黎大学堪称典型代表。③ 总之，基督教的影响贯穿于中世纪大学组织运作的整个过程之中，为中世纪大学的成长提供养料从而绽放出大学这朵中世纪的奇葩。

还有，当时统治者重视文化建设并竞相发展文教事业，例如法兰克王国查理曼大帝设立学校教育儿童识字，英格兰国王艾尔弗雷德大帝也曾修建宫廷学校，聘请外地学者，翻译了许多拉丁文作品。到12世纪时，欧洲教育呈现着一派生机，被美国哈斯金斯称为“12世纪文化复兴”④。

2. 城市的社会基础

城市作为手工业和商业中心具有得天独厚的地缘优势，网罗了大批知识分子。和中世纪封建庄园经济相比，“知识分子这样的人，只能在城市里出现”⑤。教师因为自身的学问精神往往能够吸引一批追随者，巴斯

---

① ［英］克里斯托弗·道森：《宗教与西方文化的兴起》，长川某译，四川人民出版社1989年版，第41页。

② 参见张绥：《中世纪“上帝”的文化——中世纪基督教会史》，浙江人民出版社1987年版，第173页。

③ 参见高桂娟：《中世纪大学与基督教文化渊源关系考略》，《大学》2007年第5期。

④ ［美］查尔斯·霍默·哈斯金斯：《大学的兴起》，梅义征译，上海三联书店2007年版，第3页。

⑤ ［法］雅克·勒戈夫：《中世纪的知识分子》，张弘译，商务印书馆1996年版，第4页。

奎尔说，“大学是‘人组成的’”[①]。城市的行会组织形式为大学提供了蓝本：因为当地居民与大学师生在文化、经济、社会、政治、商业利益上存在诸多冲突与摩擦，“Town and Gown（城镇与学袍）”的流行语即反映出城市中当地居民与大学之间的矛盾。知识分子则模仿商人行会组织，成立了学者的社团即中世纪大学的最初机构以保护自身的利益，必要时甚至以罢课和迁徙来争取相应的特权。“早期中世纪大学在严格意义上只是一种行业组织，是来源于手工业行会的在智力生活领域内所形成的行业组织。”[②]

3. 外来文化的输入移植

古典翻译运动开始于意大利南部和西西里，是欧洲古典文化经过阿拉伯人的消化在12世纪重新回到欧洲，主要是在西班牙特别是托莱多进行。[③]大量译著成为当时大学的主要教科书，包括亚里士多德的著作以及欧几里德和托勒密的拉丁语译本，还有医学家希波克拉底和盖伦的著作。[④]此外，本土文化与外来文化碰撞融合并结出新的学术之果。翻译运动引发基督教各界的信仰危机，因为它所带来的外来文化冲击了教会权威，受到冲击而削弱的教会转而利用亚里士多德哲学思想结合外来文化与本土文化以确立神学的合理性，经院哲学在此过程中逐渐形成，并成为中世纪大学的教学研究内容和对象。“经院哲学对中世纪教育影响巨大，它与中世纪大学的关系密切，是当时大学的灵魂。”[⑤]

---

① 潘后杰、李锐：《欧洲中世纪大学兴起的原因、特点及意义》，《四川师范大学学报（社会科学版）》1993年第3期。

② 吴式颖等：《外国教育思想通史（第三卷）》，湖南教育出版社2002年版，第503页。

③ 参见王养冲：《论十二、十三世纪法国各地学院与巴黎大学的兴起》，《华东师范大学学报（哲社版）》1981年第3期。

④ 参见［美］马文·佩里：《西方文明史（上卷）》，胡万里、王世民译，商务印书馆1993年版，第321页。

⑤ 戴本博：《外国教育史（上册）》，人民教育出版社1989年版，第223页。

（二）经院主义教育思想

经院主义教育思想具有浓厚宗教神学色彩，传授基督教教义，致力于培养服从上帝的虔诚信仰，强调道德教育以及人的道德完善，对中世纪教育产生了全面的决定性影响。

1. 奥古斯丁与基督教教父哲学

恩格斯说，基督教已经从普遍化了的东方神学、特别是犹太神学和庸俗化了的希腊哲学、特别是斯多葛派哲学的混合中悄悄地产生了。[①] 由于中世纪全部文化均处于教会的控制和影响下，哲学只能依附于神学。神学成了一切学科的王冠，而哲学是神学的婢女，科学是宗教的仆人。奥古斯丁作为教父哲学的主要代表，其站在古代世界和中世纪交接点的时代背景使其教育思想比他的神学思想更多地带有某种异教的色彩。[②]

奥古斯丁从维护耶稣基督的权威出发，强调伦理道德教育的重要性，以《圣经》为主要的教育教材，全心全意为教会和神学服务。认为一切理性的知识，例如哲学、逻辑学、伦理学等只能是关于上帝的知识，“了解是为了信仰，信仰是为了可以了解。有些事情，除非我们了解，否则就不能相信；另外一些事情，除非我们相信，否则就不能了解”[③]。奥古斯丁主张对已有一定语言文字基础的青年应加强雄辩术教育，使他们能更好地赞美、歌颂上帝和教会，批判异端和世俗文化。一切的知识依靠的上帝赐予的“智慧之光”，所以“我们要去请教的不是那些滔滔不绝的演说家，而是守护在心中的真理。当我们讨论透过心灵所知觉到的事物时，据说这些事物是我们凭借内在的真理之光才即刻可见的，依靠这一真理之光，所谓内在的人

---

① 参见［德］恩格斯：《路德维希·费尔巴哈和德国古典哲学的终结》，见《马克思恩格斯选集》（第4卷），人民出版社1972年版，第251页。

② 参见单中惠：《西方教育思想史》，教育科学出版社2007年版，第48页。

③ ［美］弗兰克·梯利：《西方哲学史（上册）》，葛力译，商务印书馆1975年版，第171页。

便被照亮了”①。西方很多大学校训的来源与此有关。

2. 托马斯·阿奎那与基督教道德哲学

托马斯·阿奎那 14 岁进入那不勒斯大学，1245 年进入巴黎大学受业于多米尼克修会著名学者阿尔伯特，1256 年获得博士学位后任巴黎大学教授。托马斯·阿奎那经院哲学的中心命题是提供“上帝存在的宇宙论证明”，认为以往那种关于上帝观念中直接引申的上帝存在的神学信仰难以令人信服，上帝的存在应该借助于上帝的创造物——宇宙的存在间接地加以证明。在他看来，这种证明是借助于亚里士多德形而上学的实在论和逻辑思辨来实现的。托马斯·阿奎那的教育思想从属于他的神学先验论，他真正关心的是尽可能深刻地理解基督教关于上帝、宇宙起源、人性和命运、基督的使命等问题。

托马斯·阿奎那从变化的世界出发，明确区分信仰与理性的不同领域，以感官为人类知识的来源，修改奥古斯丁以来认为理性与信仰不可分而且理性来自信仰的主张。归根到底，人对上帝进行理性的观察是为了获得他对自己本性和命运的看法。托马斯·阿奎那将亚里士多德的形式逻辑作为其思想方法的基本原则，客观上推动了逻辑学的发展。而逻辑学的发展反过来又推动了对哲学问题的探索向更广阔更深入的领域发展，使经院哲学的内容逐渐发生变化。经院哲学家的本意是想借助于理想思辨支持信仰使之合理化，但理性思辨本质上却与基督教信仰精神相悖，当这种对立变得日益尖锐时最终导致了经院主义哲学基础的瓦解以及理性主义旗帜的高扬。

① ［英］劳伦斯：《现代教育的起源和发展》，纪晓林译，中国商业出版社 1993 年版，第 29—30 页。

二、教师与学生

（一）教师与学生

1. 教师

因为中世纪特定的历史背景和社会结构，中世纪大学教师在社会和学校中扮演着各种各样的角色。首先是“知识分子”[①]，中世纪大学教师的首要角色任务也是一直的角色任务就是承担知识传递、文化复兴等社会责任；其次是“宗教教士”，中世纪大学的教员都必须是教会的某种神职人员，以牛津大学为例，15 世纪 79 名英国主教中 36 人曾在牛津或剑桥任教；[②]再次是“学生导师”，中世纪时学生要想正式成为大学成员就必须在某一个导师的名下注册，教师的职责就是要帮助学生学习并由他决定学位授予时间，1400 年导师制被引入牛津大学标志着导师制在中世纪大学的正式确立；最后，还是“大学管理者”，尤其是在教师型大学中，大学自我管理，院长由教师选举产生。中世纪大学教师享有民事特权和学术特权两类特权：民事特权主要包括居住权、审判权、免税权、免役权和其他民事特权；学术特权包括控制考试的权利、授予教师资格证的权利、参加学校会议的权利、晋升的权利以及罢课的权利。[③]这些权利理论上在世界范围内有效，[④]往往是大学及其师生巧妙利用国王和教会的矛盾同教会、国王和城市进行斗争

① ［法］雅克·勒戈夫：《中世纪的知识分子》，张弘译，商务印书馆 1996 年版，第 4 页。

② H.De Ridder-Symons, *A History of the University in Europe, Vol. 1 Universities in the Middle Ages*（Cambridge University press, 1992）,p.150.

③ 参见高雪飞：《中世纪大学教师研究》，硕士学位论文，河北大学教育学院，2014 年，第 18 页。

④ 参见［美］E.P. 克伯雷：《外国教育史料》，任宝祥、任钟印主译，华中师范大学出版社 1990 年版，第 182 页。

而获得的。[①]特权一方面保护大学自由从而扩大知识传播，另一方面更是为近代欧洲大学的学术自治和学术自由奠定了基础。同时，权利伴随着责任、义务与制约。例如，博洛尼亚大学明确规定教师的职责，教师应“照管自己的学院、开关屋舍大门、每月两次清理屋舍、冬天置稻草于地面”[②]。

大体说来，一名普通教师的主要收入来源包括教职收入、市政薪金、各界捐赠、学生缴纳费用、学院自筹、兼职收入、特权收入等，如果有机会承担某些学校职务，则还可以获得额外的收益。[③]不同教师收入存在明显的差异，从事专业性较强的教学工作的教师学费收入相当高，而即便到15世纪中期，普通教师的收入也只够买十册有关医学方面的图书或是两部关于法律的大部头著作。[④]收入来源的不同渠道造成大学及其成员的社会地位的差异，形成大学内部的社会分层，也直接影响了社会的分层。

2. 学生

在中世纪大学产生初期，“学生研究学问及受教育三年至七年之后，即得经一种考试，验其辩论及讲解的能力。如及格，即许受‘硕士’（master），‘博士’（doctor）或‘教授’（professor）的学位”[⑤]。博洛尼亚大学规定：“由博洛尼亚授予了许可证的所有博士都有不仅在博洛尼亚而且在整个世界中教学的权利，教谕还明确承认，博士学位是一个人永久的头衔，甚至在他停止教学的时候也拥有。”[⑥]在具体的考试形式和学位授予形

---

① 参见张斌贤、孙益：《西欧中世纪大学的特权》，《北京师范大学学报（社会科学版）》2004年第4期。

② 高雪飞：《中世纪大学教师研究》，硕士学位论文，河北大学教育学院，2014年，第18页。

③ 参见张晓晗：《英国中世纪以来大学教师收入来源浅析》，《历史教学（下半月刊）》2014年第22期。

④ 参见［意］卡洛·M. 奇波拉：《欧洲经济史·中世纪时期》，徐璇译，吴良健校，商务印书馆1988年版，第126页。

⑤ ［美］格莱夫斯：《中世教育史》，吴康译，华东师范大学出版社2005年版，第94页。

⑥ H.Rashdall,*The Universities of Europe in the Middle Ages*,3 vols,Oxford:Oxford University Press Inc.,1936,p.223.

式上，不同的大学也有着自己的惯例。[①] 如果没有许可就从事教学，会被开除教籍受到“绝罚”。

至于学费与生活费，古希腊时部分辩士获取高额学费被视为“智慧的娼妓”（ Prostitutors of wisdom ）[②]，基督教继承了苏格拉底反对用知识牟利的观念并对其进行了神化，认为知识是上帝的礼物因此不能用来牟利，教师从教会领取圣俸。中世纪有“贩卖知识罪”这一罪名。[③] 教师争辩：知识不可以用来牟利，不过为传播知识而付出的劳动应该可以得到报酬。显然这有狡辩的成分，不过最后教会还是做出了妥协，虽然将其称之为“可耻的利润”。中世纪大学学费包括一次性支付的注册费和其他一些杂费，当时总体收费不高，因为面临托钵会修道院免费教学的竞争；在不同时期的不同地区，根据专业、身份、贫富等实行差异化学费政策，而且主要是富学生多交，“在 15 世纪的巴黎大学，最大部分的应付款项是由占学生总数 10% 的贵族学生所缴付的”[④]。除了学杂费，中世纪欧洲大学生另一项极为重要的开支为生活费，主要包括来回的交通费用和各种日常花销，如膳食、住宿、衣物、床上用品、照明、医疗等，都是最基本但必需的花费。再有就是一些因人而异的额外开支。

（二）中世纪知识分子的特性

1. 国际性与流动性

西欧中世纪虽然政治分裂，但教会是统一的，知识分子拥有统一的基督教社会以及拉丁语作为通用的学术语言，大学颁发的学位证书得到全欧

① 参见［法］雅克·勒戈夫:《中世纪的知识分子》，张弘译，商务印书馆 1996 年版，第 60 页。
② 黄旭华、盛世明、孙元:《中世纪欧洲大学学费政策》，《高教探索》2014 年第 1 期。
③ 参见［法］雅克·勒戈夫:《中世纪的知识分子》，张弘译，商务印书馆 1996 年版，第 4 页。
④ 黄旭华、盛世明、孙元:《中世纪欧洲大学学费政策》，《高教探索》2014 年第 1 期。

洲基督教世界的认可。相对于民族国家而言，会聚于城市特别是巴黎、博洛尼亚等地的知识分子更忠于上帝和真理，因而形成其成员的普世观念和独特的身份认同。大学作为学者的行会没有固定的校舍和校产，所以当与当地民众发生冲突时便可随时搬迁。统一的基督教世界也方便知识分子在欧洲各地搬迁，客观上形成了很多新的大学，学生也随之流动，将不同的学说融合在一起。①

2. 书本至上、逻辑至上

中世纪知识分子所表现出的是对书本、权威的热诚，当时知识分子认为真理存在于书本之中。所以，大学课程是以对某种权威著作的讲解、分析、论辩为核心，从权威出发通过逻辑推理来发现真理、建构学问。中世纪大学注重论辩，没有任何书面作业，通过论辩通往知识并显示个人才华。

3. 矛盾的存在

中世纪学者是城市社会分工体系中的专业劳动者，组织了行会即大学以抗拒教会和世俗力量的控制，但他们具有教士身份并接受教会俸禄，因为他们需要罗马教廷作为同盟军和庇护者，再有就是教士特权的诱惑。一方面，中世纪的知识分子具有一定的独立和自由精神，与社会现实保持一定距离，进而以理性工具批判社会现实，大学作为行会也保护知识分子的独立与自由；与此同时，知识分子对教义的信仰和对教会的依赖使这种社会批判精神受到多方面限制并不彻底。②

---

① 参见［法］雅克·勒戈夫：《中世纪的知识分子》，张弘译，商务印书馆1996年版，第22页。

② 参见［法］埃米尔·涂尔干：《教育思想的演进》，李康译，渠东校，上海人民出版社2003年版，第97页。

（三）组织管理

1.“教师型大学”——以巴黎大学为例

巴黎大学以教师为主体，教师支配着学校的教学和管理活动，决定学位授予、罢、迁校以及独立司法等权利。这些自治权利并不是天生就有，而是大学校长和地方当局不断斗争的结果。巴黎大学的最高管理者是由教会任命的校长担任，学校的行政管理、教学内容以及学生的训练等都在其控制之下。每个希望教学的人必须获得他的许可，而且他还有权随时撤销特许证。为了保障教师的权利，教师协会一方面认可校长授予特许证的权力，但同时提出协会有权确认教师从事教学的具体条件。①经过斗争，1231年教皇格雷高里九世颁布一系列限制主教特权的章程，随后国王圣路易确认巴黎大学的法人资格，巴黎大学作为独立学术团体正式成立。

2.“学生型大学”——以博洛尼亚大学为例

行会学徒在经济上依靠依赖行会师傅，然而大学的情况却颠倒过来，从事教学的教师们在经济上是学生们的囚徒，②由于客观环境条件限制大学教师经济上受到束缚而屈从于学生组织管理，但“学生型大学”的思想亵渎了教师们的职业情感。在“学生型大学”中，实施权力集中于少数长期任职的学生管理人员，明显充满混乱无序的状态并经历着不断分裂的威胁。十三四世纪博洛尼亚大学处于一个不断停滞和迁徙的过程，其中几次冲突导致了许多“学生型大学”的诞生。在1286—1289年间、1306—1309年间，大学关闭长达三年之久。③1300年，大学“讲学付薪”体制的成熟使学生逐渐丧失任命挑选教师的控制权，15世纪之后“学生型大学”更是完全没落。

---

① 参见练育强：《中世纪“教师型大学”自治》，《中国社会科学报》2010年11月23日。

② 参见［比］亨利·皮朗：《中世纪欧洲经济社会史》，乐文译，上海人民出版社2001年版，第176页。

③ 参见程玉红：《中世纪“学生型”大学的产生与发展——意大利博洛尼亚大学组织管理述评》，《沈阳师范学院学报（社会科学版）》2002年第11期。

3. 组织管理特色：民主管理

在中世纪那个神权至上的时代，大学的管理却体现出鲜明的民主色彩，这种民主方式与中世纪社会等级森严的特征相悖，其原因在于：一方面，从大学的外部环境来看，由于受到教皇和王权的双重支持，大学享受着种种特权，可以免受其他势力的压迫；同时它还可以利用教权与王权之间的矛盾为自己赢得独立的地位，所以中世纪大学具备了实行内部管理的前提。另一方面，从大学的内部环境来看，在教学中广泛使用的辩论形式，也使大学内的民主气氛浓厚；同时不同同乡会和教师团之间的相对独立、互不统属关系，通过民主协商来解决问题自然也就成为大学的唯一选择。[①]就大学本身而言，“学生型大学”和“教师型大学”的民主管理也有区别：博洛尼亚大学在权力分配方面相当不稳定；巴黎大学的法规条令虽然比较含糊，但大学权力分散在大学各部门，形成一种真实的民主程序。

三、中世纪大学之觞

作为 12 世纪文艺复兴的产物，知识分子具有鲜明时代特征，他们创建了大学，也使大学为其生存提供制度化环境。尽管“与现在认为的知识分子标准相比较，他们决不意味着有干涉服务与破坏或甚至仅仅批评既存秩序的意图”[②]，但中世纪知识分子确是现代知识分子的前驱，现代大学无疑是中世纪大学的继承者。哈斯金斯有言为证：“它们之间的差距虽然非常之

---

① 参见高峰：《中世纪大学的内部组织及管理》，《滨州学院学报》2011 年第 1 期。

② ［比］希尔德·德·里德－西蒙斯：《欧洲大学史（第一卷）：中世纪大学》，张斌贤等译，河北大学出版社 2008 年版，第 179 页。

大，20 世纪的大学是中世纪巴黎和博洛尼亚大学的直系后代却是不争的事实。它们是我们现今大学的源头和赖以发展的基础。二者基本组织结构相同，且历史的连贯性从未间断。它们创造了现代世界的大学传统，无论是最年轻的还是历史最悠久的高等教育机构都是这个共同传统的继承者，所有在高等院校学习、生活的人都应当了解这个传统，珍视这个传统。”[①] 但，大学的发展历程坎坷，其延绵数个世纪的传承背后也有其断裂的一面：早期一批没有延续下来的大学作古于中世纪，在历史中鲜有提及或者被一笔带过。有的大学在组建之后经历了衰落和消失，有的只有组建大学的计划却没有在中世纪真正地存在过，有些在近代才得以落成，[②] 这些大学大约占总数的三分之一。[③] 其原因分析如下：

首先是大学合法地位的获得问题。中世纪大学作为学者行会不仅获得西欧各国王室的认可，教宗亲自签署并颁发的大学特许令在确认大学合法社会地位的同时也使其得到向学人授予通行执教资格的特权。但是，当教宗自身的合法性受到质疑时，教宗的特许令自然也就丧失了权威性，例如西方教会大分裂期间卡拉塔尤正是于 1415 年从阿维尼翁的对立教宗本尼迪克特十三世手中获得了组建大学的特许令，当本尼迪克特十三世在 1417 年被废黜之后，特许令也随之失效，大学亦随之化为泡影[④]。

其次，有些大学因为政治环境变化即使拥有教宗签发特许令也可能半

---

① ［美］查尔斯·霍默·哈斯金斯:《大学的兴起》，梅义征译，上海三联书店2007年版，第2页。

② 据清华大学历史系张弢统计：前者包括阿雷佐大学、布达大学、格勒诺布尔大学、帕伦西亚大学、佩奇大学、皮亚琴察大学、帕塞尼大学、雷吉奥大学、塞维利亚大学、特里维索大学、维切利大学、维琴察大学、维尔茨堡大学等。已知的、有过组建大学计划的地点有：卡拉塔尤、奇维达勒、都柏林、费尔莫、日内瓦、赫罗纳、格雷、库尔姆、卢卡、吕讷堡、曼托瓦、奥尔维耶托、帕米耶、普福茨海姆、雷根斯堡、维罗纳等。详见《光明日报》2014 年 12 月 10 日第 16 版“理论周刊·世界史”。

③ 参见张弢:《中世纪大学之殇》,《光明日报》2014 年 12 月 10 日。

④ 参见张弢:《中世纪大学之殇》,《光明日报》2014 年 12 月 10 日。

途而废。对大学所在地的领主而言，大学是一种政治权力、经济实力、社会声望上的强大象征和荣耀，还有让领主获得选拔能士辅佐执政的方便与实惠。例如德意志伯爵卡尔一世曾在 1459 年计划在居住地普福茨海姆组建一所大学，已经获得教宗同意，但 1462 年在与邻邦作战中他兵败被俘，两万金币的巨额赎金换回了自由但组建大学之事也就此搁浅。

最后，除了教会与国王领主，城市崛起为组建大学的新兴力量。城市要既安全又便利而且繁荣，同时市民要足够宽容与忍耐，最为重要的是如何支付教师的薪金。城市一定要有独立充裕的财政，否则可能败于其财政上的捉襟见肘，例如意大利卢卡市的大学计划。当然，除了城市，教会遇到财政危机之时其所支持的大学也会命悬一线，例如伊比利亚半岛上最早的中世纪大学帕伦西亚大学即是因为当地教会入不敷出而无暇顾及大学，最终导致其销声匿迹。德国维尔茨堡大学也遭受过同样的厄运。

逆向反观历史，探寻中世纪这些未竟大学的失败根源，将其作为参照，可以凸显成功大学的优势，从而更清晰地透视中世纪大学组建的必要条件。

第二章

1378—1810：晚期中世纪大学及其变迁①

① 柏林洪堡大学是德国首都柏林最古老的大学，于 1809 年由普鲁士教育改革者及语言学家威廉·冯·洪堡及弟弟亚历山大·冯·洪堡（Alexander von Humboldt）所创立，是第一所新制的大学。它确定了教学与科研为一体，全面人文教育的办学宗旨，拥有十分辉煌的历史，对于欧洲乃至于全世界的影响都相当深远。

第一节　分水岭：1378—1417年西方教会大分裂[①]

1377年，格列高利十一世因罗马出现骚乱由阿维农率兵返回罗马城，但翌年3月暴卒。在罗马贵族和市民的骚动威胁下选出了意大利籍教皇乌尔班六世，他欲将法国势力驱逐出罗马教廷的做法引起了法国人占多数的枢机主教团的不满，于是枢机主教团重返阿维农并选出日内瓦枢机主教为教皇，即克雷芒七世。两位教皇相互对峙，"西方教会大分裂"由此开始。为弥合教会的分裂，1409年3月召开的比萨公会议将罗马和阿维农的两位教皇同时废黜，选出新教皇亚历山大五世。但在位的两个教皇分别在一些国王的支持下拒绝退位，于是形成了三个教宗鼎立的局面。1417年，康斯坦茨会议罢黜了三位教皇，选出各方势力均能接受的教皇马丁五世常驻罗马，这才结束了持续时间近四十年的分裂。这次分裂真正的起因并非由于教义或教规的分歧，而是源于教皇与世俗君主之间长期存在的权力斗争。[②]

1378年，不仅同时存在两个教皇，而且两者都是由同一枢机主教团正式选出，这极大损害了教会的信誉，破坏了其精神权威的完整性，影响了

① 本节以独立作者发表于学科B级期刊《高等教育研究》2016年第4期。

② 参见晓明：《教皇阶下囚教会大分裂》，《世界宗教文化》1998年第1期。

民众的宗教虔诚，削弱了神权在欧洲的统治，标志着普遍主义教会的没落。同时，这也标志着个体国家的成长。13世纪下半叶欧洲各国民族意识迅速发展，英法等国抵御外来势力包括教皇本人干涉的民族意识逐渐强烈，王权有实力摆脱教权的束缚，新兴中产阶级也不愿教皇干涉世俗事务从而危及自己的知识和财富，更有一批法律学家逐渐取代神职人员成为国王顾问并援引罗马法先例来论证王权。教皇英诺森三世曾使教皇权力达到顶峰甚至控制了世俗君主的废立，但教皇其实缺少自己能够支配的军事政治力量，他往往是利用世俗君主一方势力去对付另一方势力。正是在教权和王权争斗的格局中大学不仅有了立足之地，更借此获得了生存发展的空间与机会。

一、大学组织由教皇庇护的泛欧洲机构成为归属各个国家的学术组织

（一）大学作为教皇统治下的泛欧洲机构

中世纪的历史也是基督教会的历史，教会作为当时欧洲唯一既广泛传播又深入日常生活的权威机构，将宗教活动和世俗事务、理想观念和实践行动惊人地联系在一起，超民族的宗教认同使它创造了“一个超越国家、种族、阶级和性别界限的最低限度的规范社会”[①]。大学肩负着探索知识的责任，超越了直接的物质利益，在“探索真理”和“职业训练”之间所存在的张力中找到了自己的位置，在教权与王权相互争斗的关系中巧妙维护着自身巩固、发展与延续所必需的自治权，不仅形成了大学教师这样一个超

① 王越旺：《西欧中世纪后期社会力量重组与新型君主国的建立》，《江南大学学报（人文社科版）》2004年第4期。

越地域和学科界限并拥有独特知识的社会群体，还吸纳了欧洲各个国家各个阶层的子弟。[①] 中世纪时，教皇以超国家的权威垄断着文化教育控制着意识形态，同时还得到了神职人员和知识精英的支持，大学中相对的民主平等与中世纪社会的森严等级构成了对比。

（二）大学争论该向哪位教皇申领圣俸

教皇庇护下的大学在 1378 年教会大分裂之后面临一份不知所措的尴尬，天主教廷同时存在罗马的乌尔班六世和阿维农的克雷芒七世两位教皇，这就使得领取圣俸的大学教师陷入无所适从的境地：究竟该向哪一位教皇提出申请？[②] 乌尔班六世的支持者有意大利、德国、波西米亚、丹麦、瑞典、英格兰、波兰、佛兰德斯等，其中包括博洛尼亚和布拉格的大学，克雷芒七世的支持者有法国、西班牙、苏格兰、西西里、那不勒斯等，包括巴黎大学和普罗旺斯大学等。当时因为应该拥护哪位教皇的问题，同乡会之间、学院之间效忠不同教皇的派别都发生了争吵、辩论甚至分裂，其中巴黎大学最为混乱，这种混乱直到克雷芒七世的支持者们在法国国王的支持下获得胜利才得以某种程度的结束。[③] 但是，法国王室禁止自由讨论，还实行将反对者流放的强硬措施，这造成了其与大学教师之间难以弥合的裂痕。再有，巴黎大学中德国籍学者的出走对西欧大学产生了非常大的后果和影响，因为这些学者不仅应聘到那些已经建成多年的大学中去，他们对一些新大学的筹建和发展也做出了杰出贡献。知识与观念的火种被他们散播开去，以此奠定了西方大学进一步发展的基石。

---

① 参见［法］雅克·勒戈夫:《中世纪的知识分子》，张弘译，商务印书馆 1996 年版，第 55 页。

② D.E.R.Watt."University Clerks and Rolls of Petitions for Benefices",*Speculum*,No.34（1959）,pp.213–229.

③ R.N.Swanson,*Universities,Academics and the Great Schism*,Cambridge:Cambridge University Press,1979,p.22.

（三）大学成为归属于不同民族国家的学术组织

大分裂在乌尔班和克雷芒的继任者之间持续，如何使大学从这种混乱形势中摆脱出来逐渐成为大学之间常说常新的论辩主题，其中巴黎大学关于如何结束教会大分裂的辩论最为深入，在1414年的康斯坦茨会议中扮演了重要角色，其观点赢得了欧洲主要大学的广泛支持，同时也奠定了产生深远影响的调和主义的理论基础。大学与中小学不同，它从其产生之日起就承担着多重社会职能，既是教育文化机构，也是学术社会机构，它和社会的诸多方面紧密联系，又在与社会的复杂联系中变迁发展，这种知识精英聚集之地难免卷入各种事物。事实上，即使卷入争论最深的巴黎大学也只是宗教和世俗当局的顾问，并不是对教会统一负有责任的机构。尽管大学被禁止参与决策，制定政策和采取行动是宗教和世俗当局而不是大学的责任，但无论是在结束大分裂的努力中还是在1409年至15世纪中期举行的宗教会议上，许多大学成员还是站在不同的国家立场上参与讨论、阐发观点并施加了较大的个人影响。虽然阿维农时期以及其后的历任教皇都不懈努力试图重振教皇权威，但教皇至上的时代真的已经过去，大学也由教皇庇护下的具有普遍意义的泛欧洲机构转变为归属不同民族国家的观点分歧的学术组织。

二、大学特权来源由教皇教会转向世俗当局

（一）大学的特权来源于教皇教会

中世纪早期的学术中心只有附属于大教堂和修道院的学校，随着时间的推移，大学的设置需要教皇或皇帝的特别认可。即使前认可时期就早已

存在的大学也以各种方式先后取得了认可，因为认可不仅意味着最高统治权位的许可，更伴随着若干的特权和好处。[①]1200年巴黎各校获得国王特许，获准自主管理，规定师生受教会法规管辖，只有重罪才交给国王法庭审理。[②]教皇1231年肯定了巴黎大学的特权，而且这种做法还成为欧洲大学的通例，各地大学师生可以不受世俗法律制约并享有神职人员的地位。1224年，神圣罗马帝国皇帝兼西西里国王腓特烈二世建立了那不勒斯大学，1229年，教皇格列高利九世在法国建立了图卢兹大学，1291—1292年巴黎大学和博洛尼亚两所原型大学也被尼古拉四世正式授予特权。教皇训令或皇帝敕令改变了大学形成时教会庇护下社会习俗的自然确定，改变了大学的行会性质，使大学逐渐成为制度化的学术团体组织。大学是最高统治者教皇授予特权管理的机构，同时也需要皇室的优待和保护。在很大程度上，大学中宗教利益和世俗利益可以和平共处，有时为了共同目标也能齐心协力地一起工作：世俗当局以合作态度保障教皇权威得以实现，教皇给世俗当局的权力以神授的光环。

（二）王权以兼并的方式脱离教权

13世纪末，教皇推行僧侣统治的愿望落空了，随着“国教”的出现，国王和其他统治者逐渐凌驾于教会之上，1300年左右的历史表明罗马教皇并没有看懂时代的征兆。表面上，无论是教会大分裂还是后来召开了宗教会议，大学一直需要教皇的特权认可。只是，教会大分裂之后教权式微，大学比以往任何时候都更容易从君王处获得特权，世俗当局出资创建新的大学都有其自身的政治宗教目的，可能基于各种原因：君主的政治抱负、学者的个人魅力、王侯的声望渴求，甚至为了拉动落后地区的经济发展等。

① 参见刘河燕：《宋代书院与欧洲中世纪大学之比较研究》，人民出版社2012年版，第59页。

② 参见［荷］维姆·布洛克曼：《中世纪欧洲史》，乔修峰译，花城出版社2012年版，第247页。

大学从各民族国家的君王处获得的许可与特权往往得不到整个欧洲的普遍认可，因此其意义和价值主要是作为一种形式，但这些大学对古老欧洲大学章程或多或少地采纳则透露出大学曾经不受疆域限制的一致性特征。大分裂前后出现的大学不管是出于什么具体的原因而兴建，和中世纪早期建立的大学相比，最大的改变在于其与市民以及宫廷的联系大大加强，与教会的关系不再如往日般亲密。随着西方教会大分裂过程中教皇专制权威的急剧衰落，教皇只能仰仗世俗君主的支持才能与敌对教皇相抗争，各国教会在教皇控制权丧失殆尽的情况下实际上是由各国君主操纵控制，皇权的代表宣称只有国王而非教皇才有创立大学并赋予它们特权的权力。

（三）大学的管理运行完全依赖世俗当局

中世纪末几乎所有主要的欧洲国家都有了自己的大学，这些或由教皇或由皇帝创建的大学只是从基督教最高首领处获得了形式上所赋予的特权，维持着些许大学的传统，大学真正的管理和运行其实完全依赖于地方当局尤其是世俗当局。以比利时的鲁汶大学为例，该大学是1425年教皇马丁五世应约翰四世、布拉班特公爵、该市居民，以及圣彼得牧师会的要求创建的，其中圣彼得牧师会保留授予执教许可证的权利，会长被任命为教长，有权颁发学位，而大学真正开始运作是因为得到了布拉班特公爵和市民所提供的资金支持。[①] 再如，普罗旺斯伯爵亚历山大五世在国王路易斯二世的请求下于1409年根据教皇敕令在普罗旺斯的艾克斯创办了一所拥有与巴黎大学一样特权的大学，为了确保新学校的生存，路易斯二世强迫普罗旺斯的学生们只能在艾克斯上学，教皇无力干涉。在西方教会大分裂之后，欧洲各主要国家都倾向于收缩12—14世纪以来在世俗当局完全巩固成熟之前大学所

① E.J.M.van Eijl, "The Foundation of the University of Louvain," *Speculum*, Vol.55, No.1（1980）,p.190.

享有的豁免权和特权，由议会而不是教会来仲裁有关大学问题的争端，到15世纪后半叶大学也越来越依赖议会而不是教会来解决其内部管理问题。

三、大学数量由平稳缓慢增加变为大量猛烈出现

（一）大分裂之前的大学状况

中世纪时大学由于城市经济发展、专业教师学生人数扩大、专业学术团体逐步成熟等动因而形成，一般设有文、法、医、神四科或四个学院，主要进行知识储存和知识传播。大分裂之前欧洲大学数量并不多，而且大都源于“现代大学之母”巴黎大学，如，1167年英格兰国王亨利二世和法兰西国王菲利普二世发生争执时，英王从巴黎召回的英国学生和学者聚集于牛津，从事经院哲学的教学与研究，这就是牛津大学的前身；1209年牛津学生误射镇上妇女导致大学与市民发生冲突，部分牛津师生外逃至剑桥，在此基础上产生了剑桥大学。剑桥大学于1218年获得了英王亨利三世的认可。大分裂之前，欧洲为数不多的这些大学不断斗争，赢得了一些特定的权利。例如，1158年博洛尼亚大学的学生拥有自由通行权；1215年教皇特使取消圣母院主事对巴黎大学的控制权；1229—1231年的大罢课使得巴黎大学甚至摆脱了主教的控制，具有授予学位的专一权。[①] 中世纪时的大学数量虽少，而且当时仍处于社会的边缘，但这种机构已经努力为自身的生存争取着学术自由的权利并为以后进入社会的核心做好了准备。

---

① 参见王保星:《西方教育十二讲》，重庆出版社2008年版，第48页。

（二）教皇和君王对大学的重视

中世纪时，教会的保护是对大学自由权最有效的护卫。1303 年 6 月 6 日教皇博尼菲斯八世在阿纳尼发布在罗马建立大学的敕令，这份敕令不仅制定了设立大学的惯例条款，还详细规定了教授和学生所享有的地位，从而建立了大学的整个秩序体系。由于教皇意识到大学的蓬勃发展趋势，他们发布了越来越详细的高等教育管理法规，以期对大学的改革与发展产生影响，并确实在随后一个世纪的时间里得以逐渐巩固。与此同时，1355 年卢森堡的查理四世加冕称帝，在随后的几年中，他成功抵制了教皇在授予大学称号和颁发通用执教许可证上的垄断权，一改前任对高等教育不甚感兴趣的政策坚冰，积极介入大学事务。① 国王不仅需要一个统治阶层，更渴望造就一个知识精英阶层，以便运用法律武器和文化声望来维持帝国的统治基础，“对于帝国的统治而言，法律的力量和武器的力量一样强大”②。而教俗双方都需要知识的护卫，需要用罗马法或教会法来证明自己的权利及其合法性。在世俗王权势力和教会势力的争夺中，大学时而依靠王权，时而依靠教会，巧妙地利用二者的矛盾维护着生存，保持着平衡并寻找着发展的机会。

（三）大学数量的猛烈增长

教俗双方利用罗马法和教会法进行争斗反映出了文化教育的世俗化，这为大学的兴起铺平了道路，教俗双方首脑给予大学大量的特权，在很大程度上保证了大学的存在和发展，各国统治者打着使本国臣民免受国外求学之苦的旗号比着创办大学。因为城市文明程度相对较高，南欧一直是大

---

① 参见王亚平：《权利之争：中世纪西欧的君权与教权》，东方出版社 1995 年版，第 134 页。

② ［比］希尔德·德·里德－西蒙斯：《欧洲大学史（第一卷）：中世纪大学》，张斌贤等译，河北大学出版社 2008 年版，第 97 页。

学的乐园，意大利大学的发展欣欣向荣，它们在一些大城市已经有稳固根基，政府直接或间接地向大学发布严格而具体的规章，提供经费并监督管理大学的运行。但14世纪中期以后，欧洲其他地方也兴起了创办大学的运动，1347年布拉格大学的创立则是这场运动的转折点，新大学的创立主要是为中产阶级和农民的子弟提供上升阶梯，因为当时贵族一般会把自家子弟送到博洛尼亚大学或巴黎大学。新大学遍布整个欧洲，大分裂前后创办的大学有1361年的帕维亚大学、1364年的克拉科夫大学、1365年的奥朗日大学和维也纳大学、1367年的佩奇大学、1391年的费拉拉大学、1404年的都灵大学等，大分裂结束之后还有1425年的鲁汶大学、1444年的卡塔尼亚大学等。①1378年以后创建的新大学一般都能够维持住基本运行，很少有完全衰落下去的，其中的奥秘就在于只有得到创建者或管理者积极支持的大学才更容易长久地生存下去，而城市或王公在资助和保护大学的同时，也从大学获得了声望，并拥有了培养教士、法官和律师的重要场所。到15世纪末西欧已有近80所大学。②

四、大学功能从超国家的文化传播中心转向培养专业精英的国家机构

（一）大学作为超国家的文化传播中心

中世纪大学产生之时的性质是学者或学生出于保护自身利益模仿手工

① 参见刘河燕:《宋代书院与欧洲中世纪大学之比较研究》，人民出版社2012年版，第107页。
② 参见程德林:《论西欧中世纪后期的知识氛围》,《首都师范大学学报（社会科学版）》2001年第3期。

业行会而进行的一种联合，是一个有组织的学术团体。“一个大学不是一块土地、一群建筑甚至不是一个章程，而是老师和学生的社团和协会。”[①]中世纪的大学没有现代意义上的行政管理，大学在很大程度上是自我管理。因此，与中世纪等级森严的社会特征不一致的是，大学因为师生对知识与真理的共同追求而形成了相对民主与平等的氛围。学生来自社会的各个阶层，其中市民和农民家庭占多数。[②]当时大学的生源广泛，有名的大学往往会集了来自不同地区的人。“牛津大学的学生大多数是英国人，但也有苏格兰人、爱尔兰人、威尔士人，以及来自尼德兰的人。”[③]中世纪大学的超国家性还在于它早期不必得到任何人的批准或许可，习俗和功能决定了一所大学的存在。最早的一批大学即博洛尼亚大学、巴黎大学和牛津大学等都是在得到教皇或国王的认可之前就已经形成并存在了很长时间，后来随着时间的推移，教皇和国王开始给予大学特许状，大学也因此获得了一些特权和好处。

（二）日益重要的专业知识分子

中世纪前期教会控制知识领域，后来随着工商业的发达以及城市的兴起，从事知识活动的专业人员即知识分子产生了，他们以个人的魅力活跃着城市的知识活动，形成了城市内外的知识流动。[④]教师和学生的聚集地即大学便是知识的主要集散地，代表了国家的文明程度，文化知识汇集于此，又于此传播开去。世俗君主从大学教士那里得到的理论支持使得他意识到

① ［美］戴维·林德伯格：《西方科学的起源》，王珺译，中国对外翻译出版公司 2001 年版，第 215 页。

② 参见［比］希尔德·德·里德－西蒙斯：《欧洲大学史（第一卷）：中世纪大学》，张斌贤等译，河北大学出版社 2008 年版，第 188 页。

③ Hastings Rashdall, *The Universities of Europe in the Middle Ages*, Vol.3, Oxford: Oxford University Press Inc, 1936, p.67.

④ 参见刘旺洪：《法治城市建设的基本框架论要》，《甘肃政法学院学报》2011 年第 1 期。

大学的重要性，一旦条件允许就要尽可能多地培养这样的人来论其王权的合法性。除了国家之外，市民在城市大发展的过程中也感受到了自身知识的缺乏，进而希望掌握更多的新知识。当时教会学校不仅培养神职人员，也招收世俗子弟。但这类学校毕竟以培养神职人员为主，知识是为宗教服务，学文法是为了阅读圣经而学几何是为了建造教堂，根本无法满足市民要求处理商业往来，解决生意中实际问题的知识需求，也无法为其子女将来继承家业做好知识储备。1388 年，德国科隆的绅士和市民们建立了科隆大学，这显示了当时社会对知识价值的认同，也是整个社会重视并崇尚知识的一种反映。正如勒戈夫所说，“渴求知识蔚然成风”①。帕多瓦大学践行了维多利诺的“完全公民”教育思想，最早开设了数学课这种与经商密切相关能够培养更精明商人的课程。“只有学识渊博的人才能走遍天下，即使他被剥夺了财产，没有朋友，但他仍是每个国家的公民，并且能够无所畏惧地蔑视命运的变化”②。

（三）大学作为培养专业精英的国家机构

1378 年的大分裂摧毁了统一的基督教世界，新型国家借机崛起，其民族感情也日益觉醒。教俗首脑的论战促进了新兴市民阶级对法律和其他知识的渴求，这种知识的渴求又促进了修道院学校的衰落和大主教学校的发展，这种转变标志着教会的教育不再仅仅是为上帝服务，它世俗化地关注人的社会活动。大学神学课程因教派的意见分歧而改变了内容设置，王权的强势使得曾经浓厚的神学色彩开始淡化，有些神学课程还因为过于理论化与现实生活相脱节而被学生弃选。民法、教会法和医学的课程因为其知

① ［法］雅克・勒戈夫：《中世纪的知识分子》，张弘译，商务印书馆 1996 年版，第 4 页。
② ［瑞士］雅各布・布克哈特：《意大利文艺复兴时期的文化》，何新译，马香雪校，商务印书馆 1991 年版，第 129 页。

识传授的职业性和实用性而受到欢迎，成为实现个人社会地位升迁和事业成功的专业通道。曾经在世俗王权和教会势力之间像杂技演员走钢丝一般用平衡战略赢得了一系列自治权并得以生存发展的大学随着新型国家的建立逐渐在日益强大的世俗王权下失去了胜利的成果。随着特权一点一点消失，大学由曾经超国家的文化传播中心逐渐转变成为王权培养专业精英的国家机构。

西方教会大分裂之后，教皇的势力被大大削弱，天主教曾经一统天下的局面永远过去了，"中世纪基督教王国的统一被无可救药地粉碎了，巴黎大学所培养的普遍主义的抱负已不再盛行。现在，人们目睹的是现代国家的诞生和崛起，以及民族感情的觉醒"①。现在，各个民族国家的王公君主替代教皇成为本国的宗教首脑：西班牙天主教会最富独立性；英国使得基督教国教化；在意大利教皇也退居为小君主；只有德国因分裂仍受教皇控制。②随着民族国家的逐渐形成，大学由普遍意义的泛欧洲机构成为归属不同民族国家的学术组织。随着教权的衰落，教皇对大学的控制只剩下形式上对传统的遵循，而王权的加强则使得大学被控制在了各个民族国家之内，大学管理主体由教皇教会转向世俗当局。为了维持帝国的统治基础，各国纷纷创建大学，大学数量由平稳缓慢增加变为大量猛烈出现，其功能也由以前超国家的文化传播中心转变为培养专业精英的国家机构。如希尔德所言，1378—1417年西方教会大分裂"在大学的历史上代表着真正的分水岭"③。

---

① ［美］汤普逊：《中世纪经济社会史（上册）》，耿淡如译，商务印书馆1997年版，第69页。

② 参见张晓华：《中世纪后期教皇的敛财活动及其后果》，《东北师大学报（哲社版）》1995年第2期。

③ ［比］希尔德·德·里德－西蒙斯：《欧洲大学史（第一卷）：中世纪大学》，张斌贤等译，河北大学出版社2008年版，第60页。

第二节　大学在文艺复兴与宗教改革时期

一、文艺复兴时期的意大利大学

文艺复兴首先在意大利兴起，因此意大利首先受到人文主义的影响。文艺复兴时期，“学生们真诚而狂热地寻求知识和文化的源泉。意大利之旅是要想成为人文主义者的任何人所必需的。年轻的英国人、德国人、荷兰人、斯堪的纳维亚人、西班牙人和葡萄牙人造访大量位于博洛尼亚和帕多瓦、帕维亚、锡耶纳和比萨，以及少量位于费拉拉和佩鲁贾的意大利大学，对这些文化源泉进行造访和吸取知识。大学有广泛的课程体系，还有按古老的课程实施的健全的法学和医学训练。第一代到意大利学习的学生将希腊研究介绍到阿尔卑斯山脉北部各国。在这个世纪稍后时期，医学研究流行起来，成为 17 世纪到意大利旅行的主要目的”[①]。事实上，意大利人文主义取得最大进展的地方都是那些新建立的大学，如帕维亚大学、费拉拉大学、比萨大学和罗马大学。在这些大学，新与旧之间达成了一种学术上的折中方案，两者长期和谐相处。最终，人文主义终于在一些大学中获得一席之地。人文主义思想不仅得到传播，而且为适应文艺复兴运动，出现了许多弘扬人文主义的大学。

---

① ［比］希尔德·德·里德－西蒙斯:《欧洲大学史（第二卷）：近代早期的欧洲大学 1500—1800》，贺国庆等译，河北大学出版社 2008 年版，第 435 页。

（一）师资与课程

1. 大学教授

在文艺复兴时期的意大利，一所大学必须满足两个条件才能称之为大学。一是它必须有教皇或皇帝颁发的特许状：有了这个特许状大学才可以颁发在整个基督教世界都得到承认的证书并授予合格的学生以博士学位；二是必须能够提供法律、文科、医学甚至神学等方面的高等教育，一所完整的大学至少得有六至八名在正常授课时间教授高等民法、教会法、医学、逻辑学、自然哲学、修辞学甚至神学的教授。达到第二个条件比获得第一个条件要困难得多，特许状仅是支持市政府建立一所大学的执照，师资的缺乏、资金的缺乏以及来自城市内外的反对意见常常使一个城市难于将一份特许状变为具有实际功能的大学。①

教授是大学最重要的组成部分，意大利的大学名册中列举了四种教授职位：正教授、副教授、假期教授和学生讲师。在大学中每个主要科目大都配有这四种教授职位。市政当局、学生们都认为理想的教授应具备三种品质：渊博的知识、良好的记忆力和卓越的语言表达能力。首先，一位有才华的教授应该能够缜密地阐明一个段落或一篇文章，因为教授上课往往采用相同的教材，因此谁能更好地阐述教材谁就能吸引更多的学生。第二，一个优秀的教授应该能够背诵很多段落，1592 年和 1596 年威尼斯政府禁止帕多瓦的教授们照本宣科，② 良好的记忆力使一位教授可以不看笔记就能授课。第三，一位优秀的教授应该能用熟练的拉丁语流畅地表述自己的观点。为了吸引更多学生前来求学，各大学之间常常展开竞争，以优惠条件吸引知名教授。

---

① 参见许枫叶：《文艺复兴时期意大利的大学教育》，硕士学位论文，四川大学，2004 年，第 3 页。
② 参见许枫叶：《文艺复兴时期意大利的大学教育》，硕士学位论文，四川大学，2004 年，第 9 页。

2. 大学课程

文艺复兴时期的意大利大学大致开设了如下课程：人文学科、逻辑学、医学、法学、自然哲学、神学和数学等。其中人文学科的引入或许是文艺复兴时期大学最重要的革新。虽然程度不尽相同，几乎所有的大学都聘请人文主义者进行人文学科方面的教育。克里斯泰勒教授定义了“人文学科”的范围，即由一组明确确定的科目组成，包括语法、修辞、历史和道德哲学等，并且任何学习这些科目的人都要阅读和翻译重要的拉丁语著作和少量的希腊文著作。[①]文艺复兴时期因为人文主义者力图获得古典的雄辩才能，谴责中世纪大学中的文科课程以逻辑学为主导，修辞学被其置于首要地位，是人文主义者学习的目标。

大学的教学方法最多的是采取辩论的形式。辩论可能集中于一个特殊的问题或任何科目。有两个或更多的辩论者依据亚里士多德的辩论原则针对不同的命题进行辩论。辩论一方面可以为教授建立声誉，一场成功的辩论可以把学生吸引到教授的课堂中去；另一方面，也可以更好地培养学生的能力和提高学生的综合素质。这也体现了中世纪教学方法的影响。很多人文主义者也称赞这种教育活动。列奥纳多·布鲁尼（Leonardo Bruni）曾在作品中通过科卢乔·萨卢塔蒂（Coluccio Salutati）之口热切地赞扬了“辩论”这一教学形式：“是什么让知识更加敏锐，使它更聪明和多才多艺？只有辩论，因为一个人必须在很短的时间内选定题目然后思考并得出结论。”布鲁尼通过萨卢塔蒂之口还说，“当我年轻时在博洛尼亚学习语法，无时无刻不在争辩。我向同伴挑战，向老师质疑”[②]。交流和争论能加深一个人对他

① 参见［英］丹尼斯·哈伊:《意大利文艺复兴的历史背景》，李玉成译，三联书店1988年版，第135页。

② 王云清:《试述文艺复兴时期意大利高等教育的改革》，硕士学位论文，云南师范大学，2006年，第25页。

所听所读的东西的印象，这比其他练习形式更好，不断的质疑培养了认识真理的能力。

（二）意大利大学的基本特征

1. 大学教育的古典主义倾向

由彼得拉克开始，人文主义者们热衷于发掘古典文化遗产，他们深为古希腊、罗马的文化所吸引，以巨大的热情投入到搜寻、校订、翻译、研究古代著作的工作中去，并努力用它们的风格进行写作。一旦人文主义者进入大学，人文学科在大学确立了自己的地位，古典文本便成了知识的主要来源。大学人文学科教育中的两个古代典范是西塞罗和维吉尔。人文主义者称西塞罗是将“沉思生活”和“现实生活”统一起来的完美典范，因为西塞罗曾用修辞的力量加强了罗马国家的权力。布鲁尼形容西塞罗“人格的伟大”几乎“像上帝一样”，他在西塞罗的传记中写道，“如果你读过他的著作，你将不会想到他有闲暇从事公共事务。另一方面，如果你考虑到他在公、私领域的活动，他的辩论才能，他的职业，他的战斗，你将会认为他没有时间阅读和写作”[①]。

2. 对中世纪大学教育特色的保持

应该看到，“中世纪文化是古代文化的延伸”[②]。荷兰学者约翰·赫伊津哈（Johan Huizinga）曾说，“在中世纪和文艺复兴之间划出一道明显界线的每一尝试，都会把这一界线一再地向前推移。那些一贯被认为是文艺复兴特征的观念和形式，已被证实早在十三世纪就已存在，……要是不带成见地研究文艺复兴，会发现它充满了中世纪盛期的精神特征的要素。因此，要坚持这两者的对立关系几乎不可能，但没有它，我们又会面临窘境，因

① 许枫叶：《文艺复兴时期意大利的大学教育》，硕士学位论文，四川大学，2004 年，第 40 页。
② ［意］加林：《意大利人文主义》，李玉成译，三联书店 1998 年版，第 12 页。

为中世纪和文艺复兴这两个术语已经运用了半个世纪，对我们来说，它们就意味着单一的词义，意味着两个纪元的差别。这种差别，我们感觉到了，认为它很根本，却又难以定义，就好比草莓和苹果的滋味不同，却又难以言传”[①]。中世纪和文艺复兴一样都继承了古典文化，只是在对待古典文化的态度上，中世纪显得比较功利。中世纪为了使古典文化适应其思想信仰体系之需要而改变了古典文化的原义。文艺复兴则将古典文化重新放置在其所处的环境之中，还原古典文化。这正是两个不同时期不同文化的区别。文艺复兴时期很多学科的教材其实都不同程度地依赖于中世纪。[②]比如在医学方面，医学理论课程主要讲授阿拉伯的阿维森那和盖伦的著作，尽管医学人文主义出现了，各个大学都有所改变，但教授们仍像从前一样以古代和中世纪文本为教材。希波克拉底、盖伦和阿维森那仍是医学课程的核心。值得注意的是，虽然大学教育在某些方面还依赖于中世纪，但并不是盲目照单全收。

3. 大学教育的世俗化

古代文化具有强烈的世俗精神，人文主义者在古代世界里发现了尘世生活的美好，这反映在教育上便是教育的世俗性特点。首先是人文主义者在大学任教的同时一般都在宫廷或政府中任职，他们认为参与公共事务能更好地发挥作用实现理想，他们不像中世纪的人那样藐视财富。布鲁尼认为，城市里的财富和金钱的价值就在于它们都来自每个人的血汗。在1428—1429年间，波焦·布拉乔利尼在对话《论爱财》中揭露修道会的伪善，他说：“你们不要拿那些无礼的伪善者和寄生虫来反对我，他们借口信

① ［荷兰］约翰·赫伊津哈：《中世纪的衰落——对十四和十五世纪法兰西、尼德兰的生活方式、思想及艺术的研究》，刘军、舒炜等译，中国美术学院出版社1997年版，第282页。

② 参见［英］G.R. 波特：《新编剑桥世界近代史（第1卷）文艺复兴（1493—1520年）》，中国社会科学院世界历史研究所组译，中国社会科学出版社1999年版，第128页。

奉宗教而四处游荡，寻找供养，不劳而获，坐享其成，还向其他人说教要以贫为荣，鄙视财富。我们绝不同这些蛀虫在一起建设城市，他们之所以能过悠闲自得的生活，正是由于占用了我们的劳动。”他认为追求金钱是人的自然本性，所有的人不分男女老幼，不分种族和社会地位，都渴望金钱，人爱财是一种自然的现象。

（三）意大利大学中的人文主义者

1. 1425 年之前人文主义者与大学的关系并不密切

最初的人文主义者并不想在大学中教书。彼得拉克和薄伽丘从大学教育中逃脱出来，仿佛逃离瘟疫一般；科卢乔·萨卢塔蒂和列奥纳多·布鲁尼都是秘书官而非大学教授，韦尔杰里奥（Pier Paolo Vergerio）曾于 1388—1389 和 1391—1397 年间分别在博洛尼亚大学和帕多瓦大学作为学生讲师授课，但他一生中的大部分时间都是作为宫廷教师为统治者服务的；著名的人文主义教育家瓜里诺·瓜里尼（Guarino Guarini，1374—1460）直到 1442 年才成为大学教授。也有例外，马尔皮吉（Giovanni Malpaghini）于 1394 年秋在佛罗伦萨教授修辞学直到 1402 年秋。虽然马尔皮吉曾在大学任教，但他的任职并未给佛罗伦萨大学留下强烈的人文主义印记，而且他的教学活动大部分都发生在大学之外。他之所以重要是因为他曾教过布鲁尼、韦尔杰里奥及其他一些人文主义者。

1425 年前第一位长期在大学中授课的人文主义者是加斯帕里诺·巴尔齐扎（Gasparino Barzizza，1360—1430）。1403 年，巴尔齐扎成为帕维亚大学的“语法学和著作学”教授，以后又成为“语法学、修辞学和著作学”教授。1407 年他被解雇随后去了威尼斯，教威尼斯的贵族子弟学习。1407 年 10 月，威尼斯元老院委任他为帕多瓦大学的“修辞学和道德著作学”教授。1421—1422 学年，他是米兰教授。1426—1428 学年，他成为博洛尼亚大学的“修辞学和诗学”教授。1429—1430 学年，他在帕维亚大学教授修辞学。他的足迹遍及帕维亚、威尼斯、帕多瓦和博洛尼亚。从巴尔齐扎的职业历程来看，他只从事过短期的私人教学工作，绝大部分的教学活动都是在大学内进行的。他的教学及学术活动新旧融合，依赖传统又极具人文主义特征。

2. 1425 年后至 15 世纪末人文主义者与大学的关系日益紧密

大约从 1425 年开始到这个世纪中叶，人文主义者开始进入大学。博洛尼亚大学于 1424—1425 学年委任乔万尼·奥里斯帕（Giovanni Aurispa，1376—1459）教授希腊语，这标志着博洛尼亚大学将人文学科和人文主义者引入到大学学院体系。1425—1427 学年，特奥多鲁斯·德·坎迪亚（Theodorus de Candia）取代奥里斯帕教授希腊语。1426 年，大学聘请加斯帕里诺·巴尔齐佐（Gasparino Barzizzo）教授修辞学和诗学。1427—1428 学年，博洛尼亚大学聘请了享有巨大声誉的年轻人文主义者菲莱尔福（Francesco Filelfo，1398—1481）教授希腊语和修辞学。除此之外，还有四个人教修辞学和诗学，一个人教修辞学和希腊语，但都不长久。帕维亚大学于 1430 年 3 月 15 日任命安东尼奥·贝卡代利（Antonio Beccadelli，1394—1471）为唯一的修辞学教授。但一年后，他离开大学成为米兰宫廷的宫廷诗人。1431 年秋，由洛伦佐·瓦拉填补了这一空职。佛罗伦萨在 1428—1429 学年委任菲莱尔福教授修辞学和诗学，1431 年另一人文主义者马尔苏比尼（Carlo Marsuppini，1399—1453）进入佛罗伦萨大学，讲授“诗学、修辞学、哲学、希腊语和伦理学”[①]。

通过意大利大学人文主义者的任命情况可以看出，从 1425 年到这个世纪中叶大学中人文主义者的任命并不具有普遍性：这一方面表现在只有少

① 许枫叶:《文艺复兴时期意大利的大学教育》，硕士学位论文，四川大学，2004 年，第 49—50 页。

数几所大学聘请人文主义者从事教学工作，另一方面则表现在即使是在这几所有人文主义者的大学中，人文主义者的数量一般也不会超过两名，有立足之处但所占空间不大。从 15 世纪中叶开始，情况发生了较明显的变化，人文学科在大学中逐渐占据重要地位。这表现在三个方面：一是大学中的人文主义者数量逐渐上升；二是希腊语教职成为教学计划中的一部分；三是一些重要的人文主义者在大学中长期任职，比较具有代表性的是佛罗伦萨大学、博洛尼亚大学、罗马大学和费拉拉大学。例如 1473 年佛罗伦萨大学迁往比萨，却将人文学科留在了佛罗伦萨，这说明统治者对人文学科的重视。

3. 16 世纪人文主义者在大学得到普遍承认

在佛罗伦萨、博洛尼亚、罗马和费拉拉四所大学，从 15 世纪中叶开始人文主义者进入大学之中，而各市政当局也逐渐重视人文学科的学习，甚至不惜重金聘请一些著名的人文主义者。这二者之间的关系是一种互动关系。政府的重视使得人文主义者能得到更多的薪水，享有更高的声誉，所以他们愿意在大学中教书；而人文主义者们在大学内从事的教学和学术活动吸引了众多的学生，这又使得市政当局认为在大学之中进行人文学科的教学，聘请人文主义者对于增加城市的经济收入，提高城市的声誉来说是十分必要的。这样，二者在互动中促进了意大利大学的人文学科的繁荣。到 15 世纪末，人文学科在意大利大学中已经得到普遍承认，进入 16 世纪，这一趋势保留了下来：在那些重视人文学科的大学中仍强调它，而另外那些则不大重视。

博洛尼亚大学花费了大量的时间和精力去寻求杰出的学者担任人文学科教职。例如，1538 年，博洛尼亚聘请乌迪内的罗莫洛·阿马赛奥（Romolo Amaseo of Udine，1489—1552）教授人文学科。1545 年，聘请塞巴斯蒂亚诺 · 科拉迪 · 达 · 阿尔切托（Sebastiano Corradi da Arceto）。然后，在1557年，博洛尼亚又以1200博洛尼亚里拉的高薪劝说乌迪内的弗朗切斯科·罗博泰罗（Francesco Robortello of Udine，1516—1567）离开帕多瓦大学来博洛尼亚大学教书。他在博洛尼亚教了四年。1563年，曼托亚的卡洛·西戈尼奥（Carlo Sigonio of Mantua）接受博洛尼亚大学的人文学科教职。西戈尼奥是非常受欢迎的老师且著述颇丰。博洛尼亚大学对他的看重可以从薪水上反映出来。最初，西戈尼奥的薪水为1210博洛尼亚里拉，到1579年涨为2400博洛尼亚里拉，在大学中居第三位。1584年西戈尼奥去世后，博洛尼亚大学继续通过各种途径寻求著名的人文主义者。[①]

二、文艺复兴时期的英国大学

（一）牛津大学和剑桥大学是英国人文主义教育的重镇

英国唯美主义运动的理论家和代表人物沃尔特·佩特（Walter Pater）曾经说过："在许多问题上，15世纪的文艺复兴之所以伟大，不在于它取得的成就，而在于它所设计的蓝图。许多它立志要做却完成得并不完美和有所错失的事业，在18世纪被称作'启蒙运动'的运动中，或者说在我们自己这一代完成了；真正在15世纪复活的仅仅是最重要的直觉、是求知欲、是开创思想。"[②]

英国文艺复兴从对希腊罗马语言及古典文化等古代人文学科的学习

① 参见许枫叶：《文艺复兴时期意大利的大学教育》，硕士学位论文，四川大学，2004年，第56—57页。

② ［英］沃尔特·佩特：《文艺复兴：艺术与诗的研究》，张岩冰译，广西师范大学出版社2000年版，第33页。

起步，只是因为时代、地域和其他条件所限制，英国文艺复兴早期在教育领域更多地体现为伊拉斯谟人文主义，注重对中世纪经典的人文解读，以发现原初的内涵。随着人文主义教育的深入发展，早期的伊拉斯谟人文主义转向以塑造人为中心的绅士教育，注重培养符合人的天性的美德。16 世纪后期，随着英国海外贸易和殖民活动的兴起，单纯的培养完美的“人”的绅士教育已不能适应社会发展的现实需要，实用主义教育由此萌芽。从事海外探险和殖民活动者注重实用技能的培养，自然科学知识教育也日渐受到重视。[①] 牛津大学和剑桥大学是英国人文主义教育的重镇。“人文主义的特质在强调人之所以为人的道理，突出人性的价值，并且肯定人性建设的可能，认为透过有系统的人文化成历程，可以建立礼仪之邦。”[②]

（二）牛津大学和剑桥大学中人文主义教育的传播

早期的英国人文主义者中除托马斯·莫尔之外都曾在意大利学习人文主义文化，他们回国以后把所学所感带到了牛津和剑桥大学讲坛，人文主义精神开始得到广泛传播。[③]15 世纪后 20 年人文主义开始产生较大影响，牛津大学和牛津成为人文主义的重镇。1475 年，牛津大学新学院院长托马斯·钱德勒请意大利学者到牛津大学讲授希腊学。1495—1491 年，牛津大学的格罗辛和利纳克尔又到意大利求学。利纳克尔被称为“教授希腊文的第一个英国人”，他是英格兰著名医师和古典派学者，曾去意大利研究亚里士多德的著作，对人文科学有精深的造诣，他与格罗辛密切合作，奠定了牛津古典研究的坚实基础。他曾教授医学，也教授希腊文和拉丁文，是

① 参见张乃和：《英国文艺复兴时期的法律与社会》，黑龙江人民出版社 2007 年版，第 74 页。
② 郭为藩：《人文主义的教育信念》，五南图书出版公司 1992 年版，第 2 页。
③ 参见张乃和：《英国文艺复兴时期的法律与社会》，黑龙江人民出版社 2007 年版，第 77 页。

牛津大学一位多才多艺的学者。[①]拉蒂默也是牛津学者，他擅长希腊文。晚于他们一代的英国人文主义者以科利特、莫尔、利利和费希尔等人为代表。科利特在对意大利进行两年的访问后，从1496年起在牛津举行关于圣保罗书的公开讲演，宣称与经院哲学的方法做彻底的决裂。

费希尔从1504年起任剑桥大学校长，1511年创办圣约翰学院，以“新知识”作为课程的核心，为希腊文教学和希伯来文教学提供了大量的机会。费希尔力排众议，1511年剑桥大学聘请人文主义者伊拉斯谟讲授古典文化和希腊文。[②]伊拉斯谟的高足克罗克学成后在英国各地传授希腊文，1519年返回剑桥执教。1533年又有托马斯·斯密士在剑桥讲授希腊文。1540年，国王亨利八世在牛津和剑桥设立钦定教授席位以教授神学、民法、医学、希伯来文和希腊文。同年，剑桥成立三一学院，以人文主义精神为宗旨。经过几代人的努力，人文主义在英国大学最终站稳了脚跟。

（三）英国王室对大学的干预控制

宗教改革运动的直接后果是在世俗政府推动下，教会势力、世俗政府势力的权力结构发生了显著变革：教会势力的影响逐渐减弱，世俗政府势力的影响则逐渐增强，并占据主导地位。在英国，最有代表性的事件是亨利八世宣布与罗马教皇脱离关系，在英格兰创立新教，英王成为英国世俗权力和宗教权力的最高掌控者。[③]国王亨利八世把大学看作实现政教合一和统一国教的主要力量。在世俗权威和宗教权威并存的中世纪，牛津大学和剑桥大学在本质上属于教会机构，不受世俗政权管辖，

---

① 参见钱乘旦：《英国通史》，上海社会科学院出版社2007年版，第123页。

② 参见贺国庆、王保星、朱文富：《外国高等教育史》，人民教育出版社2006年版，第25页。

③ 参见吴结：《宗教改革对英国大学与世俗政府关系的影响》，《煤炭高等教育》2012年第4期。

历经两百多年的发展之后，它们已经变成直辖于教皇并享有许多特权的自治团体；16 世纪 30 年代，亨利八世发动宗教改革，取代教皇成为英国教会的最高首脑，统辖权延伸至原归教会管辖的领域，两所大学转归国王管辖，并且逐渐被推向服从国家管理、为现实政治和宗教服务的道路。[①]1535 年亨利八世任命首席大臣克伦威尔巡视牛津大学和剑桥大学，[②] 这是历史上世俗政府首次巡视大学，表明世俗政府急于干预大学。巡视活动以克伦威尔授予剑桥大学的指令为依据，要求大学与罗马教皇划清界限废除天主教会授予的特权、承认皇室至高无上的权威、不得帮助任何支持罗马教皇的人等。

1553 年亨利八世规定所有学位申请者都必须赞成英国国教的宗教教规，伊丽莎白女王继任后宣称自己及国教会对两所大学拥有绝对的权力，1581 年规定牛剑两所大学要进行效忠宣誓。在教会与王室的社会权力格局更迭过程中，一方面王权加强对大学的干预和控制，另一方面大学必须自我变革，以服从新的社会权力体系。伯顿·克拉克曾这样论述：“对大学来说，宗教改革是一次付出了极大代价的胜利，大学铸造了武器，但是世俗政府得到了更多的战利品。”[③]“就大学需要资源维持办学，并因此依赖富裕、强大的教会、国家或市场的支持而言，当这种控制力量强大时，大学在物质上就显得繁荣昌盛……因此，出现了这种奇怪的现象：当大学最自由时却最缺乏资源，当它拥有最多资源时则最不自由。”[④]

① 参见王建妮：《亨利八世宗教改革对英国大学地位的影响》，《北方论丛》2007 年第 3 期。
② 参见易红郡：《宗教改革时期欧洲大学的变革：以德、法、英三国大学为例》，《现代大学教育》2012 年第 11 期。
③ ［美］伯顿·克拉克：《高等教育学新论——多学科的研究》，王承绪译，浙江教育出版社 1988 年版，第 30 页。
④ ［美］伯顿·克拉克：《高等教育学新论——多学科的研究》，王承绪译，浙江教育出版社 1988 年版，第 27 页。

三、文艺复兴时期的法国大学

（一）法国文艺复兴运动的迟缓

法国由于天主教盛行使得文艺复兴运动比较迟缓，其文艺复兴运动从中世纪末才开始酝酿，其勃兴则是16世纪时的事情，尽管在14世纪末彼特拉克已经在法国具有很大影响。[①]“法国的保守派、封建贵族、天主教会沆瀣一气，残酷镇压革新的思想和运动。巴黎大学是当时欧洲的最高学府，也是经院主义的顽固堡垒，它反对人文主义的思想倾向。”[②]但是，法国两次入侵意大利客观上加速了人文主义在法国的传播。再者，弗朗索瓦一世对人文主义倾力支持，反对经院主义思想。由于诸多原因，法国人文主义运动开始有了长足的发展，比代、拉伯雷和蒙田表现最为显著。

（二）巴黎大学及其他高等教育机构的转变

巴黎大学在1450年以后文学院已经聘请少数意大利人文主义者去充当希腊语教师，中世纪的拉丁文法有的已被人文主义教科书取代，1495年左右巴黎大学开始出现对古典学习方法的兴趣与重视，1530年国王弗朗西斯一世支持语言学家纪尧姆·比代创办了进行人文主义研究的新机构即法兰西学院，[③]与“守旧势力的代表”巴黎大学相抗衡。它设立了希腊文、拉丁文、法文和哲学等一系列教授讲座，还开设算术、医药和东方研究等课程。除巴黎外，法国的波尔多、里昂、奥尔良、兰斯和蒙彼利埃等许多地方自

① 参见吕一民:《法国通史》，上海社会科学院出版社2007年版，第56页。
② 滕大春:《外国教育通史（第二卷）》，山东教育出版社1989年版，第193页。
③ 参见吕一民:《法国通史》，上海社会科学院出版社2007年版，第57页。

治政府也都建立了自己的高等教育机构欢迎人文主义教学。[①]

（三）大学课程的变化

随着文艺复兴和宗教改革运动的发展以及法国资本主义萌芽的出现，法国大学课程最显著的变化是许多学科逐渐脱离哲学或神学而独立。巴黎大学法学院的课程包括教会法和民法，分别以格里高利九世颁布的《教会法令》和君士坦丁大帝制定的《法典》为核心，这一时期大学中民法的地位超过了教会法。16 世纪末，许多医学院开设有解剖和植物采集课程，但医学院的课程依然以课本讲解为主，包括生理学、病理学和治疗学，采用盖仑、希波克拉底斯和阿维森纳的著作，直到 17 世纪初并未有太多变化。

四、文艺复兴时期的德国大学

（一）德国大学中的人文主义教学

1456 年人文主义学者彼得·路德从意大利留学回到德国，在海德堡和莱比锡等大学讲授人文主义，1484 年荷兰人文主义者阿格里科拉在海德堡大学讲授古典文学，著名诗人凯尔梯斯曾在意大利、波兰和匈牙利学习，先任教于巴伐利亚大学，后任维也纳诗歌学院院长，1487 年德皇腓特烈三世授予他“桂冠诗人”称号。1500 年后德国人文主义学说比以前更为迅速地发展起来，原因一方面在于公众观念中新学科与教会改革的起因联系在一起，例如德国人文主义者梅兰希顿这样的大学教授在路德派的宗教改

① 参见贺国庆:《中世纪大学向现代大学的过渡——文艺复兴与宗教改革时期欧洲大学的变迁》,《教育研究》2003 年第 11 期。

革中发挥了积极作用，另一方面是因为越来越多新学科的阐述者被任命为大学教授。结果，很多知名德国大学如爱尔福特大学、维滕贝格大学、海德堡大学、努雷姆贝格大学、维也纳大学和巴塞尔大学等都在文科课程中接纳了人文主义的学科，但在科隆大学和弗莱堡大学经院哲学家仍占有较大影响。16 世纪 20 年代，通过对古典文明的欣赏、学习和模仿，在大学中人们普遍渴望自然、真理以及美好的人生，新学风逐渐占领了阵地，现世观念深入人心。总而言之，人文主义思想改变了德国大学的宗旨、职能、观念，使整个德国大学文化焕然一新，尽管其学术体系只是增添了古典内容，没有大的变化。

（二）宗教改革时期德国大学变为信仰斗争的战场

德国要么用思想拷问世界，要么用战争拷打世界。宗教改革期间，路德和罗耀拉们狂热而虔诚地热衷建立新的大学体系，却无意于宽容，在你死我活的冲突中丧失了平衡的概念，“一俟获得权力，依靠不计其数的宗教手册、教旨和忏悔筑起一道坚固的防线，便公然宣战，无情打击不赞同他们社团的官方教义的人”[①]，所以宗教改革中的很长一段时期又成为“信仰斗争的时代”[②]。德意志大学也未能置身事外，有时甚至沦落为信仰斗争的战场。

为了培养大量的新教人才，路德对自己势力范围内的大学进行了改造，不容许旧教的存在，比如 1535 年在蒂宾根大学，坚持旧信仰的教师被强行驱逐；1539 年在莱比锡大学，根据维滕贝格神学家的建议，所有不接受路

① ［美］亨德里克·威廉·房龙:《宽容》，胡允桓译，生活·读书·新知三联书店 1985 年版，第 181 页。

② ［德］马克斯·布劳巴赫:《德意志史（第二卷上册）》，陆世澄、王昭仁译，商务印书馆 1998 年版，第 167 页。

德主义的教授都被萨克森公爵剥夺了教职。而且冲突时代的激情还常常会蒙蔽人们的双眼，对旧教的敌视，引起对直接或者间接受旧教管辖的一切学术机构的敌视，包括人文主义，一切形式的教育都受到毁灭性的打击。[①]伊拉斯谟声称，只要是路德派势力占优势的地方，便是知识的葬身之地。[②]路德之后这种情况有所缓和，宗教改革和人文主义间的同盟关系得到了一定程度的恢复。但也只是有所缓和而已。路德和茨温利之间的分歧已经导致了剧烈的学术争论，而路德死后其阵营一分为二，分别为梅兰希顿的门徒和弗拉希乌斯·伊利里库斯的门徒，每一个新教的大学都为这些争论所滋扰。在坚持天主教信仰的大学，尤其是纯粹耶稣会的大学如迪林根大学、维尔茨堡大学和格拉茨大学等，争论要少一些，这部分地要归功于耶稣会“卓越而有效”的工作，可惜其提高大学教学水平的同时也成为其发展的桎梏。

在宗教改革之后人们大都开始在本国的大学学习，在“教随邦定”的社会制度下，不论是出于信仰还是政治忠诚，人们都不得不留在本国大学里学习，否则他将难以在国家机构中谋到职位，大学失去了国际性质。政府为加强对大学的控制和管理国家开始剥夺大学拥有的许多特权，此外政府还要求大学教授和政府工作人员一样进行效忠宣誓，不仅要宣誓效忠国王或国家，还要效忠政府承认的教义。宗教改革使得各国政府加强了对大学的控制，大学最终成为世俗政权的工具，服务于国家的需要。[③]

在国家兴起的过程中大学逐渐变迁为国家的工具，这使大学本身的特性即独立性和自主性受到严重限制，如何解决大学和政府之间自治与控制

---

① 参见［英］威廉·博伊德、埃德蒙·金：《西方教育史》，任宝祥、吴元训译，人民教育出版社1985年版，第185页。

② 参见［德］鲍尔生：《德意志大学和大学学习》，张弛等译，人民教育出版社2009年版，第33页。

③ 参见吴慧平：《西方大学的共同治理》，北京师范大学出版社2012年版，第69页。

的矛盾从而使二者保持必要的张力与合适的度也成为一个近乎永恒的问题。德意志大学在此过渡转型时期经历了角色扮演的剧烈变化，产生了诸多问题和阵痛。德意志大学在宗教领袖或诸侯的领导下进行了一系列改革，成了培养教士和官员的机构。在社会最需要它们的时候，它们却忽视了自己的社会功能，陷入危机，逐渐失去了社会的文化和学术中心地位。当谈到当时的大学时，人们往往使用“僵化”“颓废”“麻木”等词语，[①] 虽然近期的研究在很多方面扭转了大学此时全面衰落的负面印象，但是此时德意志大学陷入巨大的困境是毫无疑问的。[②]

① ［比］希尔德·德·里德－西蒙斯:《欧洲大学史（第二卷）：近代早期的欧洲大学 1500—1800》，贺国庆等译，河北大学出版社 2008 年版，第 11 页。

② 参见王汉林:《宗教改革时期德意志大学的困境》，《宜春学院学报》2013 年第 7 期。

第三节　大学在启蒙运动时期

人类的思想文化活动都是在继承前人思想文化成果的基础上，根据社会历史条件的变化而由低到高由简单到复杂地发展与演变，对于西方思想发展史而言，从古希腊的智者学派到近代的文艺复兴、宗教改革和启蒙运动，不难发现它们之间的继承与发展。启蒙运动在西方思想史上开创了一个新时代，众多启蒙思想家以文艺复兴以来的成果为指导，提倡民主与科学，宣扬平等与自由，抨击封建制度和宗教神学，呼唤资产阶级革命与改革。启蒙运动作为一次空前的思想解放运动，使得人类终于积攒了足够的勇气运用自己的理智努力脱离自己所加之于自己的不成熟状态，自由和平等思想传播甚至远远超出了欧洲范围。[①]

在启蒙运动之前的三四百年间，欧洲文明相继经历了文艺复兴、宗教改革和科学革命。在文艺复兴的巨人身影渐行渐远、宗教改革的帷幕徐徐落下、科学革命的步伐迅速前进的背景下，欧洲又迎来了一场规模更大、影响更深远的思想解放运动。文艺复兴、宗教改革和科学革命固然使欧洲从中

① 本部分以独立作者发表于《中学历史教学参考》2016年第2期。

世纪文明向近代文明的变迁产生了巨大的推动作用，但其内在的局限性无疑也相当明显：首先，其覆盖范围过于狭窄。文艺复兴运动主要在文学艺术领域展开；宗教改革运动基本围绕着宗教生活领域；科学革命则局限于自然科学领域。其次，其性质上存在诸多缺陷。文艺复兴崇古有余，但创新不足；宗教改革着重宗教体制和观念的变革，然而未能深入到对宗教本质和根源的剖析；科学革命则过于偏重自然主义，从而导致机械决定论盛行。[①] 启蒙运动正是在继承前三次运动精神实质的同时，将思想解放的范围扩大至人类的整个精神生活领域，并且把思想解放的内涵予以更加全面的展示。

简而言之，各种因素在不同的国家和地区的表现程度是不同的。英格兰和德国更能体现传统保守教会对大学的控制，同时，苏格兰和法国更能体现启蒙思想激进程度的影响，正是不同因素的交互作用促成了18世纪大学与启蒙思想的复杂关系。还应看到的是，启蒙运动也是促进大学变化的重要动力，而对启蒙新思想的冲击，几乎所有的大学都或多或少，或主动或被动地发生变化，逐渐地向现代的、世俗化的、大众化的、开明的方向发展，而这也正是启蒙运动所指的方向。

一、启蒙运动时期的英格兰大学[②]

在英格兰，牛津大学和剑桥大学曾培养或拥有启蒙运动的奠基者，如牛顿和洛克，然而，在启蒙运动时期，这两所大学被英格兰国教会所控制，新教徒和罗马天主教徒因宗教信仰被排除出大学和其他高等学校之外。

① 参见远方：《思想解放的狂飙——欧洲启蒙运动巡礼》，《理论参考》2002年第9期。

② 本节以第一作者发表于《中国人民大学教育学刊》2018年第1期。

1662年英格兰议会通过的“一致法令”（Act of Uniformity）规定，将不信国教的教师和学生排除出大学。例如，在牛津大学，所有入校的学生都必须遵守英格兰国教会的三十九条教义，大学内所有的成员都禁止与不信国教者的团体有联系。剑桥大学的一些学位只对国教徒开放，别的学位只授予对国教会的三十六条经典条文表示赞同的候选人。1689年的“宽容法令（Toleration Act of 1689）并没有废除之前的“一致法令”，只是允许不信国教的新教徒（不包括罗马天主教徒、索齐尼斯教徒和犹太教徒）建立组织并受法律保护，赞同国教会教义的新教徒得以建立自己的学院。这些学院更少受传统和法令的限制，可以更自由地进行新的教学模式的试验，并可提供范围更广的课程。除传统的旧科目外，一些现代科目如现代语言、历史学、地理学和化学等也进入了学院的课堂。与传统大学相比，这些学院能更灵活、更积极地融入新社会。瓦林顿（Warrington）、北安普顿（Northampton）和哈基内（Hackney）等学院在启蒙新思想的发展和传播上超过了牛津大学和剑桥大学，一些英格兰国教徒也因为非国教徒创办的学院水平高而进入这些学院。瓦林顿镇因此而赢得了“北方雅典”的美誉。[①]

英国近代早期（1500—1750年）是由封建社会的中世纪向资本主义现代社会过渡的变革时期，社会的流动节奏很快，教育尤其是大学教育在很大程度上充当了提升社会地位、获取各种特权的阶梯角色。英国社会的乡绅利用启蒙运动和宗教改革背景下近代民族国家形成过程中需要大量文职官员的有利时机培养子弟接受高等教育，这不仅提升了乡绅阶层的知识水平，而且改变了其自身的社会地位，进而影响到整个国家在近代早期的变迁进程。乡绅不同于贵族，贵族是一个拥有特定法

① 参见孙瑜：《大学与18世纪的启蒙运动》，《浙江学刊》2009年第5期。

律意义的社会阶层。16 世纪末英国史学家富勒认为乡绅是“贵族和约曼之间的一个等级”，明格认为乡绅包括四个土地占有者等级，即准男爵（baronets）、骑士（knights）、缙绅（esquires）和绅士（gentlemen）。[①] 我国历史学家侯建新指出，贵族拥有爵位和各种特权以及独特的生活方式，虽然贵族和乡绅都是小封建主，但乡绅不是贵族，无法像贵族一样作为统治阶级享有较高的社会地位和各种特权。[②] 乡绅拥有自身的风度，“它既非完全是贵族精神的翻版，也非中等阶级或劳动人民价值观念的集中体现”[③]，而是在贵族精神的基础上融合了其他社会阶层价值观的产物，这种融合经历了相当长的时间，是英吉利民族现代化进程中在各种因素相互作用下的结果。

（一）观念变化：从喜好狩猎战斗变为崇尚高贵优雅

中世纪骑士的培养从 7 岁开始，过程非常艰苦，而且持续时间长达十四年。在这段期间受训的男孩最初要跟随领主夫人学习礼仪担任侍童，之后要学习“骑士七艺”，要求熟练掌握各种作战技巧，和平年代主要是狩猎，而“战斗和打猎——这是同一事物的两个方面”。骑士尚武好斗，罗马教皇乌尔班二世这样说过，“在扎紧表示骑士身份的腰带时，你们以野蛮、放纵为自豪”；法国传教士伯恩哈德（1091—1153）这样称呼这些骑士，“不是骑士，而是祸害”[④]。“教堂的钟声交织着骑士的马蹄声，谱成了中世纪教育的格调”[⑤]。乡绅的形象则是土气的，直至 18 世纪苏格兰约翰·阿巴思诺特在其小说《约翰·布尔的历史》中还刻画了一位保守的乡村绅士形象：

① 参见李自更：《论英国乡绅的形成》，《山西高等学校社会科学学报》2003 年第 11 期。
② 参见侯建新：《英国的骑士、乡绅和绅士都不是贵族》，《历史教学》1988 年第 3 期。
③ 钱乘旦、陈晓律：《英国文化模式溯源》，四川人民出版社 2003 年版，第 190 页。
④ ［德］沃尔夫冈·塔尔诺维斯基：《消亡的骑士》，湖北教育出版社 2009 年版，第 13 页。
⑤ 王天一：《外国古代教育史》，人民教育出版社 1981 年版，第 116 页。

矮胖的身材、急躁的性格、笨拙滑稽的举止，以及总是跟在身后的斗牛犬。文艺复兴和宗教改革在解放思想的同时也改变了大众对贵族的认识：现在“对贵族的界定不完全是高贵的血统，而是血统加上美德；这种美德不仅包括献身于上帝和国教会，也不仅包括道德上的正直，还应包括对某些技术能力的掌握。而所谓的技术能力包括：书本知识、语言、历史、优雅的举止、良好的军事技能”[①]。到16世纪下半期，公众舆论认为贵族不仅要英勇善战，履行统治者的职能，还要有素质和教养，有远见卓识和优雅的品位，文化修养成为贵族在宫廷等上流社会赢得尊重的必要条件，要达到这些新的要求必须通过学习和教育。

贵族精神以及其生活方式在英国社会的各个层面都产生了深刻而广泛的影响，以乡绅为代表的英国新兴资产阶级更是普遍接受了贵族的价值观念和生活方式。尤其是新兴资产阶级，他们虽然非常富有，但在当时，尽管财富与社会地位之间存在着一定的关系，两者之间却并没有必然的联系，身份、地位及其附带的尊严，要比金钱更有价值。因此，乡绅阶层在经济条件允许的情况下首先要做的事就是想办法向上流社会看齐，他们在乡间购买土地修建豪宅，还学习贵族的社交礼仪，追逐贵族的时髦风尚，以期提高自身的社会地位。[②]但是，由于这些新兴资产阶级暴发户没有受过良好教育，在重要的政治场合扮演不了相应的政治家角色，政府的高级职位依然是由受过良好教育的贵族们所占据。

实现向上的社会流动是社会各阶层的普遍企求，在当时的英国社会成为贵族更是引人向往的人生目标，大学则是形成贵族精神和绅士风度的重要场所。而当时贵族较低的人口出生率以及其他原因导致的贵族减少也给

① 姜德福：《社会变迁中的贵族：16到18世纪英国贵族研究》，商务印书馆2004年版，第273页。

② 参见邹冠英：《英国贵族与文官制度》，《龙岩师专学报》2000年第6期。

社会其他阶层的向上流动提供了一个契机，使得这种向上流动具有可能性和必然性。约翰·斯特罗德爵士在劝诫儿子好好学习时强调，对贵族来说，“学问就像一颗镶在金戒指上的钻石：两者相得益彰”[①]。对于乡绅来说，通过让子弟接受大学教育提高其自身修养从而拥有高贵优雅的生活方式是一种社会的时髦和必需，是缩小和贵族之间社会地位差别的重要途径。巴尔德萨·卡斯蒂利奥内认为一个人的社会地位可以通过出身来获得，也可以通过个人美德来获得，这两种形式都令人钦佩。还有人声称个人的价值构成了贵族的唯一基础，不是远祖的行为而是个人自己的行为才是其社会地位的基础，高贵植根于公共服务和社会活动，而不是植根于专横的特权：“没有真正的贵族，它来自美德和善行。”[②]正是由于英国社会从喜好狩猎战斗变为崇尚高贵优雅的观念变化形成了英国近代早期乡绅阶层重视大学教育的重要背景：“观念不是公共事件的结果而是其原因。”[③]

（二）直接原因：经济状况由贫困附庸转向富裕雄厚

中世纪时英国由教会和世俗贵族掌握经济大权，他们也由此掌握了相应的教育权和受教育权，其他大部分人被排除在教育门外。15 世纪后英国资本主义经济快速发展，资本主义生产方式主导了当时的工农业生产。毛纺织业获利丰厚，还出现了造纸、玻璃等许多新兴行业，随着商业的发展海外贸易也发展起来。17 世纪后资本主义的进一步发展日益引起社会阶层的变化，其中最有影响的就是包括乡绅、大商人和约曼农在内的农村富余

① Lawrence Stone,*The Crisis of the Aristocracy 1558–1641*,London:Oxford University Press, 1980,p.306.

② Ellery Schalk,*From Valor to Pedigree:Ideas of Nobility in France in the Sixteenth and Seventeenth Centuries*,Princeton:Princeton University Press,1986,p.57.

③ 何怀宏:《观念的力量》,《读书》2008 年第 1 期。

阶层经济地位的崛起。[①]这些人或购买王室出售的教会土地，或购买破产贵族的土地，或者拥有自己的农场，他们抛弃了旧式封建领主的经营方式，改以资本主义生产方式经营农牧业，经济实力膨胀。施托克马尔提出："整个16世纪的特征就是绅士的兴起。"[②]

16世纪中叶后到资产阶级革命爆发前，据经济史家克里德特统计的63名英格兰贵族，其平均收入降低了26%，每个贵族家庭平均拥有的庄园数也从54个下降到39个。而在进入16世纪以后，在贵族急剧衰落的同时，"乡绅却兴旺起来，他们和约曼一起，成为农业现代化的发起人。例如在沃维克郡，乡绅的收入在这一时期几乎增长了4倍"[③]。在近代早期，英国的乡绅正在强有力的经济支撑下迅速擦除了旧式乡下人的印记，关心羊毛和面粉的价格，忙于拓展市场或者达成贸易。他们还热心参与地方上的行政和司法事务，和当地、全国乃至欧洲大陆建立稳定的经济和社会联系。随着这批新兴富裕阶层的崛起，他们要求获得与其经济地位相匹配的政治地位的欲望越来越强，而"让他们的子弟接受高等教育是一条——也许是唯一一条——能使他们获得与其财富相衬的社会地位的途径"[④]。大学学费比公学的学费要高，"钱多斯公爵的长子在巴利奥尔读书时，他除付导师薪酬之外，一年花费大约732英镑，其中包括3名仆人和3匹马的开销"[⑤]。这些费用虽高，对乡绅来说也不是支付不起，他们有足够的财力送自己的子弟去接受大学教育。

随着英国乡绅阶层经济地位的上升，他们开始要求其他方面的权力，

---

① 参见张富体：《16—18世纪英国世俗贵族教育变革研究》，云南大学学位论文，2010年，第30页。

② ［苏］施托克马尔：《16世纪英国简明史》，上海人民出版社1985年版，第49页。

③ 侯建新：《英国的骑士、乡绅和绅士都不是贵族》，《历史教学》1988年第3期。

④ Lawrence Stone, "The Educational Revolution in England: 1560-1640," *Past and Present*, no. 28 (1964), pp. 70-71.

⑤ 阎照祥：《英国贵族史》，人民出版社2000年版，第268—269页。

比如教育权和受教育权等。这一时期日趋世俗化的教育机构接纳了越来越多的中下层求学者学习，出身低微但有才干者在政府中占居要职的例子比比皆是，如制衣匠之子托马斯·克伦威尔获封埃塞克斯伯爵，约曼之孙威廉·塞西尔成为伊丽莎白时期的首席国务大臣等。就英国社会而言，引发向上流动的因素或途径主要有积聚财富、婚姻、从政、获得国王的恩宠等。[①] 许多乡绅即借助经济实力的增强，加之个人的才干和能力，不断上升获得如大法官和市镇长官等较高的职位从而有机会参与政策制定；有的直接购买爵位，担任国家和社会的要职。[②] 经济状况直接影响教育投资，决定了个人成才所需要的物质条件。富裕雄厚的经济状况保障了乡绅子弟有财力有实力接受良好的教育，为其成才并实现封官晋爵铺平了道路。总之，新兴资产阶级的整体经济状况由贫困附庸转向富裕雄厚是乡绅阶层子弟能够接受得起大学教育的直接原因。

（三）根本原因：权力中心从出身特权转向知识特权

中世纪西欧封建等级制度非常严格，成员的向上流动主要有三种途径：一是继承，长子继承父亲的财产、特权以及爵位；一是敕封，主要针对战功卓越的军事将领或者君主的仆从；一是有利的婚姻，和贵族子女缔结婚约或者迎娶有爵位的寡妇等。在这种背景下，出任国家官吏和所受教育程度几乎没有关系，贵族即便“愚昧无知，也注定会有自己的财富、官职和义务”[③]。中世纪时也有少数贵族清醒意识到知识与荣誉财富之间的关系，但

---

① 参见姜德福：《16—18世纪英国贵族的成员流动——质疑“开放的贵族”说》，《文史哲》2004年第5期。

② 参见袁娇：《社会转型时期英国贵族教育变革的原因》，《沈阳大学学报（社科版）》2013年第4期。

③ 刘贵华：《近代早期英国贵族子弟入学的文化动因》，《江汉大学学报（社科版）》2009年第4期。

当时大多数贵族歧视文化知识，认为学习文化知识是神职人员以及希望成为神职人员的穷人之子的事情，甚至有贵族放言："我以圣体的名义起誓：我宁愿让自己的儿子钉死在十字架上，也不叫他读书识字。"① 爱德蒙·达德利说："在基督教世界中，英格兰贵族是一伙最缺乏教养的人。许多贵族乡绅不能读书写字，起草文件时全凭口述，依靠笔吏记录下来，留作保存。个别枢密大臣，如伊丽莎白女王在位时的佩姆布鲁克伯爵甚至不会在公文上签字。"②

15 世纪以来，随着近代民主国家的逐步形成，国王和各级政府都需要熟悉法律、懂得会计或具有其他技能的行政管理官员，这些人才的产生越来越依赖学校尤其是大学的培养。即使如传统贵族一样重视军事才能意欲担任军事职务，这时也要求学习新型的火药和新型的作战方法。宗教改革和诉讼的增多使得国王和政府的事物比以前更复杂繁多，国王和政府给能够处理这些政务的文职人员以丰厚的报酬，还给他们提供了特殊的身份。这些经过大学学习的行政官员构成了一个全新的社会阶层，"由于在社会上享有教育的荣誉和发号施令的地位，这些人逐渐把自己看做一种贵族，一种不是基于出征作战而是基于国家行政管理之上的贵族"③。对于 16 世纪的英国，在此关键变迁时期行政机构的扩大使其成员获得了与传统军事贵族平等的社会地位。这些人当中接受高等教育的越来越多，他们对自己在社会上的重要性有着越来越强烈、越来越清晰的意识，而政府中世俗势力的增长也无疑给传统贵族带来了威胁。最初贵族在这场竞争中处于不利地位，部分由于这个集团的军事传统，部分由于缺少教育的原因。以至于亨利七世的宠臣埃德蒙·达德利感叹贵族们如果不加强教育将眼睁睁地看着自己

---

① Lawrence Stone, "The Educational Revolution in England: 1560–1640," *Past and Present*, no. 28 (1964), p. 305.

② Lawrence Stone, *The Crisis of Aristocracy 1558–1641*, London: Oxford University Press, 1967, p. 301.

③ [美] 乔纳森·德瓦尔德：《欧洲贵族：1400—1800》，姜德福译，商务印书馆 2014 年版，第 42 页。

传统的优势地位被“贫寒卑贱之人的子弟”所侵占，这些人已经掌握了新的学问，正开始得到“晋升和权力，而如果贵族的子女们称职的话，这些位置本来应该是他们的”[①]。

尽管乡绅与贵族同为封建领主有诸多共同之处，其土地精英的一致性也极容易在有意无意之间被夸大与认同，事实上二者之间一直存在着巨大的社会鸿沟。但到 17、18 世纪，人们的社会地位不再单纯取决于出身，依靠自己的知识也可以风度优雅，以自身的良好教养也可以获得较高的社会地位。对于没有爵位可以继承的人来说，接受大学教育是步入精英阶层的最好方式，这比迎娶有爵位的寡妇要体面得多。在 1567—1622 年牛津大学的学员登记簿显示，“贵族之子 84 人，骑士之子 590 人，缙绅之子 902 人，绅士之子 3615 人，约曼之子 6635 人”[②]。可见，不仅无爵位想晋爵的人积极接受大学教育，有爵位的贵族为了保持其地位也让孩子选择大学教育。大学通过培养知识权贵的方式使自己的毕业生作为一种特定的社会集团对英国的社会生活起到某种统治作用，在英国上层社会形成某种垄断。不仅是大学本身的教育，这些有着相似教育背景的人在进入社会后又在各种正式或非正式的场合密切往来，使得“老同学网”（the Old Boy Network）作为一种无形的权力网络更成为获取功名攫取财富的主干道。[③]16 世纪和 17 世纪英国以乡绅阶层的兴起向传统观念提出了挑战，这些来自工匠甚至农民家庭的官僚贵族成为存在社会迁移可能性的例证，其原因很明显在于达到这种地位所必需的大学教育。17 世纪是个名副其实的创建学术机构的年代，它们选择有才能的人而不是出身高贵的人作为其主要成员。[④]

① ［英］昆廷·斯金纳：《现代政治思想的基础》，求实出版社 1989 年版，第 256 页。

② 侯建新：《英国的骑士、乡绅和绅士都不是贵族》，《历史教学》1988 年第 3 期。

③ 参见田德文：《英国的“贵族”教育》，《欧洲》1993 年第 1 期。

④ 参见［美］乔纳森·德瓦尔德：《欧洲贵族：1400—1800》，姜德福译，商务印书馆 2014 年版，第 59 页。

谁学到并记住的知识多，谁有最强烈的学习和求知欲，谁就会获得极大的利益、荣誉和富有。社会的权力中心从出身特权转向知识特权，给没有爵位的乡绅阶层提供了向上流动的机会和阶梯，这是其重视大学教育的根本原因。

二、启蒙运动时期的法国大学[①]

（一）启蒙运动时期法国大学的保守

欧洲第一个大学于12世纪晚期形成于意大利的博洛尼亚，它由当时的法律、医学和公证的职业学院的学生自己组织而成。[②]于1200年前后正式形成的巴黎大学，则主要由教师组织成立，成为一所“教师大学”[③]，并成为欧洲人文科学和神学的重要中心。别的欧洲城市迅速摹仿博洛尼亚大学或巴黎大学的模式，建立大学作为有特权的公会或由教师与学生构成的团体。文艺复兴时期，课程设置包括了一些新建立的学科，并体现了思想观念上的一些变化。大学仍然服务于官方教会——罗马天主教会、英国国教会、路德教会或加尔文教会——培养医生、律师、神学家等专业人员。在一些地区，大学承担官方的书报检查官的职能，如巴黎大学的索邦神学院就承担了法国书报检查的职责。

18世纪的启蒙思想家们对传统的教育模式进行了批判，并提出了各

① 刘春兵:《思想启蒙与公民塑造——18世纪法国启蒙运动中的公民教育思想探析》,《郑州大学学报（哲学社会科学版）》2010年第6期。

② 一直到16世纪博洛尼亚大学都是由学生支持和管理的学生担任校长，代表市民行使对学校的管理权。参见罗红波:《博洛尼亚大学》，湖南教育出版社1995年版，第48页。

③ 孙瑜:《大学与18世纪的启蒙运动》,《浙江学刊》2009年第5期。

种改革方案。他们鼓吹引进普遍的初等教育，认为精英教育是无效的。一些思想家如狄德罗对当时空洞的职业教育深恶痛绝，但对人文和哲学课程并不完全反对。他们极力反对把大量时间花在研究死语言和空洞的哲学问题上，认为这种教育不能产生他们所追求的道德上自立的个人，主张代之以地方文学、历史和道德哲学的严肃研究。传统的大学教育自然也成了他们批判和改革的对象，狄德罗对大学的定义是："大学是其校门没有区别地对国家内所有孩子开放的学校，在大学内由国家支付工资的教师教给学生所有科目的知识。"他认为，局限于精英教育的大学使社会底层处于无知状态，这"不仅残忍而且荒谬"①。1775 年，他为俄国政府拟定了大学改革计划，提出了他的公共教育思想。但这些教育思想和改革方案的实际影响很有限，而且在不同的国家和地区有很大差别。在这个时期的法国和英格兰，大学在知识界的领导地位逐渐消失或受到挑战。在法国，1764 年皇家法令驱除了耶稣会，1773 年教皇克里孟特九世颁布敕令在欧洲天主教国家解散耶稣会。因为耶稣会此前在欧洲很成功地提供了有效的初等教育，这使法国教育界出现了一个真空，但世俗政权并不愿按照启蒙教育家的思想改革教育。这种状况一直持续到到大革命爆发前而没有改观。法国在 18 世纪有 20 所左右发展比较充分的大学，1789 年有 21 所大学，其中 14 所拥有完整的人文科学、法律、医学和神学四个科系②，但只有蒙彼里埃（Montpellier）的一所大学在启蒙运动中发挥了重要作用③：巴黎大学曾经是法国知识界的领导者，但在文艺复兴和宗教改革时期与教会、高等法院

① Edward H.Reisner,*French Liberalism and Education in the Eighteenth Century*,New York:Burt Franklin,1932,p.204.

② Edward H.Reisner,*French Liberalism and Education in the Eighteenth Century*,New York:Burt Franklin,1932,p.204.

③ 它是"生机论"（Vitalism）的主要中心，"生机论" 是介于"机械论"（Mechanism）和"泛灵论"（Animism）之间的一种生命科学理论，它的形成促成了生命科学在 18 世纪后半期的转变。

一起诋毁人文主义思想，查封进步书籍，迫害人文主义者和新教徒。[①]自1638年起，巴黎大学就不给新教徒颁发学位证书并极力对抗和扼杀进步思想。在启蒙运动时期巴黎大学更是顽固地抵制新思想的渗入：17世纪下半叶，巴黎大学禁止使用笛卡尔的著作；卢梭的《爱弥儿》一出版便被巴黎大学神学院宣布为禁书，当众焚毁。[②]巴黎大学神学院在神学界的判定至高无上，在宗教和政治舞台上神学院的势力强大而异常保守，使得启蒙人士只能寻求大学外的其他机构作依托。

（二）法国大革命时期对启蒙思想的回应及对大学的整改

只是在大革命时期，启蒙思想家的教育改革要求才得到了积极的回应。根据1791年宪法，法国成立了公共教育委员会。塔列朗（C. M. Talleyand）以该委员会的名义提出了一个报告，强调教育的重要性，并要求建立一个体系，以使所有法国人都能通过各种方式接受教育。此报告并没有被立即实施，但建立新教育体系的观念深入人心。1792年4月，孔多塞代表公共教育委员会向国民公会提交了由他起草的《公共教育组织报告》。他认为，国民教育的其中一个目标就是“在所有的公民中建立实际上的平等，从而提供为法律所认可的真正的政治上的平等”[③]。他认为：“将伦理学与任何特别的宗教分开是绝对必要的，在公共教育中进行任何宗教信条的教育都是不允许的。”[④]国民公会于1792年8月采纳了由勒佩勒（L. M. Lepelletier）提出并得到罗伯斯庇尔支持的教育计划，该计划要求所有

① 参见李兴业：《巴黎大学》，湖南教育出版社1988年版，第28—32页。

② 参见高九江：《启蒙推动下的欧洲文明》，华夏出版社2000年版，第185页。

③ Edward H.Reisner, *French Liberalism and Education in the Eighteenth Century*, New York: Burt Franklin, 1932, p.323.

④ Edward H.Reisner, *French Liberalism and Education in the Eighteenth Century*, New York: Burt Franklin, 1932, p.347.

的孩子在国家资助的学校里在艰苦朴素的条件下接受实用的、爱国的教育。在当时的非常时期，众多的教育计划并不能得到真正的实施，但其中所体现的教育世俗化和教育平等的原则却成了革命者的共识。

1793 年 9 月，国民公会宣布取缔巴黎大学的四个学院，学校的财产被卖掉，索邦街改名为沙迪纳街，路易大帝学校改名为“平等学校”。1794 年，国民公会颁布法令，解散外省的二十多所大学。1795 年 2 月，国民公会颁布法令，在全国范围内建立中央学校，每三十万居民建一所，巴黎当局为学校选择教科书，并成立一个委员会来任命和监督教师。中央学校在 1802 年被拿破仑政权设立的公学所取代，严格的军事课程被强加给公学的学生，由内政大臣规定公学所开的科目和所用的教材。公学承担了传统大学的一部分职能，但受到中央严格的控制。而 1808 年成立的帝国大学并不是真正的大学，应该说是一个垄断性的教育管理机构。

三、启蒙运动时期的德国大学

18 世纪以前德国大学用拉丁语讲授亚里士多德的思想，固守着中世纪学风，大学校园弥漫着神学氛围。大学围墙隔绝了它与现实的联系，大学的培养目标脱离了现实生活的需求，这种固守陈旧传统的大学已经不能适应蓬勃发展的社会生产需要。“德国大学的声誉和欧洲其他国家大学一样已是一落千丈。到 17 世纪末，德国知识界发起了对大学的全面抨击，许多人要求彻底废除大学，德国大学已到了生死攸关的地步。”①

① 易红郡:《哈勒大学：现代大学的先声》,《内蒙古师范大学学报（教育科学版）》2005 年第 1 期。

（一）德国启蒙运动时期的各种思想

1. 哈勒大学的创立与学术自由的发源

德国教育家鲍尔生称哈勒大学不仅是德国而且是欧洲第一所现代意义的大学，[①] 托马西乌斯被称为“哈勒大学的第一位教师”和新大学学术的奠基人，[②] 参与了哈勒大学现代化改革的发起运动。他反对经院哲学和迂腐学术，指出“大学的许多知识是无用的、卖弄学问的，并隐伏在过时的教学方法和一种废弃的语言之下”[③]。他废除传统经院主义课程并使哲学脱离神学独立，还以开明思想和实际知识影响教育青年，力图在科学、大学教育与实际生活三者之间建立联系。在他的努力下，1694 年哈勒大学取得正式特许状由骑士学院升格为大学。他还打破大学教学中拉丁语的垄断地位，最先采用德语讲学。正是在他的领导下，哈勒大学成为德国 18 世纪新文化思想的指导中心，深刻影响了哥廷根大学[④]与埃朗根大学的开办。

2. 德国大学现代化的先声——哥廷根大学的创办与学术自由的拓展

12 世纪初，欧洲开始出现大学。当时中欧德语区经济文化还处于落后状态，迟至 14 世纪才开始兴办大学。第一所大学是办在现在捷克斯洛伐克境内的布拉格查理大学（1348 年），然后是维也纳（1365 年）、海德堡（1385 年）、科隆（1388 年）和埃尔富特（1392 年）等大学。早期的欧洲大学虽然大多数是由国王或诸侯创办的，但都深受教会影响甚至控制。当时的大学一般文、法、神、医四院分立，神学院居主导地位，文学院地位较低，第一个彻底改变文学院卑下地位的是格廷根大学。[⑤]

---

① 参见［德］弗·鲍尔生：《德国教育史》，滕大春等译，人民教育出版社 1986 年版，第 79 页。
② 参见王永强：《18 世纪德国大学改革运动及影响》，《教书育人》2012 年第 2 期。
③ 贺国庆：《德国和美国大学发达史》，人民教育出版社 1998 年版，第 20 页。
④ 本书统一为哥廷根大学，但引文为“格廷根大学”的则保留为“格廷根大学”。
⑤ 参见戴问天：《格廷根大学》，湖南教育出版社 1986 年版，第 33 页。

1732年乔治二世要在他的德国领地内创办一所大学，不是出于发展科学教育事业，而是为了赚钱，指望通过这所大学每年带来大约十万塔勒的财政收入。[①] 乔治二世获得赞誉不仅在于他痛快解决了新建大学所需要的资金，还在于他知道自己不懂如何办教育而将具体工作交给他的德国大臣，首先是明希豪森（Gerlach Adolf von Munchhausen）。明希豪森从1734年到1770年一直兼任格廷根大学董事长，是这所大学的真正经办人。

1734年10月14日，哲学院教授霍尔曼（Samuel Christian Hollmann）讲了格廷根大学的第一节课，是物理。[②] 这年教授有神学院3名、法学院4名、医学院3名、哲学院6名，此外还有5名讲师和4名实验课教员。[③] 在哈茨山麓的这个小城，神学第一次丧失了它在大学中通常享有的凌驾于其他学科之上的特殊地位和优先权，而格廷根大学也就因此可以看作第一所具有广泛科研自由和教学自由的、启蒙主义的“现代”大学。自由地进行研究和教学的基础，是按照莱布尼茨思想建立起来的、从一开始就得到大量藏书捐赠的大学图书馆。[④]

明希豪森清醒地看到他的最大困难在于为大学招聘高水平的教授。他利用自己内阁成员的有利身份，首先提高教授的社会地位——由一般雇员提高为国家官员。除此之外，还有课时费之外的固定薪金、配套住房、木柴免费、公共牧场放养两头奶牛等。就这样，明希豪森顺利地招聘到了一批当时第一流的学者。[⑤] 明希豪森在建校之初定下的两条方针，直到今天仍

---

① 参见戴问天:《格廷根大学》，湖南教育出版社1986年版，第35页。

② 参见戴问天:《格廷根大学》，湖南教育出版社1986年版，第37页。

③ 参见［德］诺伯特·坎普:《科研自由与教学自由（代序）》，戴问天:《格廷根大学》，湖南教育出版社1986年版，第2—3页。

④ 参见［德］诺伯特·坎普:《科研自由与教学自由（代序）》，戴问天:《格廷根大学》，湖南教育出版社1986年版，第2页。

⑤ 参见戴问天:《格廷根大学》，湖南教育出版社1986年版，第38页。

被遵循，那就是教学自由与科学研究自由，以及师资招聘中唯贤是用。[①]但是，这里不再有高斯、维勒、希尔伯特那样的科学巨人。[②]

3. 18 世纪德国大学的影响

德国大学因大学改革运动洋溢着时代新气息，和因大革命完全废止的法国大学以及暮气沉沉的英国大学形成鲜明对比，英国教育家阿什比说："正在兴起的德意志国家，急于在工业发展上赶上英国和法国，便将大学作为进行技术革新的一种力量。于是，科学研究就成为大学职责的一个关键部分。大学的结构也发生了变化，与正在出现的学科和科学领域相一致的研究所和专业讲座，也创建起来了。所有这一切都富于革新精神，并使德国大学与其他国家的大学分道扬镳。"[③]

（1）大学现代化的积极探索与近代大学理念的奠基

18 世纪德国大学改革运动在启蒙思想的激发下以现代哲学与自然科学为武器，勇敢批判传统大学，所确立的大学精神成为此后德国几代人为之奋斗的大学理想和努力方向，奠基了 19 世纪柏林大学的创办和此后大学改革运动的深入开展。突出体现在以下方面：以人的理性独立为原则，用基于现代科学的现代哲学取代亚里士多德的烦琐哲学；以习明纳取代辩论，以自由研究取代书本教学；以德语逐渐取代拉丁语等。正因为如此，也有学者认为哈勒大学、哥廷根大学可以视为德国乃至世界高等教育史上近代大学的开端。[④]

---

① 参见［德］诺伯特·坎普：《科研自由与教学自由（代序）》，戴问天：《格廷根大学》，湖南教育出版社 1986 年版，第 10 页。

② 参见戴问天：《格廷根大学》，湖南教育出版社 1986 年版，第 75 页。

③ ［英］阿什比：《科技发达时代的大学教育》，滕大春、滕大生译，人民教育出版社 1983 年版，第 30 页。

④ 参见黄福涛：《外国高等教育史》，上海教育出版社 2003 年版，第 115 页。

（2）大学人才资源的培养输送与德国民族意识的觉醒

这次大学改革运动不仅为德国资本主义生产的发展进行良好人才资源的培养与输送，还促进了德国民族意识的觉醒。德国大学的革新精神不仅体现在大学科研管理的各个领域，而且推动人民以现代哲学而非烦琐哲学重新认识、审视、判断与思考，这种思想的解放使人们从不同角度关注四分五裂的德国社会，这加快了德国的现代化进程。尤其是德语作为母语进行教学科研交流，语言作为思维的外壳，语言的变化体现了思维的变化，这些都极大推动了德国民众民族意识的觉醒，深刻影响了德意志民族意识的形成。

（3）大学的广泛的国际联系与国际影响

建校伊始，格廷根大学就有着广泛的国际联系。由于创办这所大学的汉诺威选帝侯同时也是英国国王，也由于18世纪时工业革命发源地的英国是世界上科学技术领先的国家，格廷根起初和英国有比较密切的交往。这里的第一架光学显微镜是1736年从伦敦买回来的，有名的“库克收藏品”也是从英国得到的。[①] 在格廷根成为科学上领先的、有影响的大学以后，德语区其他诸侯国乃至欧洲（特别是中欧和东欧）的学生开始一批又一批来到这个哈茨山麓的小城。1803年10月来格廷根以“维尔登菲尔斯伯爵”名义注册的路德维希一世是巴伐利亚国王马克西米利安一世的儿子，他当国王以后把原来在因戈斯塔特（Ingolstadt）的大学迁到慕尼黑（1826年），按格廷根模式建起了现在的慕尼黑大学，并把他儿子（后来的马克西米利安二世）也送到格廷根来学习（1829年）。创办柏林大学（1810年）的威廉·洪堡是普鲁士语言学家和政治家，曾在格廷根学法律，他提出的办学原则在相当程度上实际是格廷根经验的总结。[②] 从历史上看，格廷根大学很

① 参见戴问天:《格廷根大学》，湖南教育出版社1986年版，第142页。

② 参见戴问天:《格廷根大学》，湖南教育出版社1986年版，第143页。

早就和美国有交往。早在 1766 年，本杰明 · 富兰克林就访问过格廷根，三年以后又送给大学图书馆他自己关于电学的著作。[1]

四、启蒙运动对西欧大学的影响[2]

（一）启蒙运动在不同的国家有着不同的特点

启蒙运动作为全欧洲的一场思想文化运动，在不同国家有着不同特点，其一便是在英法两国启蒙运动蓬勃发展的时期伦敦和巴黎不仅是国家政治中心更是启蒙思想传播的文化中心，而在德国始终找不到一个像巴黎或者伦敦那样的文化中心。[3] 柏林、汉堡、莱比锡、美因茨等虽然都是重要的大城市，但在德国启蒙运动过程中发挥的作用并不那么明显。许多启蒙主义者都生活在一个很小的区域之内，这在一定程度上制约了德国启蒙运动进一步发展。由于受到地域和空间上的限制，缺少文化中心，因此作为知识分子最重要的集中地，大学便发挥了重要的作用。虽然德国教育很长一段时间都操纵在教会手中，但到了启蒙运动时期，随着英、法启蒙思想的传入，德国的教育也取得了发展。在一定程度上看来，德国启蒙运动正是在英、法国启蒙思想和德国自身条件（主要指德国先进的大学教育）共同作用之下产生的。启蒙时期的德国大学一向保持与时俱进，在文化生活和社会生活中占据着重要地位。因此，“德国人却对于大学给予厚望，不仅仰仗

① 参见戴问天：《格廷根大学》，湖南教育出版社 1986 年版，第 145—146 页。

② 参见王永强：《18 世纪德国大学改革运动及影响》，《教书育人》2012 年第 2 期。

③ 参见［德］里夏德 · 范迪尔门：《欧洲近代生活——宗教、巫术、启蒙运动》，王亚平译，东方出版社 2005 年版，第 237 页。

他们来解决科学和哲学方面的问题，而且对于民族兴亡的大事，也期待他们提供解决的方针和解决的动力”[①]。

（二）新成立的大学成为启蒙运动的主要推动者

一些新成立的大学成为启蒙运动的主要推动者。如1734年在神圣罗马帝国的汉诺威选区成立的格廷根大学，因为神学第一次丧失了它在大学中到那时为止通常享有的凌驾于其他学科之上的优先权，而被看作“第一所具有广泛科研自由和教学自由的、启蒙主义的‘现代’大学”[②]。格廷根大学的学术自由体现在几方而：一是神学不再凌驾于其他学科之上；二是教授工作不受外界干预，大学的创办者明希豪森对教授实行“放手”政策，他的任务是把有学识的人招聘到教授职位上，而不去过问他们在教授职位上做什么和怎么做，这样，塞格纳得以作为医学教授而成为格廷根大学数学和天文学的先驱，布鲁门巴赫得以作为医学教授而成为民俗学的奠基人；[③]三是学生有充分的学习自由。另外，明希豪森还利用自己是内阁成员的有利条件将教授的社会地位由一般雇员提高为国家官员，并从物质上大大提高了格廷根大学教授的待遇。正是这种学术自由、革新精神和一系列的具体措施吸引了一批当时第一流的学者和大量慕名而来的学生。到1780年，格廷根大学已成为德意志最重要和学生人数最多的大学，它的法学、医学、历史学和数学在整个欧洲享有盛名。

---

① ［德］弗·鲍尔生:《德国教育史》，滕大春等译，人民教育出版社1986年版，第79—84页。
② ［德］诺伯特·坎普:《科研自由与教学自由（代序）》，戴问天:《格廷根大学》，湖南教育出版社1986年版，第2页。
③ 参见戴问天:《格廷根大学》，湖南教育出版社1986年版，第51页。

第三章

1810—1836：[1]

大学的现代化

——“知识的总和”[2]

① 1826年，伦敦大学学院的建立拉开英国新大学运动的序幕。在这一运动中，曼彻斯特的欧文学院、伯明翰学院、利物浦学院等纷纷成立。它们都由民众办理，注重工业与科学领域，面向中产阶级招收学生，招收学生没有教派及性别限制，采用住宿与走读两种制度。伦敦大学（University of London）是一所位于英国首都伦敦的公立联邦制大学，在1836年由伦敦大学学院和伦敦国王学院合并而成，并获颁皇家特许状，创立之初是各成员院校的考试机构，经过177年的扩张，已发展成为包含18个独立自治的学院和10个研究所的巨型联盟，旗下学院都有独立的大学地位和高度的自治权，它们独立招生，独立排名，有4个学院独立颁发文凭。

② 洪堡大学是依据创校者洪堡“研究教学合一”的精神所创立的新学校，他也希望洪堡大学能成为“现代大学之母”（Mutter aller modernen Universitäten）。根据洪堡的理念，现代的大学应该是“知识的总和”（Universitas Litterarum），教学与研究同时在大学内进行，而且学术自由，大学完全以知识及学术为最终的目的，而非实务的人才培育。

第一节　德国大学的现代化

一、新人文主义教育思潮及其代表人物

新人文主义与文艺复兴运动的共同之处在于都崇尚古代文化，提倡个性与自由，不同之处在于新人文主义是对希腊而非罗马文化的依恋，强调复兴古希腊文化中一切有用的内容和精神。在教育上，新人文主义认为教育目的是帮助发展和实现个人全部的潜力，强调教育要尊重人性，促进人的身心的和谐发展。新人文主义教育思潮主导了 19 世纪初德国大学改革。洪堡等人将新人文主义理想贯穿到大学教育中，致力于在大学中培养个性充分发展具有古希腊精神的人，“用希腊模式塑造你们自己”成为新人文主义的大学理想。与新人文主义教育思潮同时的还有源于启蒙运动的功利主义教育思潮，主张以教授实用知识来取代不切实际的博学教育，认为大学的主要任务是培养公务员、教师和医生。功利主义教育思潮最终在法国而不是德国主导了大学改革。

（一）施莱尔马赫的教育思想

1787 年，施莱尔马赫入哈勒大学，受业于新人文主义古典学者沃尔夫，1804 年任哈勒大学神学院教授。哈勒大学被拿破仑下令关闭后，他来

到柏林，参与讨论创办柏林大学：主张大学应该完全独立于国家，这种观点与洪堡反对国家对大学进行干涉的主张相一致，但与费希特要求国家对大学施加各种影响的主张截然不同。还有，他主张思想自由和思想独立，认为学习并非一定是大学教育的首要目的，大学教育的首要目的应该是认识。因此必须培养学生的科学精神，使他们独立地深入到科学当中去。为此，大学要有一种精神上完全自由的气氛，科学要从对任何一种外来权威的屈从状态中解放出来。施莱尔马赫的观点对洪堡创办柏林大学影响深远。

1810 年 6 月 3 日，洪堡成立四人委员会负责起草柏林大学临时章程，施莱尔马赫作为其中的一员负责归纳成文。他延续了《关于德国式大学的断想》一文的观点，强调传统大学的组织结构，保留了兴起于中世纪的神学、法学、医学和哲学四个学院，但没有像很多德国大学那样将学院分为高低不同的等级；保留了传统的教师结构，即教授、副教授和助理教授，但不设世袭头衔，各级内部也无等次之分，防止教授的自我优越感。1810 年 10 月 2 日，普鲁士国王批准了柏林大学临时章程。洪堡辞职后，大学章程转由内阁负责制定，施莱尔马赫被吸收进新的四人委员会，他负责九个章节中的三个，分别为大学的基本定位、教师构成、校长及学校理事会。他借此机会进一步完善了自己关于大学组织结构的思想。柏林大学章程 1816 年 3 月 11 日由大学理事会通过，次年 4 月 26 日由普鲁士国王正式批准生效。施莱尔马赫设计的大学组织结构最终被所有德国大学所仿效，并沿用至今。1815—1816 年施莱尔马赫担任校长职务使得他有机会将自己的主张贯穿到大学的具体改革。

（二）洪堡的教育思想

1809 年，洪堡出任普鲁士教育大臣，其在短短十八个月任职期间实施的教育改革决定了德国未来几代教育发展的方向，尤其是柏林大学的创办。

洪堡被公认为新大学思想的代表人物和“大学之父”，其思想产生一方面与他青年时代在哥廷根大学游学时结识歌德和席勒并深受新人文主义思想影响的经历有关，一方面也与施莱尔马赫和费希特等人的影响有关。他曾向费希特、施莱尔马赫等人征求意见，并邀请他们到新建的柏林大学担任教授。德国学者贝格拉（Peter Berglar）说过：“洪堡创立大学所依据的精神和道德准则是其他人先期设想的。”[①]“他是把早已形成的思想、把一般的趋势加以具体化来实现改革的；这种改革不是变魔术，而是收获。”[②]洪堡之前其实已有许多人在思考建立新大学的问题，洪堡担任教育大臣也仅短短的十八个月，并未付出过多的时间和精力，却被公认为新大学思想的代表人物。原因有二：其一，洪堡本人是具有丰富政治经验的知识分子，能够确保柏林大学同时拥有顶尖的学术标准和良好的发展前景；其二，洪堡利用足够的权威将各种出发点相似但具体内容存在分歧的思想进行了调和与统一。[③]

洪堡的大学思想主要体现为两条：一是学术自由的原则。针对外族入侵和政府对大学的粗暴干预，洪堡主张学术自由既包括学生的学习自由也包括学者的教学自由，学术问题必须遵循自身的规律去研究，虽然办大学是国家的职责，但政府的作用是提供工作所需设备和条件以及合理的制度。他相信“国家给予大学独立自由的良好传统和发展空间，大学就能为国家培养出学识不凡且开明的政府官员”[④]。其实，学术自由并非洪堡首创，1694 年创办的哈勒大学以及 1737 年创办的哥廷根大学已逐渐形成学术自

① ［德］彼得·贝格拉·威廉：《冯·洪堡传》，袁杰译，商务印书馆 1994 年版，第 76 页。

② ［德］彼得·贝格拉·威廉：《冯·洪堡传》，袁杰译，商务印书馆 1994 年版，第 70 页。

③ Daniel Fallon,*The German University:A Heroic Ideal in Conflict with the Modern World*, Colorado Associated University Press,1980,pp.13–14.

④ Daniel Fallon,*The German University:A Heroic Ideal in Conflict with the Modern World*, Colorado Associated University Press,1980,p.24.

由的传统。[①] 洪堡反对传统大学将传授知识作为主要职能的做法，主张大学的主要任务是追求真理，要求传授所谓的“纯粹科学”。大学教学必须与科研结合起来，只有这种“教学”才真正称得上大学教学或大学学习。为了确保实现这一原则，洪堡聘请一流学者担任教授，鼓动他们继续自己原有的研究，并授权他们共同负责制定学术标准和授予学位。洪堡在德国和世界的影响可以用德国学者吕伯的话来形容：“无论是校长就职仪式、学生毕业典礼还是其他学术集会，提及洪堡已成惯例。所有人都以能够拜访洪堡来证明自己的合法地位。”[②]

二、古典大学观对启蒙大学观的抗争与并存

德国古典大学观和启蒙大学观在主导理念上泾渭分明，但具体内容多有交融与承继。古典大学观反对实用主义和唯理主义、崇尚纯学术研究，这既是一种呼应，也是一种抗争。

（一）大学的使命任务

德国古典大学观着眼于人的品性提升和思想丰富，鄙视大学教育的实用主义倾向，认为大学应追求非实用的、超脱社会现实的、纯粹科学的理念性知识。[③] “大学的任务是培养学者，而学者是具有特殊使命的阶层，人

① Daniel Fallon, *The German University: A Heroic Ideal in Conflict with the Modern World*, Colorado Associated University Press, 1980, p.24.

② Daniel Fallon, *The German University: A Heroic Ideal in Conflict with the Modern World*, Colorado Associated University Press, 1980, p.10.

③ 参见陈洪捷：《德国古典大学观及其对中国的影响》，北京大学出版社2006年版，第29页。

类社会进步的先驱和榜样。因此，大学的培养包括科学修养和道德修养两个方面。”[①]德国大学启蒙时期极力追求物理、化学、医学、法学等专门化的实用知识，不在乎古典语言、诗歌、文学等人文学科，哥廷根大学首任校长明希豪森毫不讳言，“我的大学伦理，以声誉和实用为基础”[②]。“德国启蒙运动之父”托马西乌斯曾说过，“知识应该成为重塑社会现实性的工具，知识具有启蒙民众并且为生命的实践目的服务时，才具有价值。没有用处的知识不是真正的智慧，而只是一种空洞的愚蠢”[③]。德国古典大学观反抗启蒙时代的实用主义唯理主义大学教育，主张由高等专科学校培养专门人才，大学只进行纯粹知识的传授和纯科学的研究，这在很大程度上显示出德国大学职能开始分化。

（二）组织原则

1. 与国家的依从关系

古典大学观认为大学应该独立于国家抑或政府的一切管理机构，国家有责任和义务为大学提供经费，但不应该以此作为手段要挟干涉大学发展，“大学所进行的科学活动是一种精神活动，与任何较严密的组织形式均格格不入，国家的任何介入都是一种错误”[④]。对于新建大学多是由政府资助这一事实，古典大学观认为“总是必然会产生消极的作用，精神会为物所蔽，高尚会坠于粗俗”[⑤]。古典主义者矛盾地认为大学独立于政府的同时又不能完全脱离，确实有诸多现实的无奈；而德国启蒙时代的大学始终坚持实用主义的价值取向，坚持为教会或世俗政府培养适用人才的特定使命，形成与

① 陈洪捷：《德国古典大学观及其对中国的影响》，北京大学出版社 2006 年版，第 45 页。
② 叶隽：《哥廷根思想与德国启蒙大学观》，《书屋》2006 年第 9 期。
③ 姚云云、刘金良：《美国思想政治教育借鉴分析》，《继续教育研究》2003 年第 2 期。
④ 陈洪捷：《德国古典大学观及其对中国的影响》，北京大学出版社 2006 年版，第 32 页。
⑤ 陈洪捷：《德国古典大学观及其对中国的影响》，北京大学出版社 2006 年版，第 38 页。

政府的契约关系，保持与政府的密切联系。

2. 与社会经济生活的关系

德国古典大学观主张大学应与社会实际生活保持距离，洪堡提出“科学的目的在于探索纯粹的学问，探求真理，而不在于满足实际的社会需要，任何旨在满足社会实际需要的专门性知识，只会让人趋于庸俗，背离修养的方向”①。德国启蒙大学观则注重使大学尽快走进世俗生活，这固然是为了培养启蒙所需的实际人才，也是为了摆脱中世纪以来教会神学对大学的影响。启蒙时代实用至上，为学术而学术只能是书生的个人兴趣，然而到了18世纪末，在席勒、费希特以及洪堡等人的努力下，在古典主义思潮的影响下，大学的实用化倾向得到一定程度的遏制。

3. 学术自由

无论是德国启蒙大学观还是古典大学观，都极力推崇学术自由，两者表现出不同程度的一致性。在托马西乌斯和沃尔夫等人的推动下，最先在哈勒，继而在明希豪森倡导下的哥廷根，学术自由的理念在德国得到最大限度的实践，学术自由作为现代大学的生存之本也由此奠基，并在知识分子心中生根发芽，尽管由于时代局限当时未能深入展开。到德国古典主义时代，在柏林大学的筹建过程中，学术自由的理念在费希特、洪堡等人的努力下得以进一步的系统化、理论化，并随着柏林大学的实践得到了更为广泛的传播。②洪堡认为，“对自由的威胁不仅来自国家，而且也会来自这些机构本身，它们开始可能接受了某种思想，继而动辄压抑其他不同的思想”③。

---

① 陈洪捷：《德国古典大学观及其对中国的影响》，北京大学出版社2006年版，第46页。
② 参见蔡朝军：《理念之争——德国启蒙大学观与德国古典大学观之比较》，《濮阳职业技术学院学报》2012年第4期。
③ 陈洪捷：《德国古典大学观及其对中国的影响》，北京大学出版社2006年版，第34页。

（三）教学与科研

启蒙时代大学的教学主张人类理性独立原则，不再奉行权威解释和盲目信仰，而是以自由研究原则进行现代科学尤其是数学和物理学的研究，以自由研究原则取代中世纪以来权威的解释原则。而到古典主义时期由于新人文主义学科的加强，教学内容变得更加丰富，教学方法也更加灵活：教学强调培养学生的批判意识和独立思考的能力，关注学生的自身发展，如洪堡所言，“如果学生不能与教师一样进行独立的研究和思考，不对教师的教学提出疑问，展开批判，那么教学作为促进科研的手段就无法成立”[①]；统一教学与科研，洪堡说，“大学的作用就是把客观的科学和个人的教育统一起来，科学的目的虽然本非如此，但它的确是天然合适的材料”；对大学教师也提出要求，鲍尔生曾指出，“柏林大学从最初就把致力专门科学研究作为主要的要求，把授课效能仅作为次要问题来考虑；更恰当地说，该校认为在科研方面有卓越成就的优秀学者，也总是最好的最有能力的教师”[②]。

三、柏林大学——德国大学的现代化

几乎在法国改革高等教育的同时，德国也吹响了大学改革的号角。与法国功利主义导向不同，德国重建大学的指导思想是新人文主义的理想：大学目的在于培养具有古希腊精神的个性充分发展的人，唯一途径则是通过自由的学术研究。洪堡、施莱尔马赫、费希特等人，高举学术自由的大旗，以科学研究为主要职能，将教学与研究统一起来，创办了柏林大学并

① 陈洪捷：《德国古典大学观及其对中国的影响》，北京大学出版社2006年版，第34页。
② ［德］弗·鲍尔生：《德国教育史》，滕大春等译，人民教育出版社1986年版，第125页。

获得了巨大成功，使大学这种古老的机构焕然一新，作用与日俱增。本质上，柏林大学的独特性在于它的建立不仅意味着德国新增一所大学，欧洲新增的这种大学类型更意味着大学掀开了新篇章。

（一）柏林大学的创办

1. 创办的背景

与法国、意大利和英国相比，德意志的大学出现得比较晚。到 14 世纪后期才出现第一批德意志大学，其中布拉格大学建于 1348 年，维也纳大学建于 1365 年。由于文艺复兴、宗教改革和世俗政府力量的壮大，德意志大学不断发展，陆续出现了海德堡大学（1385 年）、科隆大学（1388 年）、莱比锡大学（1409 年）、弗赖堡大学（1460 年）、巴塞尔大学（1460 年）、耶拿大学（1556 年）、哈勒大学（1694 年）和哥廷根大学（1737 年）等。18 世纪后期开始，由于紧张的政治局势、频繁的军事争端与激烈的社会变革，包括德国在内的欧洲大学的发展受到严重阻碍。以普鲁士的大学为例，全国从西至东都出现学生人数下降、大学经费紧张的现象，1789—1815 年德国 34 所大学中消失了 18 所。

在大学发展处于危机四伏的时期，普鲁士王国内部特别是学术界却一直酝酿在首都柏林兴办一所新的大学。第一篇书面公开阐述在首都建立大学的文章刊登在 1794 年《柏林月刊》（*Berliner Monatss-chrift*）。[①] 在当时的学者们看来，在柏林建立一个高等教育机构是很自然的。因为其他欧洲各国在首都建立大学已成为传统。1806 年 10 月 14 日，普鲁士军队在耶拿城外被拿破仑击败，耶拿和哈勒大学被法国关闭，普鲁士王室和政府要员逃往东普鲁士，一干学者如费希特则流亡至旧都柯尼斯堡。如果说耶拿

① 参见张斌贤等：《柏林大学建校史：1794—1810》，《高等教育研究》2010 年第 10 期。

会战的失败标志着普鲁士在军事和政治上的双重失败，那么普鲁士与法国于1807年7月9日签署的《提尔西特和约》则彻底宣告了普鲁士在各方面沦为欧洲二流国家，教育事业也受到了毁灭性打击。随着领土丧失，新普鲁士王国丧失了原先易北河以西的所有大学，只留下柯尼斯堡大学与奥德河畔法兰克福的维亚德利纳大学；原先作为普鲁士最好大学的哈勒大学也被移交给了在易北河西新建立的、由拿破仑幼弟耶罗姆统治的威斯特法伦王国。① 耶拿会战激战之时，黑格尔在耶拿匆忙完成了《精神现象学》的写作。他将“耶拿会战”称为“历史的终结”，意即新历史的开始，而在柏林建立一个大学的设想则是普鲁士走向复兴之路的必备组成部分。② 据说1807年8月弗里德里希·威廉三世国王接见教师代表团时回答：“太好了！国家必须用脑力来补偿在物质方面所遭受的损失。” ③

2. 洪堡的努力

在原本负责此事的内阁枢密大臣拜默去职之后，洪堡被首相施泰因选定为拜默的继任者开始为新大学的建立而努力。1808年10月14日，正在担任普鲁士驻罗马使节的洪堡启程前往德国的动机不是施泰因的召唤，也不是祖国的沦陷，而是处理自家财产问题：洪堡家族在柏林泰格尔（Tegel）的老宅被法国人洗劫。但在洪堡回到德国土地的第一站即慕尼黑便得知自己在罗马的职务已被撤销，而“施泰因男爵已经将他选定为普鲁士教育事业的负责人” ④。最初，洪堡对这一任命的反应是迟疑与矛盾的：一方面这是他第一次有机会在政府中担当如此高的职务，可以实践早年曾探索过的国家

---

① 参见张斌贤等：《柏林大学建校史：1794—1810》，《高等教育研究》2010年第10期。

② 参见朱晓刚：《世界一流大学是如何形成的？——基于两个个案的研究》，《民办教育研究》2006年第2期。

③ 贺国庆：《德国和美国大学发达史》，人民教育出版社1998年版，第48页。

④ ［德］彼得·贝格拉·威廉：《冯·洪堡传》，袁杰译，商务印书馆1994年版，第67页。1808年12月15日内阁敕令委任洪堡担任普鲁士“内政部下属文化与公共教育司司长兼枢密院成员”。

理念。但另一方面洪堡的顾虑是多重的：政治形势的险峻、普鲁士政府财政上的捉襟见肘、他本人对于教育政务的陌生以及施泰因的去职都使洪堡极为担心这个职位面临的巨大困难。1809年2月20日，洪堡最终决定接受委任，开始了为期十六个月的普鲁士内政部文化与公共教育司司长的工作。

1809年5月14日，洪堡以内政部之名向国王申请拨款并请求王室赠地，希望以海因里希王子宫殿为日后大学之用。一直以来，海因里希王子宫殿都被视为日后大学的理想所在。一方面，宫殿已闲置多年，并已多次被用于公共事业，尚可自由支配；另一方面，宫殿恢宏大气的风格也适宜大学作为学术场所。7月2日，财政部长阿尔滕施泰因回复洪堡以国王对柏林大学计划的种种担心暂时拒绝了洪堡的建议。柏林的不安定、财政的紧张状况、对现有柯尼斯堡和法兰克福两所大学的潜在损害以及王室赠地不被《新房屋法》许可等诸多因素，使国王和阿尔滕施泰因本人都对柏林大学建设计划持保留态度。针对种种疑虑，洪堡在7月10日起草了著名的“致国王陛下：枢密院成员洪堡对在柏林建立大学的申请”并于7月24日以文化与公共教育司之名上呈。这份申请一直以来都被视为政治报告杰作。在报告中，洪堡不仅对以往王室与政府官员对于柏林大学建立计划存在的种种质疑有针对性地给予回应与解释，打消了高层的重重疑虑，并且在兼顾政治与学术利益的前提下，明确提出了大学内外建设过程中的种种建议，最重要的是，他还在文中清晰有力地阐述了柏林大学建设的必要性。①

1810年10月15日，柏林大学正式开学。法学教授施马尔茨担任临时校长，不久改为选举，1811年7月17日费希特当选为第一任校长，但半年后因为处罚两名用决斗来解决课堂冲突的学生而被迫辞职，因为施莱尔马

① 参见张斌贤等：《柏林大学建校史：1794—1810》，《高等教育研究》2010年第10期。

赫等教授认为费希特作为校长无权干涉学生之间的荣誉之争。费希特离职后，国王直接任命当初校长选举中以一票之差败于费希特的萨维尼为校长。

（二）柏林大学的发展历程

1. 柏林大学的教授

当时普鲁士王国极端贫困，从1808年起还要支付巨额战争赔款，但国王仍应洪堡的要求拨款十五万塔勒作为大学经费。对建立新大学洪堡只提出一项基本原则，即聘请一流学者并给予他们科研自由，他说，“问题的关键就在于选对人才”。除此以外，洪堡对诸如组织形式、规章制度等细节几乎从不干涉。他深信学者的个人才华是唯一要素，“如果追求知识成为大学的首要原则，那么我们就没什么可担心的了”。极短时间内洪堡为柏林大学聘请到当时欧洲的多名杰出教授，如神学教授施莱尔马赫、法学教授萨维尼（Friedrlch Karl von Savigny）、医学教授胡弗兰德（C.W.Hufeland）、哲学教授费希特、古典语言教授沃尔夫、历史教授尼布尔（Barthold Geory Niebuhr）、农业学教授塔埃尔（Daniel Thaer Albrecht）、化学教授克拉普罗特（M.H.Klaproth）。许多受聘学者清醒地意识到这所新大学的历史意义，绝大部分人，特别是居于柏林和哈勒的学者都以接到邀请为荣并欣然就任。“从此再没有一位德国的教育大臣或部长可以出示一张更可值得自豪的聘任表！”[①] 只有数学家高斯因为居住在哥廷根而不愿前往，成为洪堡唯一的遗憾。

2. 柏林大学的理念

柏林大学与传统大学有着迥然不同的新风貌：精神主旨为尊重自由的学术研究，大学的理想是“为科学而生活”。正如包尔生所言：“新建的柏林

① ［德］彼得·贝格拉·威廉：《冯·洪堡传》，袁杰译，商务印书馆1994年版，第80页。

大学的组织方式，与由军事独裁者掌控的高等专科学校是正好相反的，它的准则不是一致与服从，而是自由与独立。教授并不是从事教学、组织考试的国家官员，而是独立的学者。教学工作并不需要既定的程序，而是将教与学的自由作为行动的出发点。教育的宗旨不是向学生灌输百科全书式的知识，而是让他们了解真正的科学文化。不再认为学生仅仅是为将来成为国家公务员做准备，而是把他们看作需要通过无所禁忌的科学学习，在思考独立、思想自由和道德自由的环境中得到培养的年轻人。”①

自由的理念由来已久，但自由与学术相结合的学术理念的提出，则是近代发展的结果。1670 年，荷兰哲学家斯宾诺莎提出了“哲学思想自由”的思想，认为人“根据最高的自然法则为其思想的主人”。19 世纪，柏林大学创造性地将学术自由作为学术发展和人才培养的基本原则，不仅促进了文化科学的进步，而且改变了古典大学的而貌，加速了现代大学制度的建立。在柏林大学的影响下，19 世纪德国的大学教育大都致力于训练学生独立思考的理智和道德的自由。英国学者梅尔茨对此给予了高度评价：“当我们看到一个民族的大部分最有天赋的成员都在摆脱名利的可能诱惑而从事一项纯理想的事业时，这实在是人类历史上的罕见事例。追求真理和为知识而获得知识，作为一项崇高而有价值的职业，在本世纪大部分时间里已成为德国大学中教授和学生共同的毕生工作。在他们许多人的传记中，我们看到了作为一切人类无私努力之真正特征的那种精神的自我否定和升华。……科学——对纯粹真理的知识的追求至少暂时能把人类的大部分从世俗生活的低级区域提升到理想的高空，并能提供一个额外的证据，证明这样的信念：我们的真正的家在那里，而不在尘世间。”②

---

① ［德］弗里德里希·包尔生：《德国大学与大学学习》，张弛等译，人民教育出版社 2008 年版，第 53—54 页。

② ［英］梅尔茨：《19 世纪欧洲思想史（第一卷）》，周昌忠译，商务印书馆 1999 年版，第 189 页。

3. 柏林大学的发展

1818年，德国著名的古典哲学家、古典唯心主义集大成者黑格尔应邀从海德堡大学来到柏林大学任哲学系主任，并于1830年出任柏林大学校长。在他的影响下，德国各派哲学家会集于柏林，使其迅速发展为德国和欧洲的哲学中心。1840年，柏林大学招生人数达1750名，成为德国最大的高等学府，并以教学、科研和现代课程设置著称于世。[①] 包尔生说："德国大学之所以能够在知识界、科学界赢得自身特色和地位，并建构形成德意志民族一切科学活动的基础，主要依靠的是哲学院。德国在整个欧洲国家科学生活中的领先地位，也归功于哲学院为科学研究所做的培养工作。"[②]"正是哲学院的榜样作用，其他三个学院才将拓展科学知识的边界视为自己的最终使命。"[③]

先进的教育理念和制度使柏林大学在很短的时间内发展成为当时世界上最优秀的大学之一，其办学经验成为欧洲乃至世界各国大学效仿的对象，柏林大学也因此获得了"现代大学之母"的美誉。柏林大学吸引了世界各国的大学生和青年科学家前来求学和深造，柏林也因此成为当时欧洲乃至世界的科学文化中心。从1814年第一批4名美国学生赴德学习，到第一次世界大战前，约有10000名美国青年和学者到德国大学学习，仅柏林大学接纳的美国学生就超过了5000人。[④]20世纪初，德国逐渐法西斯化，柏林大学也随之变成了"第一帝国大学"，两次世界大战的爆发给德国也给柏林大学带来了不可估量的损失。1945年5月8日，随着希特勒战争的彻底

---

① 参见别敦荣、李连梅:《柏林大学的发展历程、教育理念及其启示》,《复旦教育论坛》2010年第6期。

② ［德］弗里德里希·包尔生:《德国大学与大学学习》，张弛等译，人民教育出版社2008年版，第415页。

③ ［德］弗里德里希·包尔生:《德国大学与大学学习》，张弛等译，人民教育出版社2008年版，第416页。

④ 参见孙承武:《聚焦全球十大名校——巨人摇篮》，京华出版社2003年版，第81页。

失败，德国及其首都柏林被苏联和英、法、美分割占领，柏林大学也一分为二，成为柏林洪堡大学（Humboldt University of Berlin）和柏林自由大学(Free University of Berlin）两所独立的大学。德国统一后，两所“柏林大学”逐渐加强了相互之间的合作。2003年，两校医学院合并成立查里特柏林医学中心。[①]

（三）柏林大学的影响

柏林大学获得了极大的成功，成为德国高等教育的榜样。布雷斯劳（1511年）、波恩（1515年）、慕尼黑（1826年）等新建大学纷纷以柏林大学为榜样，莱比锡、海德堡等古老大学也按照柏林大学的模式进行了改革，新的学术自由和科学研究的精神在德国大学蔚然成风，不久德国大学的思想开始传播到世界各地。西德的经济奇迹主要实现于阿登纳（Konrad Adenauer，1876—1967年）联邦总理任期内。这位在任时颇引起争议，1949年9月15日在联邦议会靠自己的一票（402票中202票赞成）才当上西德首任总理的老人（当时已73岁，1963年退位时87岁），在评及西德战后经济的恢复与发展时把外因归结于美国的马歇尔计划，内因归结于西德的高等教育。[②]

1. 对日本的影响

对于东方国家来说，近代教育制度之形成多依赖于向西方学习，就此点而言，不管是自诩为“天朝上国”的中国，还是“后起之秀”的日本都不例外。在两国教育由传统转向现代的过程中，德国的影响不可忽视。天

① 参见别敦荣、李连梅:《柏林大学的发展历程、教育理念及其启示》,《复旦教育论坛》2010年第6期。

② 参见戴问天:《格廷根大学》，湖南教育出版社1986年版，第158页。

野郁夫即指出，“二战前的日本教育制度受欧洲尤其是德国的影响很大”[①]，而傅斯年则认为“中国早年学制是抄日本的，即间接抄德国的”。此中关系，可互为印证，颇可回味。作为日本近代唯心主义哲学的代表人物，井上哲次郎于1884年留学德国，1890年归国后出任东京大学教授，井上大力介绍德国哲学，提出“现象即实在论”，开引进德国哲学入日本之风气；其他人物还有如井上圆了、西村茂树等，使得德国学术在明治后的传播达到了一个高峰期。由于“日本明治中后期曾一度选择了德国式的近代化道路。军事、医学和哲学等学科都受德国影响很大。教育制度也仿效德国。大学教授中不少是留德出身。德语成为日本大学的第一外语”[②]。

2. 对中国的影响

就中国而言，虽然“取径东洋，转道入内”是一条输入西学的重要途径，但对于德国学术的真正接受，还是要通过自身留德的学人之大力推崇和实践。其中德国大学制度的影响更是脉络清晰，堪为典范。中华民国的首任教育总长是留学德国的蔡元培，他在北京大学所进行的改革一举奠定了中国的现代大学制度，被认为是一个划时代的标志，而所参照的正是以洪堡思想为代表的德国古典大学观。[③]蔡元培对以“洪堡思想”为代表的德国古典大学观之接受是理性的，其效果是显著的，北大改革之成功，一举奠立了中国现代大学的模型和范式，其学术史意义不言自明。

3. 对美国的影响

“柏林大学的创办像一个燃烧点发出耀眼的光芒，一切光线全都从这里

① [日]天野郁夫:《日本的大学改革:在美国化与市场化的中间》,《新华文摘》2000年第9期。
② 王奇生:《中国留学生的历史轨迹1872–1949》, 湖北教育出版社1992年版, 第319页。
③ 参见叶隽:《近代德国大学对中日两国的影响》,《高等教育研究》2002年第5期。

发出。”[①]布鲁斯劳大学（1811年）、波恩大学（1818年）、慕尼黑大学（1826年）等新建大学纷纷以柏林大学为榜样，莱比锡大学、海德堡大学等老大学也按照柏林大学的模式进行改革，学术自由和科学研究精神在德国蔚然成风。不久，德国大学的思想开始产生世界性的影响。众多国家中，尤以美国受其影响最全面、最持久、最深刻。[②]19世纪美国至少有九千人在德国留学，其中近一半在柏林大学，美国大学的诞生和发展都离不开洪堡大学理想和模式的影响。哈特（James Morgan Hart）说，“在德国人心中，无论资金多寡，学生人数多少，或者建筑状况如何，大学绝不缺少教学自由和学习自由”[③]。由于留德学生的盛赞，学术自由在美国逐渐成为风尚，并深深地影响到美国主要大学的办学实践。这是德国对美国学术思想最重要的贡献。

1876年美国第一所按照德国大学模式开办的大学约翰·霍普金斯大学第一任校长吉尔曼在就职演说中称学生和教师的自由是真正的大学的基础。在这种理念的指导下，霍普金斯大学严格排除“教会主义或党派偏见”的影响，成为一所自由探寻真理的非教派机构，被人们称为设在美国的柏林大学。19世纪的德国大学对美国产生了持久全面的影响，这是不争的事实。德美两国通过文化领域的经验交流，使思想的力量跨越国家和民族的界限，实现了共同繁荣，是“现代社会跨文化借鉴的典型例子”，也是“高等教育史上文化相互影响的最不寻常的例子之一”[④]。

① ［英］C.W. 克劳利：《新编剑桥世界近代史（第九卷）》，中国社会科学院世界历史研究所组译，中国社会科学出版社1992年版，第169页。
② 参见贺国庆、梁丽：《柏林大学思想及其对美国的影响》，《高等教育研究》2010年第10期。
③ 贺国庆、梁丽：《柏林大学思想及其对美国的影响》，《高等教育研究》2010年第10期。
④ 贺国庆：《德国和美国大学发达史》，人民教育出版社1998年版，第116页。

第二节　法国现代大学模式的奠定：帝国大学制

对于巴黎大学中世纪的辉煌，美国史学家威尔·杜兰特（Will Durant）做过这样的总结：自亚里士多德以来，没有一个教育机构所产生的影响能够与巴黎大学相比拟。它不仅招收了大量学生，而且还吸引了几乎所有构成1100—1400年哲学发展史的天才人物。[①]可是，以巴黎大学为代表的法国大学在1789年法国大革命之后遭受历史性重创。1791年巴黎大学所属的学院和学校全部被国民公会和督政府关闭，1793年9月5日通过的《公共教育组织法》规定关闭和取消现存二十二所传统大学，直到1896年7月10日《国立大学组织法》的颁布标志着真正的大学在法国获得重生。

1793年法国革命政权废除所有二十二所传统大学之后，创建了多种专科学校以培养国家急需的人才。拿破仑掌权后，出于加强中央集权统一的政治目的于1808年开始改革高等教育，一是创办了全国最高教育行政机构帝国大学，下设二十七个大学区，每一个大学区设五个相互独立的学院，即神学院、医学院、法学院、文学院和理学院；二是大力发展巴黎理工学

① Will Durant, *The Story of Civilization*, New York: Simon & Schuster Inc, 1980, pp.927-928.

校、巴黎高等师范学校等专科学校，培养各种专门人才。19世纪初的帝国大学制奠定了法国现代大学的基本模式，确立了法国中央集权教育管理制度的主基调，有人认为这是法国大学发展史上第一次重大改革，也有人认为这是法国近代大学的残缺与断层。①

一、社会背景

（一）政治斗争

19世纪以前，法国大学经历了中世纪的创建、13—15世纪的黄金发展期之后就日益走向衰落，逐渐落后于社会前进的节奏。1789年爆发的法国大革命是探讨法国近代社会无法回避的历史事件，直接关系到法国近现代社会的形成与发展，新生政权为维护政体稳定与发展动用国家行政权力改造旧教育成为首选方式。当时政府认为大学是维护封建贵族习气的场所，与新兴资产阶级追求的天赋人权、自由平等理念背道而驰，必须予以消灭。好战的雅各宾派曾在1793年12月说过：“自由国家不需要具有等级性的投机学者，因为他们的思想不断地经由小路在梦幻与虚构的土地上游荡。”②法国二十二所传统大学在外界政治权力打压下最终被强行关闭。

（二）大学自身

“大学正经历着进化过程中系统所处的一种经典两难处境：它们必须

① 参见李永全：《1793—1896年法国大学断层分析——基于教育生态学的视角》，《复旦教育论坛》2011年第6期。

② R.D.Anderson, *European Universities from the Enlightenment to 1914*,New York:Oxford University Press Inc,2004,p.41.

改变自身以取得成功，否则将遭到社会的抛弃；它们必须保持自身的完整性，否则将丧失对社会的责任。”[①] 传统法国大学由于保持了巨大历史文化惯性，在难以抉择的两难处境中最终走向了后者，致使其在适应社会变革方面略显迟缓，无法紧跟激烈澎湃的法国大革命前进步伐。早在文艺复兴时期，法国大学这种历史惯性或者说是旨在维护大学自身存在的逻辑体系，就已经表现出与社会政治、经济、文化乃至科技不和谐的音符。荷兰人文主义学者伊拉斯谟对当时巴黎大学的学者评价道：“没有什么比他们的大脑更迂腐，没有什么比他们的语言更粗野，没有什么比他们的兴趣更乏味，没有什么比他们的知识更引人争议，没有什么比他们的行为更粗鲁，没有什么比他们的生活更伪善，没有什么比他们的演讲更恶毒，没有什么比他们的心灵更黑暗。”[②] 此时，大学被严重禁锢于“象牙塔”之中，缺乏与外界的互动，忽视了大学边界之外环境变化的影响。正是这种维护自身稳定的固有历史惯性或是惰性阻碍了大学与外界新环境平衡状态的达成。[③]

（三）个人原因

1799 年拿破仑成为法国第一执政，1804 年建立法兰西第一帝国，当政至 1814 年。在逐步加强中央集权统一的过程中，拿破仑非常重视对教育实行垄断管理，推出了三条教育改革基本原则：“忠于皇帝”“忠于帝国政策”“遵守天主教戒规”。1802 年 5 月 1 日，经过拿破仑修改后，国民教育

① Eric Ashby, *Adapting Universities to A Technological Society*, San Francisco: Jossey-Bass Publishers, 1974, p.7.

② Willis Rudy, *The Universities of Europe, 1100-1914*, London Associated University Presses, 1984, p.44.

③ 参见李永全：《1793—1896 年法国大学断层分析——基于教育生态学的视角》，《复旦教育论坛》2011 年第 6 期。

专家福尔库瓦制定的国民教育计划即《1802 年 5 月 1 日法令》颁布，标志着拿破仑中央集权教育制度的开端。在高等教育方面，法令规定国家统管高等教育，所有高等学校均要由国家来开办。法令颁布前后，法国创建了一批新的高等学校。[①]

二、改革纲领——《有关帝国大学的构成法》和《帝国大学组织令》

（一）《有关帝国大学的构成法》

1806 年 5 月 10 日，经先后九次修改，由福尔库瓦再度拟定教育法草案《有关帝国大学的构成法》颁布。从法案内容看，主旨有二：一是要建立国家教育管理机构即帝国大学；二是要对教育实行国家垄断，即虽然在形式上于世俗教育与官办学校之外还保留教会教育和私办学校，但是它们都必须服从国家和政府的监督和控制，无条件地忠君。1806 年法令进一步加强了拿破仑的中央集权教育制度，为两年后颁布的《帝国大学组织令》奠定了基调。

（二）《帝国大学组织令》

1808 年初，福尔库瓦第三次受命拟定全国教育组织计划。同年 3 月 17 日，拿破仑政府颁布《帝国大学组织令》，分为行政组织和教育组织两部分。在行政组织方面该法令规定：全国分中央（帝国大学）、学区和省三级。在教育组织方面，分为初等教育、中等教育和高等教育三个层

① 参见贺国庆：《西方大学改革史略》，河北教育出版社 2011 年版，第 44 页。

次。为便于管理，法国分为 29 个学区，每个学区内设文、理、法、神、医五个属于高等教育层次的学院，学院间各自为政，相互独立，并不隶属于某一综合性高等院校。五大学院中，当时的文、理学院不受重视，有时甚至缺乏生源。而法学院和医学院向来都是社会上律师和医生这两大自由职业的培养场所，行政官员和财政官员也来自法学院。因此，各学院发展不平衡。到 1814 年拿破仑下台前，法国已有医学院 10 所，法学院 17 所。1809—1814 年间，授予法学学士和博士学位的人数分别为 3100 和 73，医学博士学位 1456 个，外科博士 52 个。与此同时，文学学士和博士却分别仅为 153 个和 56 个，理学学士和博士更是少到只有 40 个和 10 个。[①]

三、帝国大学

（一）帝国大学的性质

拿破仑时期的“帝国大学”虽号称“大学”，作为掌管全国高等教育行政的领导机关，没有帝国大学总监的许可不能开办任何学校，它实质上是“统一帝国教育事业和监督全国公共教育的国家教育领导组织”[②]，其职能类似教育部。它推行由国家垄断中等与高等教育的政策，要求按帝国的统一模式培养既效忠帝国又有教养的行政官员、军事人才及法官、医生和工程师等专门人才。帝国大学创建之后，法国的大学制度变为双集权中心，即国家中心和大学团体中心，而“国家中心已适时地由大学团体中心完成”。这两个集权中心均带有明显的官方权力，国家统一分配和管理高等教育经费，而

---

① 参见刑克超：《战后法国教育研究》，江西教育出版社 1993 年版，第 26 页。

② Joseph N.Moody,*French Education since Napoleon*,Syracuse University Press,1978,p.12.

大学团体则通过国家这个载体来管理职业，即大学团体控制着职业的入口。这两个集权中心，“很早就像我们应当看到的那样很密切地纠缠在一起”[①]。

（二）帝国大学的入学要求

帝国大学不仅控制着课程内容，还对学生的考核做出详细的规定和说明。在拿破仑统治时期，法国的国家学位制度获得进一步发展，这些学位与某种职业之间有着特殊的关联。1807 年，业士学位即中学毕业文凭被确立为大学第一学位，大学生正式入学前必须参加专门的中学毕业文凭考试。这对大学产生了非常重要的影响，这种影响至今犹存。19 世纪早期以后业士学位成为大学入学的必备条件，到 20 世纪 60 年代随着该文凭持有者人数的激增，在法国大学注册的学生人数也成倍增长，最终在各种矛盾的激化下爆发了 1968 年学生运动。

（三）帝国大学的意义

帝国大学制的实施使一般意义上的大学在法国消失，全国仅有的“帝国大学”使法国成为“欧洲第一个把教育纳入政府编制、建立起高度一体和严格等级制的国家”，即确立了被沿用至今的中央集权教育管理制度。这种教育管理制度体现了国家包揽教育的决心，在法律和实践上统一了零乱分散的教育体系，奠定了法国现代大学的基本模式，并很快成为欧洲最具代表性的高度集中的制度。[②]

帝国大学在其存续的数十年间日益暴露出种种弊端，这是其中央集权的特性以及法国高等教育的传统所决定的。帝国大学制是中央集权的典型

---

① Christine Musselin, *The Long March of French Universities*, Taylor & Francis Books, Inc., 2004, p.13.

② 参见贺国庆、王保星、朱文富：《外国高等教育史》，人民教育出版社 2006 年版，第 177 页。

象征，在这一体制下中世纪大学所引以为豪的大学自治与学术自由荡然无存。这种在理念层面上的断裂加深了大学断层在法国大学发展史中的破坏力，使法国大学从传统理念向现代理念的转变举步维艰。[①]

四、大学校和专门研究机构的发展

19 世纪初，法国经济的发展加大了对工程、技术人员的需要，拿破仑政府推行的一系列对内对外的强权政策也需要各类杰出人才为其服务。此外，革命胜利后的大资产阶级强烈要求消除封建贵族教育特权，以巩固大革命的成果。法国的工业界、拿破仑政府以及大资产阶级均热衷于创建各类大学校，倾向于通过大学校为巩固政治、振兴科技和经济而培养社会精英人才。拿破仑时期，法国大学校的数量有所增加。1808 年，拿破仑政府恢复了巴黎高等师范学校（1795 年创建）。此外，拿破仑时期法国还留有以前建立的各种专门学校、综合理工学校，并兴建了为满足当时战争急需的矿业学校、桥梁和道路学校等。

在大学校发展的同时，各专门研究机构也获得一定的发展，它们活跃在法国的学术领域，并呈现出不同的特色。这些科研机构基本上不从事专门的教学活动，主要工作是从事纯粹或实用的科学研究以及其他与科研有关的活动，教学活动主要由大学和大学校来完成。法国这种科研与教学相分离的状况一直持续到 20 世纪初，后来在法国工业化的发展、政府的行政干预和德国研究型大学影响等各种因素的推动下，这种状况才逐渐改变。

① 参见李永全:《1793—1896 年法国大学断层分析——基于教育生态学的视角》,《复旦教育论坛》2011 年第 6 期。

第三节　美国大学的结构完善

一、传统私立学院的改革与发展

（一）独立战争之前传统私立学院的特点

1. 仍受英国大学影响，但有所创新

美国殖民地时期成立的九所学院[①]以英国牛津、剑桥两所大学为模型，崇尚宗教信仰，崇尚古典主义，移植英国的大学管理体制，沿袭英国教育传统殖民地学院在实现培养教士、世俗事务的领导人和传递文学、艺术科学等几个方面的目的时，很自然地把英国以及西欧的大学模式移植到北美，因而在精神实质上是形成臣属英国的思想和培养效忠英王的人民，这也是殖民地教育的本质所在。因此，对于美国独立战争和建国过程，许多私立学院师生给予积极响应，也有许多学院对独立战争持旁观态度，更有些学校对此淡漠甚至敌视。费城学院就因受教徒的控制，院长威廉·斯密士表示同情英国，阻碍独立运动，1776 年宾夕法尼亚州制定宪法时费城学院还曾进行非议。[②]直到 18 世纪中期，耶鲁学院院长克拉普也还是从牛津和剑

① 1636—1746 年相继成立了哈佛学院、威廉玛丽学院、耶鲁学院、新泽西学院，1750—1776 年建立了国王学院、费城学院、罗德岛学院、女王学院、达特茅斯学院。

② 参见马立武、李楠：《美国独立战争前私立学院的基本特点》，《沈阳师范大学学报（社会科学版）》2003 年第 2 期。

桥寻求可模仿的行政管理办法，并且向获得牛津、剑桥大学学位的人士询问有关问题。

北美殖民地时期的私立学院在模仿英国大学教育的同时并非完全照搬。殖民地的条件与英国和欧洲的不同，最主要的是殖民地时期受经济条件的限制，学院大多处于草创时期，人力、物力不足，各学院的发展只能因地制宜，因陋就简，由此使得这些学院能够在一些方面有所创新，有所突破。在英国，牛津、剑桥大学有权授予学位，而教学则在各学院，有的学位也由国王、国会或高级法院颁发。哈佛等殖民地学院则将授予学位与教学两者合而为一。哈佛学院 1650 年的特许状上并没言及学位授予权，但哈佛学院早在 1642 年就授予了 9 个学士学位；美国独立战争开始后，1780 年马萨诸塞州的宪法上才载明给予哈佛学院学位授予权。

2. 由宗教性向世俗性过渡

就私立学院的管理机构而言，一般学院不但属于教会，而且属于某一教派，其董事会就由本教派人士充当，决定学院的方针大计。各教派创办学院的主要目的是培养有良好文化修养的教士，使宗教得以相传。在教徒看来，基督教是他们在殖民地移植母国文化的基石，但是殖民地学院的特许状和学校章程表明，除了培养教士外，它们也为政府部门培养文职人员和世俗的专业人员。只是随着时代的变化，世俗性的教育目的逐渐加强，宗教教育的目的地位相对下降，但独立前的整个殖民地时期，这些私立学院虽已逐渐向实用性、世俗性过渡，但仍把宗教放在首位。

哈佛学院作为清教的文化堡垒和象牙之塔曾经深刻地影响了新英格兰及全部殖民地的教育，然而其教派性质和课程的古典性质这时也遇到了挑战，1701 年有清教徒师生分离出来在康涅狄格创办了“更纯粹的先知者的学院”——耶鲁学院，以保证清教正统。[①] 然而即使是这样的学院，

① 参见李楠:《美国私立学院初创时期的特点》,《辽宁教育研究》2002 年第 5 期。

1715 年也开始流入了物理学家牛顿的著作，到 18 世纪 50 年代耶鲁已开设了几何、代数、二次曲线、微积分等数学课程，添置了实验用的仪器设备。哈佛学院本身亦于 1728 年建立了数学和物理讲座。威廉·玛丽学院也在哈佛之后不久开设了数学及物理课程等。从此以后早期的三所大学课程打破了古典课程的一统天下，在课程设置计划上有了新的出发点和更广泛的内容。

（二）建国后传统私立学院的改革与发展

殖民地时期美国创立的私立学院崇尚博雅教育理念，课程内容以古典语言教育为核心。建国后，为打破传统学院固守古典教育的传统，一些抱有民主主义和实用主义教育观念的教育家开展了对传统教育的课程体系改革。后来创办弗吉尼亚大学的美国知名政治家托马斯·杰斐逊首先在威廉玛丽学院实施了一系列课程改革，在保留古典课程的基础上增设了现代外语、政治学、法学、经济学等实用课程。乔治·提克诺（George Ticknor）也在哈佛学院开展课程改革，深受杰斐逊课程改革思想影响的提克诺，致力于把杰斐逊在弗吉尼亚课程改革的理念引入哈佛学院。在他的积极倡导下，哈佛学院于 1825 年许可高年级学生按照自己的兴趣选修相应课程。到 1839 年，选修制课程改革再次在哈佛兴起，改革的结果导致教师们认可学生在完成一年级的学业后，可以用自然科学、现代外语和历史学课程的学习代替原作为必修课程的拉丁语和希腊语的学习。哈佛学院的此次改革虽未能从根本上改变课程设置上的古典主义特征，却将课程上的自由选修制引入学院，为 19 世纪后半期哈佛校长埃利奥特（Charles Eliot）实施课程选修制，并最终将哈佛建设成为世界知名研究型大学奠定了基础。

应该说，私立小规模的传统学院在面临建国初期社会发展所提出的新的教育需求时，不同程度地选择通过课程改革予以回应。这一时期，尽管传统学院的课程改革在各方面因素的制约下未能取得课程改革者们所预期的成功，但毕竟在条件许可的限度内就传统学院如何适应 19 世纪上半期社会发展的需要做出了积极努力。课程改革的传统派与现代派在课程设置、自由选修制以及课程学习方法方面等进行了争论，为此后美国大学制度以及课程设置上的多样化发展提供了理论与实践层面的双重影响。

在课程改革潮流的冲击下，传统学院在不同程度保留殖民地学院传统的基础上也开始了向服务社会的大学变革方向迈进。一些新型的实用课程进入教学计划，布朗学院的教学计划中增加了工农业课程。即便在以坚守古典学院传统而闻名的耶鲁学院，课程也在发生着悄悄的变革，耶鲁学院成为当时同类学院中首先开设“岩石和矿物实验”课程的大学。到 19 世纪中期，服务于农业发展与工业生产的实用型课程开始进入密歇根、马里兰和宾夕法尼亚等地高校的教学计划。哈佛、耶鲁等学院还增设了理学学士的新学位，这在完善美国大学学位种类的同时，更为实用课程进入大学教学计划提供了学位制度上的基础。应该说，增设现代语言和实用型科学课程，强调课程学习的自由选修制度等 19 世纪上半期美国传统学院的课程改革，在一定程度上冲击了传统学院的古典性与宗教性。而这种冲击并不以全面抛弃大学的古典教育传统为代价，古典教育传统还得到很大程度的保留，从而在大学理念的层面上维系了美国大学的自由教育传统。这一时期美国学院课程改革实践所催生的两大课程改革思想即古典主义与科学主义预示着美国未来大学课程建设与发展，乃至美国大学发展的两大基本方向：注重实用知识与注重学术研究。

二、公私立大学发展的分界点：达特茅斯学院判决

（一）达特茅斯学院的诉讼案

达特茅斯学院（Dartmouth College）是最早的九所“常春藤学院”之一，于 1769 年由耶鲁毕业的维罗克（Eleazar Wheelock）慈善创办，是一所典型的教派私立学院。达特茅斯学院案的直接起因是学院的内部管理问题。在北美殖民地时期，该学院仿照耶鲁学院和新泽西学院的管理方式，由地方上选出的董事会控制。英国王室为该院颁发的特许状规定：学院董事会乃全校最高权力机构，可以任免校长、教授和学校行政人员，校长负责学校日常行政工作。当时担任校长的正是创办人兼董事维罗克本人。他实际上掌握着学院的所有大权。当时特许状虽然也规定该学院的董事会是全校最高权力机构，可以通过对校长、教授、行政人员的任免，但全体董事出于对维罗克的信任与尊敬，基本不插手学院的管理事务。1779 年维罗克校长去世，按照他生前的遗嘱其子小维罗克继任达特茅斯学院校长。小维罗克也像他父亲那样视校为家，全身心地为学校服务，但在管理学院的方式上小维罗克和董事会发生了矛盾。[①]

时过境迁，学院董事会也发生了变化：由于对老维罗克怀有敬意，他们愿意将董事会的权限自然下放，不干涉校长治校的管理方式和方法；现在董事们对新校长的“独裁”表示不满，强调董事会应履行自己的责任，成为学院的最高权力机构。这样，新校长与董事会之间开始产生摩擦和抵触。最后，董事会于 1815 年 8 月断然通过决定：按照特许状给予董事会的权力，解聘小维罗克担任的校长、教授、董事三职，并推举出新校长。这样，由

① 参见杨捷：《19 世纪美国达特茅斯学院案及其影响》，《河南大学学报（社会科学版）》2000 年第 5 期。

达特茅斯学院内部管理而引发的矛盾被公之于众。

达特茅斯学院案的另一个潜在诱因是党派之争。在新罕布什尔州共和党长期占主导地位，小维罗克本人也是该党成员。共和党站在达特茅斯学院董事会的立场上，认为英国王室颁发的特许状应予承认，学院董事会理当为学校最高权力机构，并责怪小维罗克因家事影响共和党的声誉。民主党为了在即将到来的州议会选举争得一大批同情小维罗克境遇的选民支持，宣称自己是民众的代表，支持小维罗克的立场。新任州长的民主党人士威廉·普鲁姆（Willian Plumer）在就职演说中就严厉抨击达特茅斯学院董事会的管理方式是“贵族专制”，不符合美国民主社会的原则，认为学院应是社会公共福利机构，为民众利益服务，而州政府正是民众选举出来的代表，因此才是学院的合法监督机关。[①] 当时已担任美国总统的民主党领袖杰斐逊也致信普鲁姆表示支持。于是，根据州长的提议，由民主党占多数的州议会很快通过决议：将达特茅斯学院改名为达特茅斯大学，正式将学院确立为州立大学；聘请小维罗克担任达特茅斯大学校长，规定校长需定期向州长汇报学校发展状况。

州议会决议的实质是将达特茅斯学院由教派或私人所属的私立学校变为州政府所属的公立学校，这当然遭到原学院董事会的坚决反对。1817 年 2 月，学院董事会上诉州地方法院，与州议会对簿公堂，提出新罕布什尔州议会就达特茅斯学院所做出的决议超越了州议会权限，违反美国宪法第一款第十项“各州不可通过法律损害契约义务”的规定。学院是一种私人组合，在征得学院同意之前，州议会无权处理学院的任何财产。一场围绕着达特茅斯学院究竟属于“私立”还是“公立”问题的争端达到了白热化，矛盾由一个学院内部管理权的纷争演变为学院与州政府的诉讼案。1817 年 11 月 17 日，新罕布什尔州议法院做出了不利于学院董事会的判决：1816 年的决议没有违反美国宪法，达特茅斯学院为一公立组合性质的机构，应

① Christopher J.Lucas,*American Higher Education:A History*,St.Martin’s Press,1994,p.114.

接受州议会的监督。[①] 达特茅斯学院董事会不服上诉至美国联邦最高法院。美国联邦最高法院 1819 年 2 月 2 日最终裁决在美国联邦宪法中没有州议会有权处置私人财产的规定。

（二）双方的立场、焦点与判决

在整个诉讼过程中，双方的基本立场没有任何改变，也没有找到更有说服力的法律依据。学院董事会坚持认为，州议会通过的决议超出法律规定的范围，学院由私人捐赠而设，属私立学校的范畴，州议会无权介入私人事务。由英国王室颁发的特许状是一种契约，有法律效力，因为美国宪法第一条第十项条款规定州无权通过任何损害契约义务的法律。州议会一方的理由是：达特茅斯学院是为了广大公民的利益而设立的，是为社会公共利益服务的，属于公共的范畴，因此，它应受由公众推举的代表即州政府的监督。州议会的决定并没有影响学院作为一个独立组合体的存在，不过是扩充或改组了组合体。归根结蒂，双方争执的焦点是：达特茅斯学院姓“私”还是姓“公”的问题。[②]

1818 年 3 月，美国联邦最高法院正式受理此案。学院董事会和州议会都聘请了著名律师。学院一方聘请的律师是该院毕业生韦伯斯特。值得指出的是，在这场长达三年之久涉及全美众多高等院校未来发展的诉讼案中，双方所持辩词依旧，都没有能提出更多的、足以令人信服的法律依据和理由。有趣的是，韦伯斯特个人所具有的卓越演讲才能和人格魅力，似乎对最后的判决起了一定的作用。据当时旁听这场辩论的耶鲁大学教授古德瑞奇回忆，在四个小时的辩词中，韦伯斯特运用清晰的推理、合乎逻辑的引

① Christopher J.Lucas,*American Higher Education:A History*,St.Martin’s Press,1994,p.115.

② 参见杨捷：《19 世纪美国达特茅斯学院案及其影响》，《河南大学学报（社会科学版）》2000 年第 5 期。

证和极富感情色彩的语言，使在场的听众和每一位法官深受感染，为之倾倒。他说："法官先生，这桩案件不仅关系到那些默默无闻的小学院的未来……而且，在某种意义上，它关系到一项问题，即一个人或者团体的财产能否被剥夺……州议会有权支配不属于它的东西吗？"① 韦伯斯特在最后深情地说："法官先生，我不知各位的感觉如何。但对于我来说，当看到母校面临四面楚歌时，就如同看到凯撒在元老院被一剑一剑的刺杀。我并非母校的骄傲，但我仿佛听到母校在对我说：'你是我的儿子'。"② 韦伯斯特的动人演说使著名的首席大法官马歇尔老泪纵横，使大多数法官为之动容。法律的天平开始出现了微妙的倾斜。

经过长达近一年的审理，美国联邦最高法院于 1819 年 2 月判决达特茅斯原学院董事会胜诉。马歇尔大法官宣布判决的理由是：法院认为达特茅斯学院属于私人慈善团体，其经费来源于私人的捐赠，与政府无任何关系，尽管学院有为社会公共利益服务的一方面，但这不是州政府可以控制学院的理由；学院的特许状本身就是一种契约，契约的双方是董事会和英国王室，因此它不受州政府的制约；新罕布什尔州议会的决议实际上剥夺了学校董事会的权力，属侵权行为，违背美国宪法有关条款。因此裁定新罕布什尔州议会决议无效，达特茅斯学院仍沿用原名，此判决为终审判决。至此，"达特茅斯学院案"以联邦最高法院认定该学院为私立性质的学校和承认董事会享有学校最终管理权而宣告结束。"这项判决给私立院校和州立院校的前进都廓清了道路，它使教会掌握的学院在风暴中感到安全，又提醒州政府不能违反原有学院的意志而把它们改为州立学府。"③ 判决结果还表明州政府只能自己拨款办学，不能通过接收私立高校改为州立高校，间接为州立高等学校的发展指明了道路。

---

① 林玉体：《西洋教育史专题研究》，文景出版社 1984 年版，第 235 页。
② 林玉体：《西洋教育史专题研究》，文景出版社 1984 年版，第 229 页。
③ 滕大春：《美国教育史》，人民教育出版社 1994 年版，第 217 页。

（三）达特茅斯学院案的影响

“达特茅斯学院案”的判决结果从法律上肯定了私人办学的权力，明确了私立学院的法理基础，承认私立学校的合法性。该诉讼案的判决，还划清了公私学校的界限，规定州政府不得违反宪法对私立学校采取监督、干涉、侵权等措施。于是，私人办学、助学的积极性受到极大鼓舞，私立学校如雨后春笋般地出现。据统计，在19世纪初的前20年，私立大学仅有12所，自“达特茅斯学院案”判决后的10年中又成立了12所。到1860年左右，美国全国共有182所大学，其中116所皆为私立大学。1820年至1860年成为美国教育史上私立大学发展的鼎盛时期。[①]“达特茅斯学院案”的判决从根本上打消了各州试图改组旧私立学院为公立大学的奢望，促使各州独立发展州立大学。

美国历史学家比尔德在《美国文化的勃兴》中指出，“达特茅斯学院案”给私立院校和州立院校的前进都扫清了道路，它使教派掌握的学院在风暴中感到安全，又提醒州政府不得违背原有学院的意志，把它们改为州立大学，而应该从头做起。[②]“达特茅斯学院案”之后美国各州推行新政策，动用公共税收办理公立高等学校。1819年杰斐逊在改组威廉玛丽学院失败后，全力以赴投入到筹建弗吉尼亚州立大学的努力中，使该校成为州立大学的一面旗帜；1820年田纳西州立大学成立；1824年印第安纳州立大学成立；1831年亚拉巴马州立大学成立；1868年新罕布什尔州建立了与达特茅斯学院毫无关系的新罕布什尔大学……到19世纪60年代，美国州立大学达到67所，州立大学和私立大学竞相发展的局面促使了美国高等教育的兴旺发展。[③]

---

① 参见杨捷：《19世纪美国达特茅斯学院案及其影响》，《河南大学学报（社会科学版）》2000年第5期。

② 参见滕大春：《美国教育史》，人民教育出版社1994年版，第217页。

③ 参见滕大春：《美国教育史》，人民教育出版社1994年版，第219页。

（四）达特茅斯学院案的再思考

在达特茅斯学院案的意义和影响方面，国内学者几乎一致认为它划分了美国高等教育的公私界限。通过对“达特茅斯学院案”的过程进行重新梳理可以发现，该案是一场包括达特茅斯学院、新罕布什尔州政府和议会在内的多方利益的角逐，该案的历史意义并非对“公立”和“私立”高等教育机构的区分，而是为私人财产提供法律保护，由此促进了私立学院在一定时期的快速发展。[①] 该案的关键不在于高等教育的公私性质而是对财产权的保护，案件最后的判决只是对高等教育的公私性质做出了模糊的界定而没有在事实上划分高等教育的公私界限，美国高等教育甚至从一开始就没有清晰的公私性质之分，马歇尔和联邦最高法院关于公私问题的论述已经被很多研究者和大法官所抛弃。[②] 公立和私立这种看待美国高等教育的二元维度应该被纠正，美国的学院和大学在很大程度上是多种社会力量共同作用的产物而从未被单一力量所主导。

三、公立大学的创办

（一）创办美国国立大学的失败

1. 对国立大学的期待

1775 年 10 月独立战争刚刚开始半年，战事还在紧张地进行，位于剑桥的华盛顿将军的营帐中，格林（Nathanel Greene）将军和威廉·布洛杰

---

① 参见王慧敏、张斌贤、方娟娟:《对“达特茅斯学院案”的重新考察与评价》,《教育研究》2014 年第 10 期。

② 参见王慧敏:《达特茅斯学院案与美国高等教育的公私之辨》,《北京大学教育评论》2016 年第 1 期。

特（William Blodget）上校抱怨很多学院在战争中损毁严重并为此感到惋惜，一旁聆听的年仅 19 岁的赛谬尔·布洛杰特（Samuel Blodget）凭着年轻人的理想和热情脱口而出：“战争结束后，我们要建立一所著名的国立大学（National University），让全世界所有的年轻人都要以在那里接受教育为荣！”华盛顿将军立刻表示赞赏：“年轻人，你真是一个预言家！我相信我们总有一天会实现这个目标的。”[①]

费城学院的化学教授本杰明·拉什（Benjamin Rush）最早明确提出建立国立大学并对其做出系统论述，他是《独立宣言》的签署人之一，是坚定的联邦主义者，认为战争结束后的两项重要任务就是完善政府和塑造共和国公民。1787 年 1 月，拉什在《博览美国》（*American Museum*）杂志上以醒目的标题发表《告合众国人民书》，主张让国会拨款建立一所国立大学辐射全国，其中尤为重要的是，在该大学中，凡事都要以共和政府为旨归。这是美国历史上首次正式公开论及建立一所国立大学的理念，虽然并不完整也不系统，但在这个时间提出这个理念已有着不可忽视的政治意义。

华盛顿早就对国立大学的想法持肯定态度，但一直到 1790 年 1 月 8 日对国会做的第一个国情咨文才亲自撰文正式谈及国立大学，作为共和国的第一任总统，在第一次国情咨文中用不短的篇幅谈及此事足以表明他对国立大学的重视是经过长期慎重考虑的结果：“参众两院应该大力促进科学和文学的发展。在任何国家，掌握文化知识都是社会福祉最可靠的基础。在我们这样的国家中，政府措施可以很快得到公众意见的反馈。因此，掌握相应的文化知识非常重要，它以多种方式保障自由宪法。……通过资助现有的学院并筹建新的国立大学，或者通过其他办法，是否能很好地促使

① 王慧敏：《美国建国初期国立大学的理念及其失败（1786—1796）》，《清华大学教育研究》2014 年第 2 期。

这一理想目标的实现，须由立法机关作为一项议题予以慎重考虑。”[①]

著名的《美国公报》（*The Gazette of the United States*）出版人约翰·芬诺（John Fenno）于1789年10月在《博览美国》上撰文表达自己对国立大学的憧憬，他几乎重复了一年以前拉什的《国立大学计划》：建立在联邦首府，由胜任者担任负责管理事务，学生来自于各州学院的毕业生，主要培养他们的政治兴趣等。他同样淡化了道德的色彩而更重视“消除地方偏见和习性以及产生共同的信念”[②]。

2. 创办国立大学的失败

1795年初，华盛顿重新系统地阐述了他的国立大学理念，他也第一次完整地说明了他之所以如此坚持在联邦首府建立国立大学的理由：联邦首府地处联邦中部且交通便利；他个人捐资，对保障办学资金有一定的作用；该大学可以更好地了解联邦法律和享受联邦的优惠政策，这是其他地方院校无法比拟的；最重要的是，地处首府可以让学生更好地观察国家的日常政治生活，更深刻地了解共和国政治体制的原则和精髓；[③] 此外，他还有着同杰斐逊一样的担心，那就是美国的青年自国内无法接受最好的高等教育而必须去欧洲学习，这对于塑造共和国公民是十分不利的，因此国立大学的目的之一就是无须再将美国青年送往国外学习。但也要看到，即便到此时华盛顿也不得不承认，“究竟以何种方式创办这所重要学府，应有多大规模，用什么方法使计划实现，经费如何解决，目前取得哪些进展，我对这一系列问题完全茫然。……这所大学的设置形式我并不了解；同样，由哪

① ［美］华盛顿：《1790年1月8日向国会发表的第一个国情咨文》，约翰·罗德哈梅尔选编《华盛顿文集》，吴承义等译，辽宁教育出版社2005年版，第638—639页。

② John Fenno,“Importance of A Proper System of Education,Establishment of A Federal University Recommended”,*American Museum*,Vol.6 (Oct.1789),pp.290-291.

③ 参见［美］华盛顿：《1795年3月15日致托马斯·杰斐逊信》，约翰·罗德哈梅尔选编《华盛顿文集》，吴承义等译，辽宁教育出版社2005年版，第756页。

些人或安排哪些人使此项计划最终成型，我也是一无所知”[①]，他只是提出建议和想法，其实没有采取任何实际的行动来支持这项计划的实施，他所做的只是将波托马克河的航运股票五十股捐赠给该大学。

反对者们的每一条意见都有力地回击了国立大学计划的主张者，主要理由非常充足：首先，国立大学地处哥伦比亚特区，对于遥远的州或者偏僻地区的年轻人来说没有吸引力，因此它就无法达到普及知识的效果，甚至会加剧地区间的不平衡和偏见；其次，若建立这一所大学，那么联邦以及人民都会专注于支持它，从而忽略了对其他大学或学院的重视，这不利于全国高等教育的整体发展，同时一个真正自由的政府应该鼓励所有机构，否则就违背合众国的自由宪法，因此国立大学的计划本身是违宪的；再次，在赞成者看来，国立大学一个关键的作用就在于可以将知识传播于联邦各处，从而也将共和国的道德品性散播于各地人民心中，尼古拉斯认为不是唯独国立大学才能完成此项任务，地区的大学也能完成此项任务，甚至完成得更好，因为各地可以根据具体情况自己设立大学并为之提供保障，而国立大学这方面并没有优势，在知识层面上没有所谓的“联邦质量”（Federal Quality），联邦资助对于知识的传播并无决定性的影响；最后，如果同意了国立大学计划，一方面就像开了一道权力的口子，以后联邦政府所在地就可以循此计划获取更多的权力，这种权力过于集中的现象不能不为人担心，另一方面该计划就像一根楔子嵌入国会的财政，在今后的无限期内国会都要为之提供保障，这将是一份沉重的负担。[②]

1796 年 12 月 26—27 日，圣诞节刚过，美利坚合众国国会第一次就

① ［美］华盛顿：《1795 年 1 月 28 日致联邦政府所在地行政长官》，约翰·罗德哈梅尔选编：《华盛顿文集》，吴承义等译，辽宁教育出版社 2005 年版，第 753—754 页。

② 参见王慧敏：《美国建国初期国立大学的理念及其失败（1786—1796）》，《清华大学教育研究》2014 年第 2 期。

是否应该在今后的联邦政府所在地即哥伦比亚特区建立一所国立大学之事展开了为期两天的辩论，众议院最终以一票之差同意推迟表决国立大学计划。[①]这是美利坚合众国第一次就国立大学计划展开的辩论，虽然不长也不甚激烈，但也成了最后一次，纵然以后还有类似的提案，也没有类似的辩论。在国立大学的主张中充斥着国家主义的元素，诺亚·韦伯斯特（Noah Webster）在1788年的《美国杂志》（*The American Magazine*）上论述《美国年轻人的教育》的时候，在文末呼吁道："同胞们，解放你们的思想做独立的人吧。你们已经做了太久的孩童，屈从于傲慢父母的控制和利益。你们现在需要扩大和保护自己的利益——通过自己的努力建设一个新的国家，通过自己的智慧和美德塑造国民的性格。为达到这些目的，有必要构建一个自由的政策框架，并将其建立在广泛的教育系统之上。"[②]因此，国立大学的计划一方面是塑造国民的需要，一方面也体现了美国在思想文化上独立于欧洲、摆脱欧洲束缚的追求，这种国家主义是美国建国之初高等教育发展和变革的重要动力之一。[③]

（二）州立大学的创建

北美洲是印第安人的故乡，1492年意大利航海家哥伦布发现美洲"新大陆"后，随着欧洲移民大批进入美洲，欧洲的教育思想特别是英国的教育思想开始在北美广泛传播。1787年制定的美国宪法中，没有对教育作任何规定。1789年通过的美国宪法第十修正案规定，"凡本宪法未授予合众

---

① 参见王慧敏：《美国建国初期国立大学的理念及其失败（1786—1796）》，《清华大学教育研究》2014年第2期。

② Noah Webster, "On the Education of Youth in America." in A *Collection of Essays and Fugitive Writings on Moral,Historical Political and Literary Subjects*,Boston:I.Thowas and E.T.Ardvews 1810,P.36.

③ 参见亚当·R. 尼尔逊：《留学的可知风险（1780—1880）：国家主义、国际主义与美国大学的起源》，《北京大学教育评论》2010年第3期。

国或未禁止各州行使的权力，由各州或人民保留”。在创办国立大学失败的背景下，弗吉尼亚、宾夕法尼亚和纽约等部分州政府提出把本地学院改为州大学的动议。19 世纪 20 年代以前，美国南部创设的一些院校，如北卡罗来纳大学、乔治亚大学、弗蒙特大学、俄亥俄大学、田纳西大学、马里兰大学、南卡罗来纳学院及肯塔基州的特兰西瓦尼亚大学均自名为州立大学，不过此类大学所提供的教育远低于大学水平，在教学实践和性质中更多继承了殖民地时期的私立学院教育传统。

由于创建国立大学努力的失败和达特茅斯学院案的胜诉，美国州政府开始了建立州立大学的考虑。由州政府直接控制高等学院的努力最早在弗吉尼亚获得成功：托马斯·杰斐逊所创办的弗吉尼亚大学 1818 年获得州议会特许状，并于 1825 年正式开学。1818 年 8 月的一次会议讨论决定了拟建立的大学的校址，并为大学的组织机构、课程、建筑布局等草拟了计划。会议期间，选举杰斐逊担任委员会主席，选定了夏洛茨维尔作为新大学的校址，并将杰斐逊六个月前拟定的组织结构与课程计划作为委员会的报告予以通过。杰斐逊认为整套教育计划是建立在这样一些观念之上的：人的天性并非天生一成不变的，人可以不断发展完善自我，而教育恰是实现这一目的的首要手段。在至巴贝·玛玻斯侯爵的信中，杰斐逊坦言：“我一向认为，如果我们在梦想、设想未来时，我则宁愿它充满种种憧憬与希望，而非是绝望的阴暗深渊，虽然二者同样廉价，但前者更令人愉悦。”①

弗吉尼亚大学是和殖民时期九所学院完全不同的新型学府。它尽管未完全达到杰斐逊的办学理想，也不能与欧洲的大学相比，但它对美国高等教育的发展产生了重大影响。它是全美第一个由州政府创办的、真正世俗的学校，其成立标志着一种全新的大学在美国诞生：“第一，办学伊始，其

① 吕瑞：《美国早期州立大学简论——独立战争前后至 1910 年》，硕士学位论文，山东师范大学，2011 年，第 15 页。

目标就是提供比现存的学院更为高级的教育，允许学生进行专业化学习，并享受选修的自由。1825 年开学时开设的课程比当时的其它学府宽泛得多。第二，弗吉尼亚大学明确表示，它是一所完完全全的公立学府，而非私立或半公立半私立学府。第三，其早期的办学定位明确无误地是世俗性质而非教派性质。第四，这所大学有一个由州长任命的校外董事会。第五，州政府为这所大学的运行提供了启动资金与后续资金。第六，学校章程规定，免除在全州范围挑选的贫穷学生的学费。”[①] 美国教育史家布鲁巴克（John S.Brubacher）也曾对此评论道：“杰斐逊在弗吉尼亚夏洛茨维尔（Charlottesville）建立的大学，是美国第一所真正的州立大学。创办伊始，其目标就是比已有的学院提供更高层次的教学，允许学生自由选课。当它 1825 年开办时，其学习课程远比当时其它学院的惯例广泛，它完全是公共事业机构，而不是私立机构或半公共机构。它早期的方向是世俗和非教派的。总之，它成为 19 世纪前 10 年中美国高等教育所具有的革命性的启蒙运动精神的最彻底的体现。”[②]

① 余承海、程晋宽:《美国州立大学的起源与发展》,《高教发展与评估》2013 年第 6 期。
② 易红郡:《美国州立大学的产生及发展》,《湘潭师范学院学报》1999 年第 5 期。

第四章

1836—1901：[1]

新型城市大学的汇入

---

① 芝加哥大学校长哈珀将大学分成包括大学一二年级的学术学院和三四年级的大学学院两部分。1896 年又将这两部分分别称为初级学院和高级学院。1901 年伊利诺伊州建立美国第一所公立初级学院——乔利埃特初级学院。二战后，由于经济发展需要大批半专业性技术人员，同时为了缓和大批青年和妇女强烈要求升学的压力，出现了由社区设立的初级学院——社区学院（community college）。

第一节　英国的老大学与新大学

19 世纪上半叶英国教育大辩论可以称得上是高等教育领域的一种思想解放，苏格兰大学与英格兰大学之间展开的这场论辩是新兴的功利主义与传统的保守主义、功利教育与自由教育的一场交锋与激辩，聚焦教育目标、教学内容与改革动力等方面的论题。在辩论过程中，功利主义教育思想得以广泛传播，为英格兰古典大学改革奠定了坚实的思想和舆论基础。[①]19 世纪牛津和剑桥围绕着大学目的进行辩论，将在整个 18 世纪陷于停滞的牛剑从衰败中唤醒，两校也顺应时势相应进行了课程设置和考试制度等方面的改革。

完美继承着中世纪大学传统的牛津和剑桥两所大学在 19 世纪初期依然注重通过自由教育（Liberal education）来发展人的道德和心智，其教育目的与职业无关，其意义在于通过文化标记寻求使心灵得以自由的人文品质。因此牛津依然注重古典课程，剑桥偏重数学，古典课程居于第二位；苏格兰哲学在所有课程中占据着显赫位置。而大学之外，兴起于 18 世纪中

① 参见宫艳丽:《教育大辩论与英国近代大学改革》,《现代大学教育》2008 年第 4 期。

叶的工业革命在进入 19 世纪后势头发展强劲，40 年代随着机器制造业的建立标志着工业革命的完成，英国崛起为第一个工业国家。与此同时英国进行了议会改革，政治由“贵族政治”向“大众政治”过渡，扩大了资产阶级民主。政治经济的变革促使着教育的变革，使得人们重新思考大学作为高等教育机构存在的价值与目的。

19 世纪上半叶所发生的针对大学教育的辩论反映出资本主义的发展需要大学追求实用之学，大学只有向社会开放并为社会经济发展培养人才才能切实体现社会变革对大学教育目的的改革要求。牛津大学和剑桥大学虽然由于历史的惰性对社会需求的反应回应得不是很主动，但这一时期在考试制度和课程设置上的改革为其以后的大发展奠定了一定的基础。

一、牛津大学与剑桥大学的改革

（一）牛剑的变化

1. 考试制度的严格

牛剑在 18 世纪中期之前一直采用口试，考生在主考人面前运用三段论加上智慧和雄辩来证明一个假设性的推测。到了 80 年代，剑桥大学日益强调数学的地位，开始剑桥大学的数学荣誉学位考试，这也是最早的荣誉学位考试：几乎包括了数学的全部内容，成绩从及格到一等分为几个等级。直到 1822 年剑桥才设立古典科目的荣誉学位考试，而且只有通过数学荣誉学位的人士才能参加。与剑桥相比，牛津大学 1800 年的公共考试条例规定古典学科的考试为第一位，数学为第二位，1807 年为那些已经参加过人文学科考试的学生单独设立了数学和物理考试科目，将数学和科学从古典人文学科课程中分离出来的目的是使得数学和科学更具专门化。这一时期更为引人注目的考试改革是笔试的设立，从 1836 年开始剑桥的学生要在印刷好的试卷上回答问题。此时牛津考试制度中依然还保留着口试的成分。

2. 现代课程的设置

除了考试制度的改革，两所大学中的现代课程和科学研究也有所加强，增加了人文学科之后的学习科目：1848 年剑桥大学规定了包括历史和法律在内的道德科学和自然科学的荣誉学位考试，1850 年牛津大学考试条例也增设了自然科学、法律和现代历史、数学和物理等科目的考试。在科学研究方面，牛津大学的威廉 · 巴克兰和查理斯 · 陶伯尼一直坚持地质学、植物、土壤和肥料化学等方面的研究。陶伯尼的学生约翰 ·B. 劳斯于 1843 年建立了洛桑农业实验站，从事肥料的研究。剑桥大学在科学研究方面一直胜于牛津，1831 年成立了英国科学促进会，倡导科学研究，剑桥大学惠威尔 1833 年提出："在科学领域里，孜孜不倦的耕耘者，我们需要给他们一个适当的名称，我想称呼他们为科学家。"剑桥大学数学教授巴贝奇最早提出代替人类大脑进行复杂数学问题的通用计算机设想并将其命名为"分析机"，其所具备的逻辑结构为后世的通用处理器诞生奠定了坚实的基础。牛津大学和剑桥大学对教师队伍的改革实际上是出于拓宽课程的需要，两校作为古典大学，主要弊端之一是忽视科学教学和研究，这使得它在工业革命的洪流中没能发挥出推动经济发展的作用。19 世纪中期以后，牛津和剑桥在科技教育方面加大了改革的力度。科学研究成为牛津大学和剑桥大学的重要职能，两校迅速成为英国乃至世界上最重要的科研力量。

3. 牛剑所呈现的现代大学特征

（1）大学与学院关系的变化

19 世纪后半期，伦敦大学和众多的城市学院日益发展壮大与崛起，牛剑在社会变革的洪流中也进行了一些重大的改革，开始呈现出现代大学所具有的特征。牛津大学和剑桥大学在长期发展过程中形成了独立性很强的学院制，大学在诸如设置教授职位或者建立理科实验室方面举步维艰。1877 年之后，新的牛剑开始改变学院与大学之间的关系，加强大学的权力和财力，逐渐形成相对独立的现代格局：学院开始承担大学的部分负担，并为教授职位提供资金，同时有义务改善自身的教学质量。

（2）教师获得结婚自由

19 世纪后半期之后牛剑两校教师也获得了结婚的自由。1877 年大学法修改之前的大学法规要求教师必须独身，那些希望拥有正常婚姻生活的人只好离开大学，致使学院很难维持一支高质量的、稳定的教师队伍。学院缺乏足够的教师就无法为本科生提供有质量保证的教学，尤其是随着课程考试的改革以及新课程的持续增加，缺乏合格教师的问题越来越严重。1877 年新的大学法规定教师可以结婚并拥有家庭，这种改革的社会影响巨大，已婚的教师不再住在学院内，他们与学院外部的世界有了更多的接触，视野由此变得更加开阔，而且由于 1871 年之后不再要求教师必须是教士，由此也吸引了更多的人进入大学从教，大学教师的数量和质量有了保证。

（3）接受非国教徒

牛津和剑桥这一时期的重要改革还包括接纳非国教徒。牛津和剑桥一直把捍卫国教会作为大学的主要职能之一，因此非国教徒被拒之门外。1854 年及 1856 年牛津大学和剑桥大学先后开始接收非国教徒，国教徒可以获得奖学金和学位，1871 年非国教徒可以被选为学院的院士。牛津和剑桥大学对非国教徒的开放表明大学与国教会的关系发生了重大的变化，大学不再是国教徒独享的领地，大学的学生成分开始多样化。牛津和剑桥大学在这一时期的改革使古老的大学焕发了青春，在与新大学和城市学院的竞争中保持住了自己神圣的地位。

（二）牛津大学学院制的维护与变革

牛津大学学院制的形成可追溯至16世纪，历经数百年的发展成为牛津大学最具特色的传统之一，以寄宿制、导师制、学院制为有机构成的学院制传统以培育人才为核心理念，最为完整而典型地保留了其最初的特点和理论内涵。19世纪，以科学研究为主旨的新大学理念的产生对牛津大学学院制的育人理念产生了巨大的冲击，在这一过程之中，牛津大学深刻反思学院制在教育教学中的独特价值，为19世纪后期的学院制改革奠定了重要的思想理论基础。

1. 新型大学所提供的范例

由洪堡创建的这种研究型大学成为19世纪后半期最新颖也最具影响力的大学模式。正如有学者指出："19世纪和20世纪早期的英国大学史如果没有提到德国大学则是不完整的和无礼的。"① 然而，18世纪的英国古典大学在学术研究方面并没有花费多少心思，"当德国与苏格兰大学已经成为研究机构时，当法国的大学开始用科学院来扩展知识的范围时，甚至当美国的大学也开始转向研究时，英国古老的大学从本质上说，仍然是用来作为将男孩变为绅士的昂贵的俱乐部"②。英国评论家阿诺德(Matthew Arnold)在赴德国考察后指出："法国大学缺乏自由，英国大学缺乏科学，而德国大学两者兼而有之。"③英国最需要从德国大学借鉴的就是其对科学以及学术研究的热爱。在这一时期"人们已经很难在这两所英国大学与欧洲其他大学之间找到相似之处"④。新型德国大学的出现为当时封闭保守的英国古典大学提供了改革范例。

---

① S.D.Stirk,*German Universities-Through English Eyes*,London:Victor Gollancz Press,1946,p.21.

② ［英］约翰·亨利·纽曼:《大学的理念》，高师宁译，贵州教育出版社2003年版，第299页。

③ S.D.Stirk,*German Universities-Through English Eyes*,London: Victor Gollancz Press,1946, p.14.

④ M.G.Brock,M.C.Curthoys,*The History of the University of Oxford,Nineteenth-Century Oxford*,Oxford:Clarendon Press,1997,p.126.

此外，在19世纪最初的10年里，苏格兰大学日益弥漫着活跃的智力氛围。崭新的伦敦大学在技术革命的凯歌声中诞生。新式大学的出现打破了长久以来牛津、剑桥垄断英国高等教育的局面，对古老的大学产生了强烈冲击。伦敦大学旨在为社会各阶层子弟提供受教育机会。大学在建立之初就与宗教分离，实行教授负责制和非寄宿制，开设具有鲜明实用性和科学性的课程，允许在英国任何一所大学注册读书的学生参加伦敦大学的学位证书考试。[①] 不仅如此，伦敦大学后来还规定没有大学学历的自学者也可以申请参加伦敦大学的学位考试，进一步扩大了其教育对象的范围。

2. 牛津大学学院制传统所受到的论争与冲击

19世纪30年代早期，几乎所有代表新兴中产阶级立场的出版物都全力抨击牛津大学的教学状况。在众多批评者中，首先站出来的是爱丁堡大学的文明史教授威廉·汉密尔顿（William Hamilton）。汉密尔顿曾在1807年进入牛津大学贝利奥尔学院学习。在此期间，他的学院导师并没有给予他太多关注而导致他在学习中浪费了大量时间。不幸的学习经历使汉密尔顿对牛津大学教学产生了强烈的不满。而他在获得了大量关于欧洲大学及其历史发展的知识，特别是熟悉了当时最先进的德国新大学的诸多特征之后，更是拥有了攻击牛津大学的有力武器。从19世纪30年代开始，汉密尔顿先后发表《英国大学现状，更多关注牛津大学》《关于英国大学改革：特别针对牛津大学文科系》《论非国教者进入英国大学的权利》等多篇文章对牛津大学的现状进行抨击，并提出相应的改革建议。[②]

---

① 参见杜智萍：《对学院制教育价值的反思——19世纪对牛津大学学院制传统的论争》，《太原师范学院学报（社会科学版）》2014年第2期。

② 参见杜智萍：《对学院制教育价值的反思——19世纪对牛津大学学院制传统的论争》，《太原师范学院学报（社会科学版）》2014年第2期。

伴随新大学的不断涌现和新大学理念的逐渐成熟，对牛津大学的种种批评在 19 世纪愈演愈烈。以德国柏林大学为代表的新大学理念和大学实践还是对这两所古老的英国大学产生了深刻影响，正如弗莱克斯纳所说是德国大学激励了英国大学的发展。人文主义者和大学保守势力之间的激烈争论正是当时两种不同大学观念猛烈撞击的结果。但是面对势如潮水扑面而来的各种批评和挑战，牛津大学凭借其深厚的大学传统和独特的运行模式避免了在大学内部产生激烈动荡，而是在这种思想的巨大冲击和动荡之中，从内部开始了小心翼翼的变革。

面对人文主义者的猛烈抨击，牛津大学的保守派不甘示弱，据理力争。他们或强硬或婉转地捍卫着古老的大学传统。其中，首推奥里尔学院的柯普利斯顿院长。他将捍卫牛津大学视为己任，认为学院导师教学是一种更为有效的教学手段，因为导师在教学中能够更好地关注每一位学生，使教学适应每一位学生的需要。他坚信“虽然教授讲座作为高级教学形式具有较强的生命力，但它最终会被牛津大学中从最初的问答式讲座教学形式发展而来的理想的导师制所颠覆”[①]。针对《爱丁堡评论》的攻击，柯普利斯顿还指出：“最好的教学还未在任何现代大学产生，即苏格兰模式的教授教学与牛津大学的导师教学相结合的教学。”1834 年，牛津大学的威廉·赛维尔（William Sewell）写道：“我们知道德国大学的性质，我们并不希望成为他们那样。”[②]

3. 牛津大学学院制的维护与变革

虽然以传统自居的牛津人对 19 世纪建立的新大学以及德、法等国大学

① A.Engle,*From Clergyman to Don:The Rise of the Academic Profession in Nineteenth-Century Oxford*,Oxford:Clarendon Press,1983,p.17.

② M.G.Brock,M.C.Curthoys,*The History of the University of Oxford,Nineteenth-Century Oxford*,Oxford:Clarendon Press,1997,p.138.

教学的新发展持冷漠的态度，但他们却并没有忽视激进的改革者对它的种种抨击。相反，它试图通过发展自己对人文教育的辩护来扭转其所处的被动局面。奥里尔学院的院长柯普利斯顿就是这场斗争中最为关键的人物之一。他强调古典学科和数学具有发展智力的价值。19 世纪中期以后，牛津大学的学院制传统不仅没有被削弱，相反得到了进一步的加强。导师作为一种学术职业的现代导师制的确立使学院制的教学传统得到了升华，科学学科在学院的扩展以及女子学院的建立都使牛津大学的学院制传统向现代社会方向迈进了一大步。在激烈的思想斗争中，牛津大学的育人职能更加稳固，对学院制传统的思考也更加深入而细致。

二、城市学院的兴起以及新大学运动

（一）伦敦大学的建立

19 世纪是英国教育全面改革的时代，也是功利主义与保守主义激烈交锋的时代。伦敦大学以功利主义为导向，取消教派限制，提倡专业教育和科学教育，极大地突破了牛津、剑桥大学的古典绅士教育传统，开启了宗教无甄别、课程讲实用的“新大学运动”，因而成为英国高等教育近代化的先锋与典范。姜琦这样评价两类大学：“大学有创立最古而注重传统的与近代创立应物质文明的要求而成立的两种。前者是有名的剑桥、牛津两大学，注重人文的学科，以人格的陶冶为主；后者是伦敦（London）、曼彻斯特（Manchester）等大学，以物质的教科为主，尊重自由，开放门户，施行各种专门的研究，并且容许女子入学。”①

① 姜琦：《现代西洋教育史》，商务印书馆 1935 年版，第 211 页。

1. 伦敦大学（学院）的成立

伦敦大学的建立是生产发展的客观要求，也是资产阶级要求受教育权利的结果。1825 年，诗人托马斯·坎贝尔（Thomas Campbell）致信国会议员布洛姆（H.Brougham），提出建立为中产阶级服务的“大伦敦大学”（great London University），由此拉开创办新大学的帷幕。按他的想法，这样的大学应该是“为我们中产阶级富裕家庭的青年提供人文学科和各门科学有效的、多样化的教学、考试、训练和授予学位的地方”①。坎贝尔的提议得到了包括布朗姆在内的众多人支持，这些人有政治家约瑟夫·休谟（Joseph Hume）、教育家乔治·伯克贝克（George Birkbeck）、功利主义哲学家边沁（Jeremy Bentham）、詹姆斯·密尔（James Mill）、历史学家乔治·格瑞特（George Grate）等，这些人深受苏格兰大学门户开放、注重实用的影响，对普鲁士大学的复兴以及美国弗吉尼亚大学的模式也深感兴趣，在他们的努力下，1828 年伦敦大学在伦敦市高尔街（Gower Street）创办。从一开始，非国教主义与功利主义氛围就弥漫在伦敦大学决策层。

伦敦大学是“高尔街上没有上帝的学校”，它招收犹太人、罗马天主教徒和其他非国教徒，因而开办之初没能获得皇家特许状，不能授予学位，但这并没有妨碍它的发展。作为新兴资产阶级培养人才的阵地，它将神学排除在了课程之外，重视现代学术和自然科学。学校还试图设置矿物学、工程学、设计和教育等更加专业性的课程。除课程设置的现代性，教学语言使用英语而非拉丁语。与牛剑的住宿制相反，学生们走读，学校只是教学的中心。学校一年的费用为 25—30 镑，大概相当于牛剑的十分之一。

---

① 贺国庆:《西方大学改革史略》，河北教育出版社 2011 年版，第 128 页。

2. 英王学院的建立

伦敦大学的存在遭到了牛津和剑桥保守势力以及国教会的反对，他们建立新的学校与其竞争。1828 年 6 月 21 日，在首相惠灵顿公爵的主持下，国教会的主教们举行会议决定以国教精神为基础并请英王乔治四世为其保护人在伦敦另建一所高校，即英王学院。1829 年学院获得皇家批准，1831 年正式招生，校址在斯专特街（Strant）的尽头，离伦敦大学仅两英里之遥。它包括高级部和低级部两部分，高级部教授宗教和道德、文学、数学、自然、哲学、化学、写作、历史、现代外语等课程，还有一些如内科、外科、法学等与特定职业有关的科目。低级部接收走读的学生，是高级部的预科。与伦敦大学一样英王学院中学习医学的学生占了大多数。

国王学院按牛津、剑桥的传统，承认英格兰国教会对学院的主导。不过，就培养目标与课程而言，两校并无显著区别，如《国王学院临时章程》规定，学院的任务是培养商业从业人员，或到其他大学攻读学位。[①] 开设课程有神学、数学、植物学、化学、法学、德国文学、法国文学、古典文学、商业原理等。[②] 像化学、德国文学、法国文学、商业原理都属于当时较“现代”的新课程，是伦敦大学率先开设的，国王学院在这方面照搬不误。因此，两校除宗教方面的区别之外，其他方面很相似。还有，两校均无学位授予权，对学生只能颁发毕业证书。

3. 新的伦敦大学的成立

伦敦大学和英王学院都是新成立的学院，在很多方面相互竞争。这两所学校其实具有很多共同点：组织结构为苏格兰和德国的单一型；都没有学位授予权；和牛剑相比课程更加丰富多样；生源及学生的出路也和课程一样具有丰富多样性。1835 年 6 月伦敦大学获得英国政府颁发的特许状，但被

---

① 参见王承绪：《伦敦大学》，湖南教育出版社 1995 年版，第 29—30 页。

② 参见王承绪：《伦敦大学》，湖南教育出版社 1995 年版，第 31 页。

定名为伦敦大学学院，同时另有一份特许状成立“伦敦大学”，其实质是一个考试机构。新成立的伦敦大学高于伦敦大学学院和英王学院，对这两所学校的毕业生进行文学、法律和医学等专业课程的考试，并对其颁发相应的学位。

1836 年 12 月伦敦大学正式获得特许状并成立校务委员会（Senate House）。各个学院在招生、教学、经济、管理上均独立自主，校务委员会无权干涉各学院的教学，其作用是对各学院进行学位考试。1858 年，大学增设理学部开始授予科学学位，而且除医学学位考试外废止考生必须在伦敦大学下属某学院学完规定课程并获得证书的规定，开始向全国开放学位考试。在校外学习同样可以申请伦敦大学学位的做法后来延伸到其他英联邦国家和地区，使许多人获得了接受高等教育的机会，在当时的条件下具有非常大的进步意义。

1900 年伦敦大学本部也开始招生，由此形成“校本部”（internal）和“校外部”（external）职责分明的两部分，这种体制一直延续至今。伦敦大学改变了英国高等教育的传统结构，实行大学学院的管理模式以及走读而非寄宿制的学生管理，还有就是对神学教育的摈弃等满足了中产阶级的高等教育需求以及产生了对科技和生产的进步促进作用。

（二）城市学院的兴起

1. 阿卡德米学院的先声

当古典大学因宗教甄别与绅士教育而陷入低谷与僵局的时候，阿卡德米学院于 17 世纪晚期在英国悄然兴起，包括清教徒和天主教徒开办的非国教学院与私立学院。著名的有沃灵顿、哈克尼、北安普敦、索霍、切尔西学院等。阿卡德米学院具有泛智与实科倾向，主要教授自然科学与职业技术，培养社会实用人才，在科学教育与职业教育方面颇有建树，因而广受中等阶层欢迎，不失为英国高等教育的重要探索，为 19 世纪英国高等教育提供了改革的方向。[①] 在当时就社会声望而言，阿卡德米学院始终处于英国高等教育的第二层次，均无学位授予权，规模较小，发展受到很大限制。

2. 背景及兴起

城市学院兴起的根本原因是社会经济的发展。19 世纪中叶英国实现了工业化和城市化，促进了初等教育和中等教育的发展。不断壮大的中产阶级群体与原有高等教育机构既不能容纳又不能够满足他们需求之间的矛盾日益凸显，接受完中等教育适龄青年的增多迫切要求创设新型的高等教育机构。此时美国和德国等资本主义国家在迅速崛起，英国的“世界工厂”地位不断受到威胁，外部环境也要求英国改革高等教育以培养适用人才。再有，伦敦大学的建立为城市学院提供了榜样和机会，正是伦敦大学的校外学位制度为这些城市学院提供了发展的平台，使它们从附属于伦敦大学的大学学院最终成为独立的大学。19 世纪 50 年代到 20 世纪初，具有功利主义思想的地方政治家、实业家与学者聚在一起，在英格兰各重要城市陆续创办了十余所宗教无甄别、课程讲实用的新式高等院校，统称“城市学院”。其中，有十一所城市学院成长较快，并在 20 世纪成为完全大学。[②]

3. 城市学院的特点

经费主要来自投资或捐赠。它们或由富商投资，或由公众捐办，如欧文斯学院由当地纺织业商人约翰・欧文斯（John Owens）投资近十万镑创办，伯明翰的梅森学院（Mason College）由企业家约西亚・梅森（Josiah

---

① 参见邓云清:《阿卡德米学院运动与英国近代泛智教育的发展》,《高等教育研究》2005 年第 8 期。

② 参见徐继宁、罗家英、李传银:《十九世纪英国城市学院的发展》,《教育评论》2009 年第 5 期。

Mason）捐款兴办，威尔士的大学学院主要来自民众的捐款。

位置都在工业城市。它们都坐落在经济发达的工业城市，如曼彻斯特是当时英格兰北部经济、政治、宗教和文化中心，利兹是一个毛纺业非常发达的城市，伯明翰是钢铁工业中心；它们与工业界联系紧密，大都成了所在城市的工业研究中心。

课程偏重工业和科学。它们的课程比较现代化，涉及面比较宽，绝大多数城市学院都偏重工业和科学领域。[①]而且学费较低，培养社会实用人才。它们一般不采用寄宿制，学习费用低于牛津和剑桥，培养目标是企业经理、工程设计人员及商业营销人员，而不是培养牧师和政府官员。刚开始自身都没有学位授予权，后来才逐渐升格为“城市大学”。

4. 意义

这些学院虽然在发展早期多偏重工业和科学，但它们并不是纯技术学院，成为大学一直是这些学院追求的目标。1900 年利物浦大学的办学声明书这样表述：“我们理想中的中部大学在致力于培养应用科学家的同时，一直是一所传播普通文化的学校。它不是技术学校；在大学建立前伯明翰已经拥有最出色的技术学校了。它是培养大企业家之所，而非培养普通成员或士兵的场所。”20 世纪后这些城市学院大多发展成为“城市大学”，从整体上改变了英国高等教育的结构以及大学和社会、教会的关系，使得英国高等教育步入新的发展阶段。

（三）红砖大学：20 世纪初的独立大学运动

20 世纪初的独立大学运动指的是城市学院争取大学地位的运动，这是英国高等教育史上第一次大学扩展的时期，这期间诞生的大学由于其建筑

---

① 参见殷企平：《英国高等科技教育》，杭州大学出版社 1995 年版，第 25 页。

采用不同于牛津和剑桥的红砖而被称为“红砖大学”。这些大学立足地方，成为英国高等教育中一支不可忽视的新生力量。

1. 背景

第一次世界大战之前，面对德国、美国和日本的崛起，“效率”观念风行整个英国社会，伴随效率追求的是人们对科学的崇拜、对专家和商人的信任，而牛津和剑桥无法完成必须培养这种新型人才的历史使命，因此必须建立新的大学。1900 年伦敦大学进行了改组，其校本部开始招生，这样使得伦敦大学在全帝国作为考试机构发挥作用的同时，成了服务于东南部地区的高教中心。此时英格兰北部和中部的城市学院在迅速发展，人们强烈要求在这些工业城市建立城市大学以便为当地的工业发展培养人才，这种要求在一些政治家和工业家中表现得尤为突出。

2. 城市学院成为完全大学

（1）伯明翰大学

第二次世界大战之前，尤其是 1900 年到 1914 年期间，一系列城市学院获得完全大学的地位，这些大学中主要有伯明翰大学、曼彻斯特大学、利物浦大学、布里斯托尔大学、谢菲尔德大学、利兹大学和里丁大学。伯明翰大学的前身是成立于 1875 年的梅森学院，这所学院成立后为伯明翰的经济发展做出了很大的贡献，但一直没有独立授予学位的权利，它于 1898 年 1 月 1 日成为梅森大学学院。1900 年曾经担任过伯明翰市市长的政治家张伯伦（Joseph chamberlain）为梅森大学学院赢得了皇家特许状，使其成为伯明翰大学。作为“效率”运动的领军人物和伯明翰大学第一任校长，张伯伦深刻地认识到城市大学不应模仿牛津和剑桥培养人才的方法，应该强调科技教育，为经济发展培养人才。大学从一开始便以科学和工程教学为主，并且在英国的大学中第一个设立了商学院，为其他城市学院树立了榜样。

（2）维多利亚大学的分裂

维多利亚大学成立于19世纪80年代，1903—1904年维多利亚大学分裂为三所大学：利物浦大学、利兹大学及曼彻斯特大学。这三所大学也是从城市学院发展而来。

利物浦大学的前身是成立于1881年的大学学院，学院开办之初得到了利物浦市民在财力方面的大力支持，也吸引了极为出色的教授，如发明锥形喇叭的奥里佛·洛奇爵士（Oliver Lodge）。学院一直坚持科技教育，1899年成立了热带医学院，此学院在热带医学方面的研究取得了令人瞩目的成果，罗纳德·罗斯爵士曾因对疟疾的研究而获得英国第一个诺贝尔奖。1892年学院的维多利亚楼（The Victoria Building）竣工，它由红砖建成，建筑风格迥异于牛津和剑桥大学，由此城市大学获得了“红砖大学”的别称。作为维多利亚大学的组成部分，利物浦一直不满于大学对学院的过多限制，非常希望能成为独立的大学。1903年维多利亚大学解体，利物浦大学学院获得特许状，成为独立的城市大学。利物浦大学极为重视科学研究，1917年和1935年查里斯·巴克拉教授和詹姆斯·查德威克爵士分别获得了诺贝尔物理学奖。二次大战前，利物浦大学在细菌学和麻醉学等领域也取得了举世瞩目的成就。

曼彻斯特大学由欧文斯学院发展而来。曼彻斯特是当时英格兰北部经济、政治、宗教和文化中心，学院随着城市的发展迅速成长。利兹大学则处于毛纺业发达的利兹。与伦敦大学的其他大学学院一样，约克郡学院向所有教派开放，特别重视为当地的经济发展服务。学院建立之初就设置实验物理、数学、地质、采矿、化学和生物等科目，随后几年中古典人文科目、现代文学以及历史等科目也先后开设，学院由理工性质的学校变成一个综合性的学校。1884年学院合并了一所医学院，三年后并入维多利亚大学。当时各个工业城市都想拥有自己的城市大学，维多利亚大学最终解体，

1904 年爱德华七世授予学校大学特许状，约克郡学院由此成为利兹大学。与利物浦大学和曼彻斯特大学相比，利兹大学在财力和设施上处于劣势，但学校发展迅速，在一战爆发前，利兹大学在应用科学方面已奠定了坚实的基础，至今应用科学在利兹大学依然是最大的系科。

（3）谢菲尔德大学

谢菲尔德大学的前身是谢菲尔德医学校、弗思学院和谢菲尔德技术学校，1897 年三所学校合并成谢菲尔德大学学院，试图合并进维多利亚大学中，此愿望由于维多利亚大学的解体未能实现，但学院一直没有放弃成为独立大学的追求。1905 年学院终于获得皇家特许状，谢菲尔德市也有了自己的城市大学。大学成立之初有全日制学生 114 人，分别攻读文学、纯科学、医学和应用科学学位。学校的非学位课程也非常广泛。一战期间很多专业都被军火制造、医疗器械设计及制作、翻译及政治学等取代。一战结束后的 1919 年全日制学生达到了 1000 人，应用科学院也分成了工程和冶金两部分。两次大战期间大学的学生数基本稳定在 750 人左右。

（4）其他

1876 年布里斯托尔成立了伦敦大学的大学学院，学院虽然资源稀少，但得到了当地商人的大力支持。1889 年大学学院获得了政府拨款，1893 年开办了医学院和工程学院。1908 年维尔斯家族和福瑞家族为学校捐助了大量财物，使得学校有能力争取皇家大学特许状，1909 年底布里斯托尔的大学学院获得了独立大学地位。大学在建立之初就坚持为地方服务的理念，1924 年创办了校外成人教育系，为当地社区提供课程，这种做法延续至今。利物浦等城市大学的出现极大地鼓舞了一些比较小的中心城市，如列斯特、诺丁汉、南安普顿、爱塞特和里丁，里丁的城市学院于 1926 年获得了皇家特许状，成为能够独立授予学位的大学，其他的城市学院继续努力，有的到 20 世纪 50 年代才获得独立大学的地位。

需要指出的是，在创建自己城市大学的过程中，城市的自豪感以及民众对大学的支持发挥了重要的作用。大学代表的不仅仅是某个地方的一种荣誉，更可能是国家和民族的一种遗产，这在苏格兰和威尔士表现得更为明显。如威尔士大学在创建过程中得到了民众的大力支持，1872 年在阿伯里斯威斯开办了大学学院，随后在 80 年代南部的卡的夫和北部的班戈也先后建立了类似的学院，1893 年王室下达了建立威尔士大学的皇家特许状，于是三所学院合并成为威尔士大学。1920 年斯旺西学院并入，威尔士大学的力量得以进一步壮大。

（四）意义

与 20 世纪 60 年代的大学扩张相比，20 世纪初的独立大学运动具有自身的特点：这些红砖大学都是在原有城市学院的基础上升格而来；在与本地社会经济的互动中明确了立足本地服务全国的办学方向；在协助学生攻读伦敦大学校外学位的过程中它们同时也提升了自身学术水平，为以后获得独立的学位授予权奠定了基础。伯明翰大学的电子机械工程、采矿、经济学、商业等非常有名，利物浦大学的建筑、商业、热带医学等专业迎来了大批学生，曼彻斯特大学也反映出该市机械加工和纺织业的特点。这些大学并不侧重学术理论，而是与当地经济密切联系，基本上都遵循类似的发展模式：先是私人赞助建校，然后兼并当地的其他学校或者机构，最终在政府支持下形成大学学院并升格为独立大学。很多成长为英国的著名大学，如伯明翰大学，开发了心脏起搏器和人造心脏阀门、合成维生素 C 和人工血液、核算地球重量。利物浦大学从建校至今已有八位诺贝尔奖获得者。

19 世纪末 20 世纪初独立大学运动使英国的城市学院逐步获得了独立

大学的地位，高等教育内部结构发生了重大变化：它不仅使受教育对象扩大了，其成分也发生了变化，使得中下层阶级子弟也能够进入大学，它的办学方向和培养目标在为地方的经济发展提供服务的同时也使自身获得了无限生命力。

三、从剑桥开始的英国大学推广运动

（一）大学推广运动的兴起

19 世纪中后期英国工业化的实现带动了教育的发展，社会对教育的需求在增长，普通民众对教育的需求也在增长，传统大学对社会改革压力以直接面对社会公众的方式进行应对。整体的社会舆论要求大学的各类教育活动突破宗教限制推广到校园之外直接面向社会公众，以更好地满足社会所有成员的学习要求。于此，19 世纪 70 年代开始出现的大学推广运动到 90 年代遍及全国。

1. 大学的积极推动

大学推广运动的奠基人是剑桥大学三一学院的詹姆斯·斯图亚特。60 年代的时候，他曾为北英格兰促进女性高等教育协会及伦敦等地的技工讲习所讲授过课程，参与者的热情促发了他想创办一种“流动大学”的想法，这种想法通过大学推广运动最终得以实现。1873 年，剑桥大学先后在列斯特、诺丁汉两个城市及德贝郡开设课程，意味着大学推广运动的开始。在随后的两年中剑桥在全国各地陆续开设了一百多门课程，到 1878 年成立了地方讲座委员会。1876 年伦敦大学成立了大学教学推广学会，1878 年牛津大学建立了类似的机构，1886 年维多利亚大学也步入此行列，到 1890

年大学推广运动已覆盖全英格兰。[1]

2. 广泛的课程与众多的参与人数

大学推广运动开设的课程也非常广泛，主要涉及文学、历史、经济等，有时也有哲学和科学。1891—1892 年间大学推广课程开设广泛，牛津、剑桥和伦敦大学共开设 457 门，其中 191 门关于自然科学，159 门关于历史和政治经济学，104 门关于文学、艺术或建筑，3 门关于哲学。[2] 每门课程的上课时间都很短，在 6 到 12 讲之间，但内容分量不轻，学员有印发的课程提纲，还要听课、规定阅读、书面作业、讨论以及总结等。通过结业考试的学员可以获得结业证书。[3]

（二）兴起的意义

大学推广运动从剑桥大学开始，第一次使普通民众尤其是工人阶级获得了接受高等教育的机会，成为 19 世纪后期英国高等教育史的大事件，开创了成人高等教育的先河：为许多有闲人士主要是妇女、商人、小学教师、工匠等提供了接受大学教育的机会，具有极大的社会意义。

1. 大学职能的转变

大学推广中心不仅教授传统古典课程，更关注工业社会所需要的科学技术知识，促进传统大学改革自身课程体系并最终转变大学的职能。传统大学所设立的推广中心后来都发展为独立的城市学院，并最终发展为城市大学。

2. 促进了高等教育的大众化

大学推广运动使很多社会中下层成员能够接触到高等教育，虽然它并

① 参见滕大春：《外国教育通史（第四卷）》，山东教育出版社 1992 年版，第 155 页。
② 参见滕大春：《外国教育通史（第四卷）》，山东教育出版社 1992 年版，第 155 页。
③ 参见张新生：《英国成人教育史》，山东教育出版社 1993 年版，第 218 页。

不是真正意义上的高等教育，但是对于他们来说，他们所参加的课程及受到的教育是以前无法设想的。同时它还使很少有机会接受高等教育的女性获得到学习机会，它与当时的女权运动一起推动了女性高等教育的发展。[①]

① 参见鹿凤：《浅析 19 世纪英国大学推广运动的产生与发展》，《文教资料》2012 年第 7 期。

第二节　美国赠地学院与大学结构创新

一、美国州立大学的新发展：赠地学院

(一) 赠地学院的产生

1. 实用主义的价值取向

独立战争后，向公民灌输知识、培养国家精神成为美国发展教育的主要动因之一。美国建国后，实用主义逐渐成为其民族精神和社会心理形成的思想源泉，高等教育则表现为反对欧洲传统的教育观和知识观，奉行民主、自由、多元的实用主义哲学；把人才的培养与社会经济的发展紧密联系在起，体现注重实干不尚空谈的性格。赠地学院在办学方向、培养目标、课程设置以及教学方法上都体现了实用主义价值哲学，正是这种新生国家精神与实用主义价值取向使得高等教育在较短时间迅速发展，探索出独具美国特色的赠地学院模式。[①] 美国内政部也曾宣称："赠地学院对现代美国的建立做出了如此巨大的贡献，致使人们难以想象，假如没有它们的出现，我们的国家会是怎么一个样子。"[②]

---

① 参见戚文静、朱现平：《美国赠地学院发展的典型性和影响力》，《江汉大学学报（社会科学版）》2007 年第 9 期。

② 厦门大学高教所：《高等教育文集》，厦门大学出版社 1989 年版，第 422 页。

2. 特纳的工业大学计划

1851 年，特纳（Jonathan B.Turner）提出“为产业阶层开办州立大学”的主张，认为这种大学应该向一定年龄以上的所有阶层的学生开放，应该采取一种灵活的教学制度，应该设有试验农场、试验果园、试验牧场，应该定期或不定期地开办年度产品展览会，应该开设农业、制造工艺、簿记等为社会经济发展所必需的实用课程。特纳强调创建实用型院校开展实用教育将会产生巨大的社会作用：“如果本州每一个农民的儿子，每一个技工的儿子，都能在一年之中有机会去这样的学府一天，那就会唤醒并指引他的潜在精力，这对他的好处远远超过由此而付的全部代价，而且比参加多次半年一期的学习，去学那些他不需要和不想知道的东西，更不知要好多少倍。”[①] 为实现自己的教育主张，特纳在伊利诺伊全州组织了一系列的活动，试图说服该州立法机构向国会提出请求，吁请联邦政府拨赠土地在每州建立工业大学。[②]

3. 莫雷尔法案

（1）《莫雷尔法案》

贾斯廷·莫雷尔（Justin S. Morrill，1810—1898）原本在佛蒙特州经营商店，靠勤劳节俭发家致富并成功地跻身政界，于 1855—1867 年和 1867—1898 年分别当选众议员和参议员，但他一直关注农民和手工劳动者的艰难处境，主张让他们通过接受实用技术教育以提高他们的谋生能力从而改变命运。[③]1856 年莫雷尔在出席美国农学会时讨论了解特纳教育改革

---

① ［美］丹尼尔·布尔斯廷：《美国人：民主历程》，中国对外翻译出版公司译，三联书店 1993 年版，第 548 页。

② 参见崔高鹏：《从产业大学计划到赠地学院法案——特纳对莫雷尔影响之研究》，《大学教育科学》2009 年第 4 期。

③ 参见续润华、李建强：《美国“莫雷尔法案”的颁布及其历史意义简析》，《河北师范大学学报（教育科学版）》1998 年第 1 期。

计划的具体内容及可行性，针对当时国有土地的利用效率低下和农业生产从业人员没能掌握和利用现代科学技术从事生产的状况，莫雷尔认为可行的改变措施在于创设新型的高等学校，实现科学与农业的结合，于是1857年底莫雷尔第一次向国会提交赠地学院法案，① 此项提案虽在1859年2月7日的表决中以微弱优势通过，但最终还是在稍后的2月24日被布坎南总统否决。②

1861年12月16日，莫雷尔第二次提出赠地兴学法案。他在法案内容上做出一些调整，具体表现为特别行政区不在捐地范围之内；以各州的议员数决算各州所获得的捐赠土地；叛乱各州被赠与土地、捐赠土地或资助款项必须维持或资助至少一所赠地学院。此次提案最终在众参两院通过，并由林肯总统在1862年7月2日颁布实施，自此标志着实用性大学体系的美国赠地学院开始发展。《1862年赠地学院法案》实际上确认了美国通过土地赠予支持州立高等教育的合法性，其实施的结果导致各州结合本州实际以不同的方式创办了一批赠地学院。③

① 参见王保星:《南北战争至20世纪初美国高等教育的发展与变革》，博士学位论文，北京师范大学，1998年，第49页。

② 参见林玉体:《西洋教育史专题研究论文集》，文景出版社1988年版，第282页。

③ 密歇根、宾夕法尼亚、马里兰和艾奥瓦州在已设立的农业学院之外，创办了新型的赠地学院。威斯康星、明尼苏达、北卡罗来纳和密苏里州则利用政府的捐赠，依托州立大学实施新的农业与工艺教育计划；俄克拉荷马、南达科他与华盛顿等州与特区则建立平行于州立大学的赠地学院；俄亥俄、加利福尼亚、阿肯色与西弗吉尼亚各州则利用捐赠基金创立新的州立大学，州立大学内设农业系、机械系，开展相应的农业与工艺教育；有些州把赠地资金用于私立学院或在大学内制定推广农业与工艺教育计划，康涅狄格州通过耶鲁的谢菲尔德学院，罗德岛州借助于布朗大学，新罕布什尔州在达特茅斯学院，新泽西州在拉特格斯，肯塔基州在特兰西瓦尼亚学院，俄勒冈州在卫理公会教徒学院均实施了相应的教育计划；特拉华州利用这批捐赠重建了特拉华学院；马萨诸塞州开办了一所赠地学院，并把一部分捐赠资金拨给了麻省理工学院；印第安纳州利用赠地资金和一些私人捐款创设了普杜大学；纽约州利用赠地所获收入创立了康乃尔大学。

（2）《第二莫雷尔法案》

1890年，为实现“向旨在实施农业与工艺教育的学院提供更全面资助”的目的，《第二莫雷尔法案》颁布实施。法案规定，从1890年6月30日开始每州可获得15000美元/年的资助，资助数额以1000美元/年的幅度递增至25000美元/年为止。同时，对于财政拨款有两点限制：一是款项必须应用于农业、工艺、英语、数学、物理、自然与经济学及相关学科知识的教学，且要为购买必需教学设备预留必要款项。第二，政府决不资助实施种族歧视或者肤色歧视的学院，但如若为不同人种学生创办了不同学院或者在同一学院内将不同人种学生安排在不同班级，这样的学院所在州和地区根据相关条文可获得相应拨款。因为《第二莫雷尔法案》的约束，各州学院未曾背离赠地学院创办的初衷，实施的都是关涉工农业生产实际的农业与工艺教育。

赠地学院的产生与发展使美国高等教育成为一个多层次、多类别的体系，在不同的层次中各个学校合理分工，共同促进社会发展。“现代美国多元化大学为什么能够存在？历史可以给我们一个答案；与周围社会环境的和谐相处则是另一个答案。除此之外，它在维护、传播和研究永恒真理方面的作用简直是无与伦比的；在探索新知识方面的能力是无与伦比的；综观整个高等院校史，它在服务于文明社会众多领域方面所作的贡献是无与伦比的。”[①]实事求是地讲，由于最初建立的赠地学院实际上仍处于内战后的政治混乱之中，《1862年赠地学院法案》只是开启了美国公立高等教育发展的序幕，《1890年莫雷尔法案》的颁布实施才使赠地学院走上蓬勃发展的正轨。[②]

---

① ［美］德里克·博克：《走出象牙塔——现代大学的社会责任》，徐小洲、陈军译，浙江教育出版社2001年版，第1页。

② 参见荀渊：《〈1862年赠地学院法案〉的缘起及其对美国社会的影响》，《全球教育展望》2013年第6期。

（二）赠地学院的典型代表——康奈尔大学与威斯康星大学

1. 康奈尔大学

位于纽约州的康奈尔大学创建于1865年，是《联邦赠地法案》与私人捐赠相结合而诞生的“赠地大学”。由于其建校时引领改革潮流的办学理念与建校方案，曾被美国教育历史学家弗里德里克·鲁道夫誉为“美国第一所真正的大学”[①]。

（1）办学理念

康奈尔大学的办学理念主要凝聚在大学捐赠者埃兹拉·康奈尔（Ezra Cornell）和第一任校长安德鲁·怀特（Andrew Dickson White）这两位创始人的办学思想以及《康奈尔大学章程》中。埃兹拉·康奈尔指明了大学的发展方向和办学宗旨，1868年在首届开学典礼上宣称“要创办一所大学，在这里任何人在任何学习领域都能受到教育”[②]；康乃尔大学校长安德鲁·怀特在其就职演讲中对康乃尔大学的改革理念进行了概括：“大学应促成文雅教育与实际研究间密切联系的建立，应永远摆脱宗教派别的束缚，应与所在州学校教育体系紧密结合。大学教育的最终目的在于培养发展个人的智力、道德及宗教能力，务使其适应社会与个人双重发展的需要，即大学应适应美国人民的需要，适应美国的需要，适应时代的需要。”[③]他结合现代大学的发展规律提出了革新性的大学理念，绘制了康奈尔大学的发展蓝图。而《康奈尔大学章程》则以法规的形式规定了大学的办学使命。康奈尔大学的办学理念较好适应了工业文明的需求，在短时间内就为新大学带来了成功。

---

① 董泽宇：《美国康奈尔大学办学理念形成与启示》，《国家教育行政学院学报》2010年第3期。

② Paul Westmeyer, *An Analytical History of American Higher Education*,Springfield,Illinois:Charles C.Thomas Publisher,1997,p.66.

③ Clarence J.Karier,*Man,Society,and Education:A History of American Educatsonal Ideas*,Glenview,Illinois: Scott,Foresman and Company,1967,pp.86-87.

（2）康奈尔大学的社会服务

目前，康奈尔大学的社会服务职责主要是通过拓展项目实现。负责拓展项目的副教务长斯蒂芬·汉密尔顿称，“拓展项目将康奈尔的丰富资源应用到解决实际问题，表明了康奈尔作为赠地大学具有服务纽约州的使命”[①]。康奈尔大学的社会服务工作主要是通过履行赠地使命来完成的。虽然从理论上说学校所有的学院和部门都承担着赠地使命，但是实际上康奈尔大学履行赠地使命主要是以四所公立学院为核心来开展的。康奈尔大学实行“一校两制”，即既有私立学院，也有公立学院，两个体系并行不悖，是美国大学中一道奇特的风景线。康奈尔大学第三任校长雅各布·舒尔曼在1908年度报告中，就康奈尔大学所特有的双重身份，不无骄傲地宣布：“美国大学的分类应该是三分式的，而不是二分式的。因为在美国，我们不仅有私立大学，州立大学，而且还有康奈尔大学，它既是一所私立大学又是一所州立大学。”[②]

（3）康奈尔大学的影响

康奈尔大学的办学理念与模式影响非常之大，以至于现代历史学家评论说康奈尔大学是“美国南北战争之后高等教育领域最引人注目的现象”[③]，并将此归结为“康奈尔理念（Cornell Ideas）”。对于康奈尔大学的创办，康奈尔大学历史学教授卡尔·贝克尔曾评论，“康奈尔大学既非教育家创办，也非严格遵循当时现有教育模式精心设计而成。他的创办者从各自不同的角度反叛传统，他们所希望的不仅仅是另一所大学，而是一所全新类型的大学”[④]。许多美国大学从康奈尔大学的办学理念中获益匪浅。威斯康星大

① 董泽宇、李莉：《美国康奈尔大学社会服务机制研究》，《兰州学刊》2010年第5期。

② 徐新义、萧念：《康奈尔大学》，湖南教育出版社1991年版，第14页。

③ Allan Nevins, *The Emergence of Modern America, 1865–1878*, New York: Macmillan Company, 1927, p.272.

④ 徐新义、萧念：《康奈尔大学》，湖南教育出版社1991年版，第14—15页。

学借鉴模仿了"康奈尔计划"的模式，只不过它特别突出了社会服务功能，形成了"威斯康星理念"，使之成为现代大学的第三项使命。1869年，明尼苏达大学在福劳威尔的领导下几乎全盘复制了康奈尔大学的办学模式。康奈尔大学对霍普金斯大学也起了启发作用，推动了现代研究型大学建设。此外，克拉克大学、哥伦比亚特区的美国天主教大学、布林·马尔大学和芝加哥大学等无不从康奈尔模式中汲取了丰富营养。①

2. 威斯康星大学

（1）"威斯康星理念"的缘起

1912年，美国威斯康星州公共图书馆委员会主管立法资料的管理员查尔斯·麦卡锡写了一本介绍威斯康星州立法改革方面的专著，名叫《威斯康星理念》，从此"威斯康星理念"就成为威斯康星大学倡导的为社会服务的办学理念的代名词。②威斯康星大学始建于1848年，是赠地学院之一，因此其办学理念中先天存在着赠地学院为社会服务的精神。1892年，理查德·埃利被任命为新成立的"经济学、政治学和历史学院"院长，在他的倡导下威斯康星大学开始为政府提供专家咨询服务。"州立大学应该直接有助于发展农业，建立更有效的工业和更好的政府"这一理念逐渐成为在威斯康星大学董事会得到广泛认可的办学理念。③这种观念在20世纪初的威斯康星发展到顶点的原因被威斯康星大学教授伊利（Richard T.Ely）解释为"该州人民的态度"。威斯康星州人民"决不允许他们的大学在学术空想中迷失方向。他们懂得他们要求不同的东西和新的东西，要求适应他们需

① 参见董泽宇:《美国康奈尔大学办学理念形成与启示》,《国家教育行政学院学报》2010年第3期。

② 参见刘宝存:《威斯康星理念与大学的社会服务职能》,《理工高教研究》2003年第5期。

③ 参见刘宝存:《威斯康星理念与大学的社会服务职能》,《理工高教研究》2003年第5期。

要的东西，要求他们称之为实践的东西”[1]。

（2）“大学为州服务”

为更直接满足所在州整体发展所提出的知识与技术需要，1904 年出任威斯康星大学校长的范·海斯（Charles R.Van Hise）在就职演说中围绕“大学为州服务”的主题，阐明威斯康星大学既然接受了州的土地捐赠，就应服务于全州社会与经济的发展，而且其首要任务就在于为州服务。威斯康星大学是全州所有人的机构，它企图将英国住宿学院和德国研究大学最好的特征结合起来。范·海斯说：“州立大学的生命力在于她和州的紧密关系中。州需要大学来服务，大学对于州负有特殊的责任。教育全州男女公民是州立大学的任务，州立大学还应促成对本州发展有密切关系的知识的迅速成长。州立大学教师应用其学识专长为州做出贡献，并把知识普及于全州人民。”[2]大学与州借助于几条基本途径进行密切合作：一是大学各学科领域的专家任职于州政府各部门。二是大学大力发展知识、技术的推广与应用事业，努力实现“服务成为大学的唯一理想”这一办学宗旨。威斯康星州与大学的“专家服务”是双向的，大学派专家教授服务于社会的同时，也从社会上邀请专家来加强大学的教学和科研，这样大学与社会的联系更为密切，更有利于培养有用的人才。

（3）“威斯康星理念”的影响

艾略特在 1908 年即提出：“威斯康星大学是一所优秀的州立大学，它之所以取得这样的地位，是由于它向州部门提供了专门知识，向大众提供了讲座，把大学送到了人民当中。”[3]他称威斯康星大学为美国最主要的州立

① 贺国庆：《从莫雷尔法案到威斯康星观念——美国大学服务职能的确立》，《河北大学学报（哲学社会科学版）》1998 年第 3 期。

② 陈学飞：《当代美国高等教育思想研究》，辽宁师范大学出版社 1996 年版，第 31 页。

③ 王英杰：《美国高等教育的发展与改革》，人民教育出版社 1993 年版，第 13 页。

大学。斯蒂芬斯（Lincoln Steffens）称范·海斯是“大学校长中独具一格的人”①。罗斯福总统曾说：“在美国的其他州里，没有任何大学为社会做过威斯康星大学在威斯康星州所做的同样工作。”②威斯康星大学的成功，使大学的服务职能最终得以确立。“威斯康星理念”的意义在于此类大学的诞生使得美国承继于欧洲大陆的大学模式开始直面美国现实社会，彻底打破传统大学的封闭状态，摆脱象牙塔的束缚，使社会服务确立为继教学、科研之后大学的第三项职能，标志着大学发展史上一个“社会服务时代”的到来。其次，威斯康星理念直接总结指导了威斯康星大学的办学思想，并以有效的方式指导了美国其他类型高等学校的实用化教育改革实践。

（三）赠地学院的办学特色

1. 根据各州实际需要开展实用性科学研究

赠地学院建立后充分利用高校人才密集设备先进等优势，集中人力物力开展有针对性的实用科学研究，以解决各州农工业发展过程中遇到的实际问题，为各州的发展提供了强有力的技术保障。③在农业方面设立“模范农场”供教师和学生实地观察操作，在工业方面工程实验站承担了科学调查、工业研究、发布结果信息、训练研究工人等职责。1942年，赠地学院与独立的州立大学和其他机构合作，成立了工程学院研究协会（Engineering College Research Association），以促进制陶、航空学、通讯、冶金等方面工程研究。④

---

① 贺国庆：《从莫雷尔法案到威斯康星观念——美国大学服务职能的确立》，《河北大学学报（哲学社会科学版）》1998年第3期。

② ［美］伦斯·阿瑟·克雷明：《学校的变革》，单中惠等译，上海教育出版社1994年版，第187页。

③ 参见童晓晖：《美国赠地学院的办学特色及启示》，《中国大学教学》2010年第6期。

④ 参见李素敏：《美国赠地学院发展研究》，河北大学出版社2004年版，第122页。

2. 根据当地实际积极主动为所在州开展社会服务

赠地学院的创建确立了大学加速社会发展的地位。美国的赠地学院主要通过提供咨询、提供继续教育服务为所在州和社区开展社会服务。例如威斯康星大学从建校开始就与州共同成立了“连锁委员会”，教授们参加了州中不同的委员会，从不同角度为州提供了全方位的服务。威斯康星大学也因此被称为美国“大学直接为社会服务的典范与旗舰”和“威斯康星州公众生活中的咨询师”[①]。赠地学院结合实际开设了一些课程、短期班、函授班等供当地居民学习，并把学校的图书馆，实验室等设施免费开放供其使用。[②] 赠地学院中的杰出代表如麻省理工学院、加州大学、康奈尔大学、威斯康辛大学等已成为美国最为成功的大学，同时也是世界名校，在一定程度上代表着美国教育科研的最高水平。

二、美国大学的结构创新：研究型大学的诞生与发展

（一）诞生背景

1. 社会状况

随着内战结束和南方重建的展开，美国步入“镀金时代”，完成了从农业国向工业国的转变，政治发展上实现了联邦政府与垄断资本主义的全面结合，共和党和民主党由内战前对立的两种经济制度的代表转变为资产阶级内部不同利益集团的代表。哲学社会科学领域的社会达尔文主

① 王岩、续润华：《美国的赠地学院是如何为当地经济建设和社会服务的》，《河北师范大学学报（教育科学版）》1999 年第 3 期。

② 参见贺国庆：《外国教育史专题研究文集》，河北大学出版社 2001 年版，第 8 页。

义、实用主义、工具主义和边疆假说等学术流派的兴起，教育事业的蓬勃发展以及民族文学艺术的生机勃勃，使得 19 世纪后半期的美国思想文化异彩纷呈。就高等教育所受到的影响而言，美国经济的迅速发展要求高等教育直面国家工业化所提出的知识创新需要，并做出积极有效的回应；要求美国大学教师及研究者在自己的教学与科学研究实践中把纯粹知识的传播、高深知识的探索与学生创新能力的培养、知识的实践性应用有机结合起来。这些要求结合起来成为美国研究型大学诞生的直接社会背景。

2. 德国影响

1815 年初，爱德华·埃弗赖特、乔治·提克纳、乔治·班柯罗夫特和约瑟夫·格瑞·考格斯韦尔等四人作为美国第一批赴德留学生到格廷根大学求学。继埃弗赖特等人之后，大规模留学德国的热潮兴起，至一战期间约有万名美国学生先后留学德国：其中柏林大学的美国学生约占一半，其余学生分布于莱比锡大学、海德堡大学、哈勒大学、波恩大学、慕尼黑大学与格廷根大学等。[①]这些留学生中有些人担任美国大学校长亲自参与研究型大学的创办，其典型代表为吉尔曼创办的约翰·霍普金斯大学。在美国学生赴德留学的同时，许多美国大学还聘请德国学者任教，短时间内缩短了美德之间的学科差距，更为重要的是德国学者使“教学自由”“学习自由”等观念深入人心，选修制、习明纳、系科制、实验室教学等也获得广泛的社会认同并陆续进入美国高等教育实践，德国现代大学观在美国的确立指导了美国研究型大学的实际创立。

① John S.Brubacher,Willis Rudy,*Higher Education in Transition.An American History:1636–1956*, Harper& Row Publishers,1958,p.172.

（二）第一所研究型大学——霍普金斯大学

1876年美国第一所研究型大学霍普金斯大学的诞生直接源于约翰·霍普金斯的慷慨捐赠和持有德国现代大学理想的吉尔曼办校实践的完美结合。1867年，霍普金斯捐出350万美元用以创办一所新型的不同于当时专业学院或本科学院的学术型大学。吉尔曼出任筹建中的霍普金斯大学校长。

1. 吉尔曼的教育思想

吉尔曼1872年担任加利福尼亚大学校长，其间曾考察过俄国、法国和德国的教育制度，其大学理想带有较为鲜明的德国现代大学观念色彩。在大学是什么的问题上，深受德国大学理念影响的吉尔曼认为，“大学是永久且成长缓慢的机构”，“是为年轻人提供高层次教育的场所。在这里，年轻人经过低一级学校的训练，已经为大学中的自由学习做好了准备”[①]；“最慷慨地促进一切有用的知识的发展；鼓励研究；促进青年人的成长；促进那些依靠其能力而献身于科学进步的学者们的成长”[②]。为此，真正的现代研究型大学必须将主要精力致力于实施研究生教育。

一所高水平研究型大学的建设离不开一流的大学师资，吉尔曼为霍普金斯大学确定的教师聘任标准是：候选者能全身心投入科学研究事业，并在自己所从事的学科领域取得公认的学术成就；具备独立从事科学研究与实际观察的能力，并能激发起学生学习与研究的热情；不为宗教势力及地方利益所影响，能为新大学的建成献策献力。[③]吉尔曼还将德国式的“学习自由”观念引入大学事务之中，所聘请的教授享有完全“学术自由”的权力。在学校管理事务中，吉尔曼十分重视“学术中立”原则的贯彻，坚决

① 刘春华：《吉尔曼大学思想述评》，《河北师范大学学报（教育科学版）》2012年第9期。
② 陈树清：《美国研究生教育发展的历程其特点》，《外国教育动态》1982年第1期。
③ 参见王保星：《南北战争至20世纪初美国高等教育的发展与变革》，博士学位论文，北京师范大学，1998年，第86页。

主张学校一切事务应不受宗教及政治派别的影响，而是要在充分考虑社会发展需要的基础上，在大学的研究功能与服务功能之间实现动态平衡。为服务于教师的科学探索活动和学生的研究性学习活动，吉尔曼还十分重视图书馆、出版社和学术刊物的建设与发展。[①] 学生根据自己的兴趣拥有绝对的选课自由，教学则采用习明纳形式进行。

2. 霍普金斯模式的美国研究生教育

约翰·霍普金斯大学是一所以研究为核心和灵魂、以追求真理与知识为唯一使命的机构。基于对研究的高度重视，研究生的教育和培养是大学的重要组成部分。根据吉尔曼的设计，约翰·霍普金斯大学设立了研究生院，开始研究生的大规模培养。但是，仅仅有了研究生院，并不能保证约翰·霍普金斯计划的成功。本科阶段教育不仅准备和确保了研究生教育的质量，还为大学的研究生教育赢得了数量优势。随着研究生阶段高深学习导致专业分科的细化和狭窄化，本科生院通过“保持生活和知识全体持续可见”的方式，为大学做出了不小的贡献。[②]

1860 年，耶鲁最早授予哲学博士学位。1876 年，霍普金斯大学成立，吉尔曼在学习德国大学研究生培养模式的同时，结合美国的实用主义文化和社会现实需求，设立专门的研究生院和博士学位，开始研究生的大规模制度化培养。紧随其后的是康乃尔大学和芝加哥大学。所谓客座讲授制就是邀请校外学者定期或不定期来校讲学的制度，讲学的形式可以是正规的

---

① 立校之初的霍普金斯大学接受皮博迪委员会（Peabody Institute）的捐赠而拥有了一座图书馆；为适应教师发表交流研究成果的需要，先后创办学术刊物《数学杂志》、《美国化学杂志》（1879）、《生物学实验研究》（1879）、《生物学实验纪要》（1887）、《生理学杂志》（1878）、《美国语言学杂志》（1880）、《霍普金斯大学历史与政治科学研究》（1882）、《现代语言学笔记》（1886）。此外，1890 年美国第一家大学出版社——霍普金斯大学出版社宣布成立。霍普金斯大学出版社主要出版各类学术著作，同时承担《霍普金斯大学历史与政治科学研究》《阿尔伯特·肖的外交史演讲》《工程实践演讲》《比较心理学》《文学与语言学》等刊物的出版工作。

② 刘春华：《吉尔曼与美国研究生教育：约翰·霍普金斯模式探析》，《高等教育研究》2012 年第 6 期。

课堂授课、举办讲座或研究会。“一开始，吉尔曼认为霍普金斯这种新成立的大学必须依赖一批客座教授和他们的讲座弥补终身教授数量的不足，但不久就意识到他实际上无意间开创了高等教育领域的一种新理念，其影响力难以估量，不仅极大提高了大学的声望，而且推进了大学的飞速发展。”①

“如果说 1636 年成立的哈佛学院是英国的复制品，通过哈佛学院，英国式的学院支配了美国早期高等教育的发展，那么，也可以说，1876 年成立的约翰·霍普金斯大学是德国的复制品，通过霍普金斯，德国大学思想成为南北战争后美国高等教育改革的方向。”② 的确，美国本科生教育主要是受英国的影响，哈佛学院是代表；研究生教育着重学术研究，取法德国，约翰·霍普金斯大学是典范。正是这种影响的交融与妥协，最终产生了独特的美国大学结构，即承担本科生教学任务以英国学院为模式的文理学院，加上强调学术研究、以德国大学为模式的研究生院，再加上若干专业学院组成的综合体。③

3. 霍普金斯大学的衰退

1876—1889 年霍普金斯大学发展辉煌，之后步伐有所放缓，20 世纪初甚至出现一定程度的衰退，其财政困难的表面原因背后还有内在的深层原因。④

（1）办学理念在后起之秀及同行模仿的局面下缺乏创新

霍普金斯大学曾经由于开拓创新而形成特色办学方式，例如高水平的

① Francesco Cordasco,*The Shaping of American Graduate Education: Daniel Coit Gilman and the Prorean Ph.D,* Totowa, N.J.,Rowman and Littlefield, 1973,p.10.

② 贺国庆:《近代欧洲对美国教育的影响》，河北大学出版社 1994 年版，第 114 页。

③ 参见郭健:《约翰·霍普金斯大学的建立及影响》,《河北大学学报》1996 年第 4 期。

④ 参见王英:《约翰·霍普金斯大学逐渐衰退之原因探析（1889—1901）》,《湖北大学学报（哲学社会科学版）》2005 年第 1 期。

研究生院、对医学等专业教育的改革、迅速调整并增设各种类型的课程等。但是，随着传统大学例如哈佛耶鲁的改革跟进以及克拉克大学、芝加哥大学等研究型大学的建立与竞争，高水平的研究生院不再是霍普金斯大学的独家优势，大学之间激烈竞争教师、生源、经费等，在此严酷环境中霍普金斯大学单纯注重人才培养，缺乏校园环境建设，并没有显示出良好的适应性创新能力。此外，吉尔曼比较注重聘用有权威的老教授，对年轻教师的培养任用没有足够的注意力。当时社会快速发展，霍普金斯大学没有及时研究改革对策，其原有的办学理念不再适应快速发展的教育形势。

（2）办学经费困难

霍普金斯大学创建之初经费相对充足，但它的办学经费来源单一，后受金融危机影响较大，在缺乏政府社会支持和其他科研经费来源的情况下致使其办学非常困难。再加上大学创立的时间不长，而且校友主要是研究生，学生人数有限并且捐赠力度不大。还有，霍普金斯大学研究型课程的应用性较差，导致社会认可程度不高，因而科研合作经费的获得机会也不多。霍普金斯大学在 1914—1956 年的 42 年间有 32 年是财政赤字。[①]

（3）轻视大学的服务职能

霍普金斯大学一直自豪自己为美国大学开展科学研究树立了榜样。吉尔曼曾经在演讲中提到霍普金斯大学应该履行的社会责任："意味着减少贫苦人口的苦难、学校中的无知、寺庙中的偏见、医院中病人的痛苦、商业界的欺诈、政治上的愚昧；此外，还意味着财产更安全、城市人更健康、农村人更美德、立法更明智、人民更聪明、更幸福。"[②] 值得注意的是，这段

① 参见舸昕：《从哈佛到斯坦福》，东方出版社 1999 年版，第 220 页。

② 王英：《约翰·霍普金斯大学逐渐衰退之原因探析（1889—1901）》，《湖北大学学报（哲学社会科学版）》2005 年第 1 期。

话固然表明了霍普金斯大学强烈的社会责任意识，但霍普金斯大学坚持纯学术研究，缺乏社会服务意识和服务实践。

（三）美国研究型大学的发展

毋庸置疑，不遗余力开展研究生教育的霍普金斯大学极大推动了美国研究生教育的发展，引得诸多大学纷纷创设研究生院实施研究生教育，包括哈佛、威廉玛丽、耶鲁等传统大学，康乃尔、威斯康星等赠地学院以及19 世纪后期新设的克拉克、芝加哥等大学等。

1. 哈佛大学由传统向现代的转变

（1）改变哈佛的埃利奥特

查尔斯·埃利奥特（Charles Eliot，1834—1926）在长期的教学实践生涯中形成了较为全面系统的高等教育思想，[①] 主要包括两个相互联系的方面：一是关于美国社会理想秩序的观点，二是关于美国公共教育应该如何符合民主原则，从而真正促进美国民主的主张。[②]1869—1909 年间，在反思美国社会现实与构想美国民主的过程中埃利奥特的教育思想也逐渐演变。作为校长他希望哈佛延续古典课程并非出于自身对传统经典的偏好，而是从美国民族共同体与民主政体的双重理想出发致力于培养新一代政治精英。19 世纪末期，埃利奥特希望衔接中等教育和高等教育，使前者成为后者的基础，不再把中等教育看成是独立于学院教育的一种教育形式，而是希望中等教育为高等教育提供更为稳固宽泛的基础。[③]

在吉尔曼创设霍普金斯发展研究型大学的同时，哈佛大学校长埃利奥

① 参见刘春华：《埃利奥特与吉尔曼大学思想比较》，《大学教育科学》2013 年第 137 期。

② 参见曹春平、张斌贤：《查尔斯 W. 埃利奥特教育思想的演变（1869—1909）》，《大学教育科学》2014 年第 3 期。

③ 参见曹春平、张斌贤：《查尔斯 W. 埃利奥特教育思想的演变（1869—1909）》，《大学教育科学》2014 年第 3 期。

特则以推行选修制、改造专业学院、增设研究生院等手段将哈佛大学带成研究型大学，并由此在美国引发传统学院向现代研究型大学挺进的一场改革。有人曾这样评价埃利奥特：“他几乎是那个时代最有影响的大学校长，我相信这样说很公正，其哈佛大学改革与任何其他大学校长的成就共同对美国高等教育产生了重大而持久的影响。”①

（2）课程的选修制

选修制的思想萌芽最早产生于德国1694年创立的哈勒大学，柏林大学确定了选修制的地位。深受德国大学影响的美国大学在杰斐逊于弗吉尼亚大学提出选修制的设想后，受过德国学术生活陶冶又深受杰斐逊民主思想影响的埃利奥特在担任哈佛大学校长期间进行了大力推行使其最终在美国确立。②埃利奥特的本科教育自由选修制可以归结为三点：一是培养学生责任感作为选修课程理念的起点，二是实行专业化教学增强学生学术能力作为自由选修的实施保证，三是教授实用科目以使学生适应社会也是实行选修的结果。③

埃利奥特不满当时美国大学忽视学生个性差异，认为最恰当的课程应该是适合学生志趣并促使其独特才能得以充分发挥的课程，而且他相信美国大学生的心智发育程度足够在课程选择上做出明确判断，因此主张所有的课程都具有同样的学习价值：“本大学认识到在文学与自然科学之间并不存在真正的对立，我们不赞成在数学与古典文学、科学与形而上学之间做出非此即彼的狭隘的选择。我们要兼容并蓄，并使它们发挥出最

① 刘金玲、李克访：《查尔斯·埃利奥特：改变哈佛的人》，《教育与职业》2014年第12期。

② 参见汤建：《国外大学选修制的演进——美国哈佛大学对德国哈勒大学的传承》，《煤炭高等教育》2015年第6期。

③ 参见高黎、汪霞：《查尔斯·威廉·埃利奥特的本科教育思想与实践》，《国家教育行政学院学报》2012年第8期。

大益处。”[①]

到 20 世纪初，选修制在美国大学站稳了脚跟：不仅一直支持选修制的康乃尔、斯坦福等大学全部实施选修制，连起初对选修制不感兴趣的哥伦比亚、辛辛那提、密苏里、威廉和玛丽等院校也废除必修课实施选修课。[②]1943 年哈佛大学校长科南特组织专门委员会深入研究美国教育现状并于 1945 年发表报告认为美国大学真正的危险在于过分专业化，哈佛大学课程的选修制改革通过“强调选修课和课程内容的广泛多样性”保持普通教育的概念，使选修制改革进入一个新的阶段。[③] 1971 年，德里克・博克被提名为哈佛大学校长，两年后任命亨利・罗索夫斯基为文理学院院长并责成他组成委员会提出课程改革计划，哈佛大学进入核心课程时期的选修制。[④]

（3）创设研究生院

1872 年哈佛大学建立文理研究生部，1875—1876 年，学校课程目录中首次列出了研究生课程，1888 年研究生部开始走向成熟。1890 年在约翰・霍普金斯大学的影响下，哈佛大学研究生部正式更名为研究生院，由 Graduate Deparetment 改为 Graduate School。[⑤] 埃利奥特重视研究，认为教师如果单纯是给本科生开课，那么在自己的学科追求到一定限度就可以、没必要超越，但是如果是给研究生开课，则其在学科上的追求应该是永无止境，为了更好地教学必须持续不断地探索与研究。[⑥]

---

① 郭健：《哈佛大学发展史研究》，河北教育出版社 2000 年版，第 110—117 页。

② 参见赵中建：《哈佛大学的课程选修制》，《高等教育研究》1987 年第 2 期。

③ 参见刘贤红：《哈佛大学课程选修制的发展及其借鉴》，《黑龙江高教研究》1998 年第 6 期。

④ 参见刘青：《哈佛大学课程选修制的历史演变及其启示》，《南京理工大学学报（社会科学版）》2007 年第 2 期。

⑤ 参见刘春华：《埃利奥特与哈佛大学的改革》，《高校教育管理》2016 年第 3 期。

⑥ Samuel Eliot Morison, *Three Centuries of Harvard 1636–1936*, Cambridge Massachusetts: Harvard University Press, 1937, pp.335–336.

哈佛大学的研究生院与耶鲁大学和霍普金斯大学不同，既不像耶鲁大学那样致力于设立与学院平行的特殊哲学系，也不像霍普金斯大学那样完全看不见学院的踪影而集中精力专注于研究生教育。哈佛大学研究生教育和本科生教育之间没有明显的差别，自然科学和人文科学同样受重视，而且同一个教师既可以教本科生，也可以教研究生。[①]选修制既是手段也是目标，正如威廉·海德（William Hyde）所言，“正是在选修制下累积的过量智力资源，才使得哈佛在广泛的本科生教育的基础上培植出一所优秀研究生院成为可能”[②]。终使哈佛大学贯彻自由探究和学术研讨而成为美国生活的精神领袖。[③]

2. 芝加哥大学的创办

19 世纪时美国中西部贫乏落后，1855 年芝加哥的教徒们出于宗教虔诚创建了一所芝加哥大学让当地民众接受文化启蒙。美国独立战争后因缺乏办学经费，芝加哥大学于 1886 年 6 月 16 日宣布解散。[④]虽然深受打击，但芝加哥教徒们重建芝加哥大学的努力却从未间断，多次会晤磋商出谋划策，最后将一份重建芝加哥大学的草拟计划，交给最可能将之付诸实施的人——约翰·洛克菲勒。1891 年 7 月 1 日芝加哥大学正式成立，校长是威廉·雷尼·哈珀。[⑤]

芝加哥大学创建伊始，借鉴英国式本科学院和德国式研究生院的经验，芝加哥大学建构了全新的三分组织架构，包括大学本部、大学推广部和大

---

① 参见刘春华:《埃利奥特与哈佛大学的改革》,《高校教育管理》2016 年第 3 期。

② Henry James,Charles W.Eliot,*President of Harvard University,1869—1909*,Boston and New York:Houghton Mifflin Company,1930,p.28.

③ 郭健:《哈佛大学发展史研究》，河北教育出版社 2000 年版，第 110—118 页。

④ 参见张敏、杨援:《芝加哥大学》，湖南教育出版社 1996 年版，第 11 页。

⑤ 别敦荣、陶学文:《芝加哥大学的发展历程、教育理念及其启示》,《华中师范大学学报（人文社会科学版）》2011 年第 5 期。

学出版社。[①] 这种组织架构和以前大学组织架构的区别在于对推广部和出版社地位的凸显，使其从此以后成为大学重要组成部分。关于学年制度，芝加哥大学哈珀校长首创学季制度（Quarter System）：将全年分为秋、冬、春和夏 4 个学季，分别从 10 月、1 月、4 月和 7 月的第 1 天开始，每学季 12 周，学季之间放假 1 周。[②] 教师和学生可从 4 个学季中任意选择 1 学季作为假期，这样每学年实际为 3 学季。

1891 年哈珀提出三条办学原则："第一，不懈地探索每一知识领域；第二，采取切实措施使知识服务于人类；第三，拓宽大学的入学渠道，加强大学与外部世界的联系。"[③] 哈珀强调大学研究生院与"学术学院"（academic college）的首要工作是科学研究，其次为教学。判断一个教授是否适于大学工作，主要根据其研究成果、学术著作和发表论文。在三条办学原则的指导下，哈珀除设"大学本部"包括研究生院及本科学院外，还把大学的推广部、出版社、图书馆、实验室、博物馆等列入大学的正式组织机构之中。在学校管理中，哈珀除创立学季制外，还把本科学院分为"初级学院"（Junior college）与高级学院（Senior college）两个阶段，为后来初级学院运动的发展奠定了基础。学术自由是芝加哥大学的核心理念，是大学本质和使命的必然要求，哈珀校长从芝加哥大学创建的第一天起就致力于为师生营造自由、宽松的工作环境，鼓励其在各自的研究领域自由探索。

① 参见欧阳光华：《开放与包容——对芝加哥大学理念的解读》，《比较教育研究》2005 年第 8 期。

② 参见欧阳光华：《开放与包容——对芝加哥大学理念的解读》，《比较教育研究》2005 年第 8 期。

③ 王保星：《南北战争至 20 世纪初美国高等教育的发展与变革》，博士学位论文，北京师范大学，1998 年，第 183 页。

第三节　19 世纪后半期的法国大学改革

拿破仑以后直至 1870 年第二帝国建立，在长达半个多世纪的时间里，法国的教育制度经历过几次改进。但当时教育改革的努力常常伴随着特殊的政治逻辑进行，一旦政体变动，新的领导人就期望从教育机构中清除政治对抗因素，从而开始发动新的教育改革。由于这一阶段法国政局频繁动荡，高等教育改革不可能得以很好的进行，在徘徊中几经进退，基本处于停滞状态。直到 19 世纪最后二十五年，在德国洪堡创建柏林大学的启发下，法国高等教育才出现转机，尤其是 1885—1898 年间进行的改革，使大学的模式重新得到争论和思考。这些改革中最值得一提的是 1896 年法令的颁行，它使法国结束了近一个世纪唯一大学的局面，并赋予大学更多的自治权，从而建立起中央集权制与大学自治传统之间的新平衡。[①]

① 参见贺国庆、王保星、朱文富:《外国高等教育史》，人民教育出版社 2006 年版，第 182 页。

一、改革的背景

（一）政治方面的原因

在政治上，19 世纪 70 年代以前的法国大学改革主要受政治驱动。而到了 19 世纪 70 年代，法国每个人都需要通过教育达到精英革新的目的，为保证同天主教机构展开有效竞争，世俗政府被迫开始向高等教育进行更多的投资。同时，传统精英群体也在 1870 年战败、巴黎公社以及政治民主的前景等因素的促进下要求通过高等教育来证明他们的特权。还有，正在上升的工商业阶层也日益关注教育证书，期望通过高等教育来获得与传统精英平等的地位。

此外，在法国高等教育领域，从很早的时候起就存在两种“惯常”的变革力量。其一是改革者对权威和权限范围的追求。从 1815 年起，很多卓著的教育改革倡导者，如圭泽特（Guizot，1832—1837 年在任）、萨翁迪（Salvandy，1837—1839 年以及 1845—1848 年在任）、库辛（Cousin，1840 年在任）、弗特尔（Fortoul,1851—1856 年在任）、鲁兰德（Rouland，1856—1863 年在任），以及迪律依（V. Duruy，1863—1869 年在任）等等，被任命为教育部部长。他们关心大学改革并扩充他们的行政管理范围和效力。经过他们的努力，法国大学将行政管理权限扩展到中等医学学校（1820 年）、各类学院以及其他的教育和科研机构（1832 年）。尽管如此，仍有很多机构继续逃避大学的控制。与此同时，各公共教育部长还在更大范围内追求他们的行政管理范围和权力。在 19 世纪上半叶，政权十分不稳定，这非常不利于教育改革的开展。因此从 1832 年至 19 世纪中叶，一批意志坚定的公共教育部长设法保护他们的权力以推进改革。然而，直到 19 世纪 60 年代，公共教育部长的权限仍比较小，因为当时行政管理上实际有限的地方分权，这样更为迅速和有效。其二是各高等教育机构间对职业途径控制的竞争。虽然法国高等教育实行的是一种高度中央集权的制度，但是各高等教育机构的影响仍依赖于吸引学生和获得教育资源的能力，各大学持续地为提高它们的竞争能力而努力。而能够保证竞争力的最佳途径就是垄断进入特殊职业的通道。为此，高等教育机构常常为了增强竞争力而开办新的课程，加强自身与某些职业的联系。还常常通过努力提高招生、教学和考试水平来控制相关职业。在整个 19 世纪，除了大学校招生数量仍保持很少的状况，大多数高等教育机构一直处于一种矛盾的分裂之中，即通过维持相对低的标准来吸引更多学生还是通过提高教育要求来提升机构的声望。

（二）社会各界的批评

19 世纪 60 年代以后，学术界对法国高等教育系统的不满高涨起来。在众多的批评声中，法国高等教育的行政管理模式受到严厉指摘，人们认为法国的高等教育具有太多不相关的机构，它们为经费和学生而展开竞争，法律、医学和药学学校的标准偏低，而文学和理学教师则主要开展业士水平考试，缺乏重要的教育学或学者职能。他们认为整个大学系统，实际上完全蒙上中等教育的阴影，地位在培养精英的大学校之下。为此，他们提出很多大学改革的建议，其中心思想可以回溯到 18 世纪启蒙运动。整个 19 世纪里，有一种学术传统的主张在法国影响很大，即高等教育应该在规模较大的、智力水平统一和致力于科学的大学进行，而不是仅仅局限在职业训练的大学校。当时实证主义者宣称，所有知识是相互联系的，而德国科学和学者所取得的成就也正有效地证实了这一点，从而更使得这一学术传统得到加强。如果从这个角度理解，随后出现的大学改革运动可以看作学术界为追求专业化而采取的策略。

（三）有识之士的推动

1867 年的巴黎国际博览会让法国人认识到自己与其他发达国家之间已存在明显差距，为此他们感到危机并认为法国社会和经济的发展需要大量技术人才和管理人才。法国舆论界和知识界在反思普法战争失败的原因时认为普鲁士取胜很大程度上在于其优秀的大学教育。人们认为法国大学存在突出缺陷，从国家安危兴衰出发，呼吁改革教育，重振大学，以洗国耻。1878 年，埃米尔·布特米（Emile Boutmy）、厄尼斯特·瑞南（Ernest Renan）、厄尼斯特·莱威斯（Ernest Lavisse）以及科学家路易斯·帕斯特尔（Louis Pasteur）、保罗·勃特（Paul Bert）和马歇林·伯塞劳特（Marcellin Berthelot）等人成立了“高等教育问题研究会”，并创办《教育国际月刊》，向政府和社会建言建议以促进实施高等教育的法国大学发展。

（四）大学本身的原因

中世纪以来，大学一直被人们当作培养法官、律师、医生、神职人员等专门职业人才的“高级”教育机构，文理学院只负责考试和发放文凭。到 18 世纪末，法国开始具有现代化国家的特征。现实生活和普法战争的失败使法国人认识到高等教育对于国家统一和科学技术的发展所具有的重大作用，意识到必须改革旧的大学教育，学习德国经验，使大学注重科学研究，而且要整合分散孤立的学院成为密切合作的新型大学并进而使其成为强有力的科研中心。人们强烈批评各学区和大学内各学院之间彼此分散、隔绝甚至对立的做法，指责大学缺乏自由、缺乏经费，强调大学必须改革，实现自治。1878 年由许多著名学者发起成立的“高等教育协会”，便是改革思想的主要传播者。

在第三共和国之前，由于往往受到当权者好恶的左右，法国高等教育的发展变化过程极不稳定，存在不少问题：第一，学术性差，职业性强，主要培养医药卫生、法律、教育和行政方面的实际工作者；第二，业务上高度分散，几乎每个学院和学校都有自己的特点和使命，相互很少联系，精神生产和科学研究反倒成了自然历史博物馆、法兰西公学、高等研究学校等非大学机构的事；第三，大学受国家严格控制无权掌握经费，教师作为国家雇员可以被随意处置，宪法和哲学等被认为对当局不利的课程也可以随意被取消；第四，大学和大学校受到了不公平的待遇，逐步形成明显的“双轨制”。在1868年，教育部长迪律依对国内科学状况进行调查时发现大学的情况相当糟糕，经费奇缺，设备陈旧。普法战争前，全国大学生不足一万，科学研究更是落后于德国和英国。

二、改革的进程和内容

到19世纪70年代，经由公共教育部长迪律依在拿破仑三世统治时期进行的改革之后，法国的高等教育改革开始主动起来。大学教师、政治家和公共教育部逐渐在高等教育改革方面达成共识，在他们的共同努力下，推进了几次改革。1896年7月10日颁布的法令是这几次改革的顶点之作，使大学获得新生。

（一）1872年私立政治科学学校创立

第三共和国建立之初，尤其是1877年之前，法国高等教育有利于私立院校发展。1872年，有一个知识分子、政治家和工商界人士的团体在埃米尔·布特米的领导下创立私立政治科学学校，这种私人独创的精神堪称普法战争后“改进法国高等教育的第一个反应”。[①] 该学校具有双重目标，一方面要提高法国上层行政管理质量，另一方面要在保证传统统治集团社会地位的条件下，逐步实现贤人主政。它是法国高等教育中唯一设置有关公共事业的专门和实用课程的学校。由于该校一方面成功地争取到资本家的支持，另一方面又培养出外交、财政和行政等方面的优秀人才，故在二战结束以前始终未受政府干预，1900—1933 年间，国家行政法院、财政检察院、审计法院和外交部等四大机关考试录取官员中 92% 的人是该校毕业生。虽然高等教育要适应社会需要的道理早在七月王朝时期就已被人们所认清，但直至该校的创立才获得真正的落实。

（二）1875 年法令首次赋予私立院校以合法地位

1.1875 年法令首次赋予私立院校以合法地位

1873 年国会通过法令，同意在高等教育委员会（Higher Council of Education）增加各大社会团体代表。由于高等教育委员会对有关公立和非公立学校的一切问题都具有最后裁决权，所以 1873 年法令无疑有助于私立学校的保障。1875 年 7 月法令进一步从法律上做出有关建立私立院校的规定，允许私人团体设立中等教育之上水平的学校，只要这个私人团体能够吸引具有博士学位的教授，并达到一个最小的公立学院教授数量，即可成立学院，三所这样的学院联合起来，就可称作大学。1875 年法令是法国自 1793 年私立院校被查禁以来，首次明令赋予私立院校以合法地位。不过关于私立院校授予学位问题政府并没有完全放开，而是采取了折中办法，学位授予权由政府掌握，但考查工作则由私立院校和学位候选人组成的评审团主持。1875 年法令促进了法国私立高等教育的发展，一些私立院校纷纷问世。

① 该校培养了众多法国社会精英，还有多位能说法语的外国总统、总理以及各界名流。前任法国总统萨科奇、希拉克，联合国前秘书长加利都曾就读于该校。马塞尔·普鲁斯特也是该校毕业生。

2. 天主教私立院校的发展

19世纪六七十年代的法国大学改革中政治趋动十分重要。在一个较短时期内，高等教育成为政治舞台的中心，成为被争斗的对象。在纷乱的年代中，天主教运动争取高等教育的自由得到强化。1875年法令给天主教徒建立高等教育机构的权力。由于天主教在人力、物力等方面的筹集比较成功，故天主教在创办私立院校方面取得一定成绩。仅一年之后，在巴黎、里昂和翁热等地都出现了设有法学院、医学院、理学院和文学院的天主教大学。然而，尽管1875年法令认识到学术自由和打开发展非公共部门大学的道路的原则，但是到1880年法国高等教育又基本上回到国家对学位授予的垄断上来。如此就剥夺了私有机构将它们自己称为大学的权利。

在争取教育世俗化的斗争中，天主教私立院校在1877年以后受到打击。1879年，共和政府想方设法剥夺了天主教会在1877年以前建立的大学的资格，尤其是撤销了天主教大学授予一切学衔和学位的职权。这些天主教大学直到20世纪仍作为教育机构同其他院校进行微弱的竞争，但由于严重的经济问题逐渐将教育重点集中到神学上来。

（三）法国高等教育的改革

共和政府为改革法国大学采取了一系列有力措施，例如：设立奖学金；修建了校舍（如在巴黎建造了壮观的索邦校舍，在里昂、里耳也为一些学院修建了校舍）；增设了专业学科，改进了各学院的教学组织工作；改善了教授及其他教学人员的待遇。19世纪70到80年代进行的这些工作为提高法国高等教育的质量和建立公立大学奠定了基础。

1884年路易斯·利亚得（Louis Liard）被任命为公共教育部的高等教育主管，并在此后控制法国高等教育近四分之一个世纪。路易斯·利亚得过去是波尔多地方自治议会议员以及哲学教授，从1880年起担任诺曼底大学校长。他认为大学应当是一个不断适应新的社会需要并扮演尽可能多角色的多功能机构。由于路易斯・利亚得卓越的个人能力和努力，法国高等教育在 19 世纪末开展了激烈的改革。

1885 年 7 月 25 日高伯利特（Goblet）法令颁布，规定高等教育在继续反对宗教干涉的同时在法律上承认大学专业院系并给予其较大的自由；1893 年 4 月 28 日的法令又承认学区作为“整体”享有法人资格，教会对大学的监督也被取消。这一切，都在很大程度上促进了大学的进一步发展。

1896 年 7 月 10 日的法令结束了法国近一个世纪只有一所大学的局面，规定每个学区建立一所大学，每所大学由学区内文、理、法、医、神五个学院组成，由大学理事会取代原学区理事会管理。这样，法国第一次有十七所文、理、法、医四科齐全的综合性大学，学生则有数万名。

“大学”一词也在法国重新恢复了它的原意并开始接近现代意义：具有法人资格、有权掌握自身经费、教学自治性加强。1896 年法令在很大程度上平衡了中央集权体制和大学的自治传统，在法国高等教育发展史上是一个重要的里程碑。从 1898 年开始，法国实行学费、注册费、图书费、实验费等收入归大学，国家学位、证书的考试费和其他费用的收入归国库的办法，其用意在刺激各大学之间的竞争。

三、改革的结果

（一）大学的复兴

1. 大学自主权有所扩大

1879 年，茹费里（J.Ferry，1832—1893 年）提议制定的有关高等教育的法令规定学位改由国家授权公立大学颁发，私立大学学生只有到公立高等教育机构注册并参加考试才有资格申请学位。1885 年 7 月 25 日，法令恢复大学的法人资格使其各个学院有权接受社会捐资。获得法人资格之后，由教授组成的学院理事会决定包括行政管理、经费开支以及教师晋升等本院事务，院长则直接对教育部长负责。1890 年财政法进一步规定国家每年为学院提供财政预算供各学院在教育部监督之下进行使用，1896 年议会又立法决定五所学院可以组成一所大学。这些法令有力地促进了大学的自治，大学的自主权得以扩大。

从 1870 到 1940 年，作为法国近现代史上持续时间最长的共和国，其“长命”原因除经济、政治因素外，教育的作用不可低估：爱国主义被执政者作为主要的教育内容使得其政治制度有了精神与灵魂。19 世纪后期的大学改革奠定了法国高等教育的发展基础，使大学的自治传统在一定程度上得以恢复发展，尤其 1885 年出现的大学校务委员会使大学获得法人地位以及由此而生的在经费、教学、科研等方面的办学自主权。①

2. 高等教育经费增加、规模扩张、教师待遇有所提高

1875—1905 年的 30 年间，法国教育经费增加 6.2 倍。这种增加趋势一直延伸至一战爆发。1877 年，首次设立 300 名学士奖学金资助经济困难的学生。

规模扩张是高等教育复兴的重要标志之一。1876—1935 年，法国大学生数量分别经过以下变化：1876 年的 11200 人；1890 年的 16587 人；1902 年的 30370 人；1914 年的 42037 人；1935 年的 81218 人。文、理学院的学生也从无到有，从有到多。1878 年以前，文、理学院基本上没有本院学生。此后，文、理学院开始招生，招生数也逐年增加。到 1914 年第一

---

① 参见陈春莲：《自治集权协调——法国政府与大学关系的历史演进》，《法国研究》2007 年第 3 期。

次世界大战爆发时，文、理学院的大学生分别增加到六七千人。此外，伴随大学生规模的大幅扩张，法国高等教育还要求增加设备以及需要更灵活的学习组织。

学生人数的增加和学科的变化促使大学教师也发生相应变化。1880 年，全国共有大学教授 503 人，10 年后增加到 650 人，1909 年再增至 1048 人。1877 年，大学开始设高级讲师职位。1890 年颁布的财政法正式建立起大学教师职称等级：教授为终身职位，由学院推荐，共和国总统任命；高级讲师为非终身职位，由教育部长任命。同时，教师待遇随之提高。巴黎地区教授年薪达 12000—15000 法郎；外省为 6000—12000 法郎。1879 年关于改组公共教育高级委员会的法令和 1885 年关于学院组织机构的法令确定了教师尤其是教授在学校行政管理中的权力。

3. 高等教育功能更为丰富且结构上的变革出现新的进展

1878—1914 年间，法国高等教育机构增加了几项新功能——技术、商业和管理的培训以及研究，改变了法国高等教育传统的仅培训医生、律师和教师等职业的单一职能。结构的变革也出现新的进展，主要表现为原本各自分散独立的和不相关的院系或专业之间有了更多的协调和自治，这在 1885 年法令和 1896 年法令中均有明显体现。

此外需要指出的是，在工业革命的推动下 1814—1914 年是大学校在数量、种类和地域方面的大发展时期：1816—1914 年大学校数量由 7 所增至 85 所[①]，其中外省大学校的发展打破了巴黎地区大学校的垄断地位。在办学形式上也不再只能由国家创办，行会学校和私立学校纷纷创立，其中商会所属的商业学校尤其著名，终是努力适应社会需要走上了多样化发展的道路。在学科上，由于近代科学的发展新学科不断涌现并被引入大学校的

① 1816—1869 年间增加的 8 所大学校中有著名的圣艾田矿业学校（1816 年）、高等商业学校（1820 年）、中央工艺学校（1829 年）、巴黎河流森林学校（1825 年）。

教学之中，经济、管理和计算机课程尤其受到学校重视。

（二）“错过的机会”

在法国与德国在经济、文化和军事等各方面进行对比和竞争的过程中，尤其是1870年普法战争中法国战败，法国震惊于德国的优越，受到德国洪堡大学模式的启示，很多曾在德国学习的教师深为洪堡大学模式所吸引，主动地在他们的著述中宣传德国的大学模式。从这个角度讲，19世纪末法国的大学改革是“德国方案”引入法国的结果。在这种情况下，法国政府在第三共和国建立后的一段时期努力顺应时代发展之需，对高等教育陆续进行改革使其出现转机，尤其是1885—1898年间的改革堪称重大。

1. 改革重新定义和巩固了拿破仑改革

法国高等教育19世纪末的改革，尤其是1896年法令使得大多数大学再次获得合法地位，拿破仑时代建立的帝国大学被消解，但改革也在几个方面重新定义和巩固了拿破仑改革，这从改革后法国大学的两个基本特征可以看出。第一，大学中的学术职业继续由学科来管理，大学对此没有责任。这意味着1896年以后大学行政管理的出现不但没有改变由拿破仑改革带来的基于学科的垂直结构，这种垂直性反而还获得进一步加强。第二，国家仍然是通过院系主任作为主要代理人的权力结构来控制大学。概言之，19世纪末改革后国家控制模式并没有得到改变，学术和职业、大学和政府之间的联系继续得到加强。改革创建了一个由垂直的学科逻辑占主导的大学系统，大学在其中并没有表现出真正的地位。但与学位授予和教学相比较，研究在很大程度上仍处于次要地位，而且科学的理想仍未成为集结和组建不同院系的有效原则。因此，大学在制度上没有获得实质性的改革。

2. 改革的不彻底性

法国19世纪末的改革又是一次不彻底的改革，没有使法国高等教育发生本质变化，这种不彻底性主要表现为两个方面：一方面，国家不仅垄断学位与文凭，还统一规定教师的待遇及晋升；另一方面，各专业之间缺乏学科沟通、交流以及合作。大学只是若干学院的集合，没有共同行动和共同价值，没有相似的目标、标准和工作方法，难以落实理论上接受并推崇的洪堡思想。在“国家—大学—学院”的三角关系中大学地位最薄弱，处在国家和学院的夹缝之中，其特权与合法性与院系相比有名无实。[①] 因此，总体上法国 19 世纪末的改革没有改变拿破仑帝国大学创建的集权的、国家机构组成部分的法国高等教育特征，甚至还强化了那些特征。

从大学的角度讲，必须强调的是：19 世纪末的改革中，大学的改革从未广泛地得到政治上的支持，也没有赢得资本主义者的重要支持，因为他们的需求主要在大学校。它只是赢得一小团以共和政体为战略的政治家的绝对支持，如朱尔斯·费里、瑞奈·高伯利特和里昂·波吉斯，他们支持大学改革的动力源于对其在意识形态上的重要意义的认识。

从总体上看，19 世纪末的改革，即从第三共和国开始的一系列大学改革，到 1896 年改革法案时达到顶点。法国高等教育在复兴中开始进入现代化的发展阶段。经过 19 世纪末的这些变革，法国大学开始在社会和科技发展中扮演重要角色，不再是“局外人”。虽然法国大学直到 1968 年在实质上一直保持未变。

---

① 参见刑克超：《大学发展的一个新阶段——法国高等教育管理十年改革简析》，《比较教育研究》2001 年第 7 期。

第五章

1901—1969：①

大学的大众化

① 英国20世纪70年代初出现了以广播、电视、函授与暑期学校相结合的成人高等教育机构。1969年英国政府颁发皇家特许状并准予颁发学位。1971年正式成立，大学总部设在白金汉郡米尔顿·凯恩斯新城。总部下设地区分部。各地区又设学习中心。开放大学规定，凡21岁以上有能力接受大学教育的英国公民，不论性别、学历和社会地位都可申请入学。名额比例力求各地区平衡，并照顾不同职业的报名者。根据先来先收的原则，按报名先后录取。入学年龄从21—70岁不等，60%的学生为30—40岁。学生中在职教师所占比例最大，其次为文、法、医、技术人员和家庭主妇。

第一节　高等教育大众化的开端

一、美国高等教育大众化的进程

（一）初级学院的兴起

1. 哈珀："初级学院之父"

美国在南北战争之前其高等教育大多为英式学院，南北战争之后效法德国大学设立研究生院，使本科和研究生教育并存。然而，两者毕竟不同：不仅理想与使命差异很大，文化氛围也迥然不同。问题是，这种理想使命以及文化氛围的差异同样存在于本科教育的低年级和高年级。为此，哈珀将本科教育分为两部分："专科学院（Academic College）"和"大学学院（University College）"。[①]

根据1891年4月哈珀校长公布的初期大学计划，传统四年制大学课程在芝加哥大学被分成一、二年级和三、四年级两个阶段进行。一、二年级的学生进入可以看作中等教育延伸的专科学院学习，没有选修自由，接受通识教育。其使命是为那些在学术上、经济上或心理上未做好充分大学学习准备的高中毕业生提供学习机会，使"那些天生不适合的学生在二年级

① 欧阳光华：《开放与包容——对芝加哥大学理念的解读》，《比较教育研究》2005年第8期。

结束时，可以自然地、不失体面地停止学习”①。当然，也为大学高年级选拔优秀人才。这在事实上拉开了初级学院运动的序幕。三、四年级的学生则进入大学学院进行学习和研究，在修完规定课程之外可以选修其他课程。

哈珀希望通过这种划分模式挑选学生并引导其适应大学学习以及培养其独立科研能力，同时为来自其他学校的学生在三、四年级的学习提供机会。1896 年，哈珀校长正式将这两级学院命名为“初级学院（Junior College）”和“高级学院（Senior College）”，他也由于首创初级学院一词而被誉为“初级学院之父”。1900 年芝加哥大学第一次授出八十三名文学和科学副学士学位（Associate Degree），从而在学位体制上把初级学院正式纳入高等教育的范畴。

2. 初级学院运动

芝加哥大学初级学院之后，其周围创立了几所初级学院；俄亥俄州的麦斯金葛姆学院和德克萨斯州的浸礼会德卡特学院改制成为初级学院以便集中教育；密歇根州、印第安纳州、明尼苏达州和伊利诺伊州则延长中学教育二年，增设十三、十四年级，成立附设于高级中学的初级学院部。伊利诺伊州的乔利埃特中学教育委员会于 1902 年创办全美第一所公立初级学院“乔利埃特初级学院”，方法是在乔利埃特中学增设十三和十四年级。在加利福尼亚州，当时的斯坦福校长乔丹也大力倡导创办初级学院，以弗莱克斯诺学区最有成效。

密歇根州的东区中学和印第安纳州的格什中学，分别在各自四年制学制的基础上增加两年的学习时间，向学生提供两年的中学后课程教育，相当于大学一、二年级的文化课程和基础专业课程，并与密歇根大学与芝加哥大学达成协议，大学承认中学毕业生在中学所修习的学分，经过适当的

① 郑彩华、杨旭：《哈珀校长的办学理念及启示》，《中国大学教学》2010 年第 8 期。

测试后可直接转入大学相应年级学习。还有一些地方直接创办了初级学院，如 1896 年创办的位于芝加哥市的刘易斯学院。

初级学院因为适应当时美国高等教育改革方向以及满足民众的教育需求而自诞生之日便快速发展，据统计：从 1900 年全美共设初级学院 8 所，到 1909 年增加到 20 所，到 1919 年更是猛增到 170 所。到 1922 年，全美 48 个州中有 37 个州创设了初级学院。初级学院的数量猛增至 207 所，人数也由 1900 年的在校生 100 名猛增到 1922 年的在校生约 20000 人。①

3. 初级学院的规范

美国初级学院运动的最大特征是多样性，这一方面是由于美国教育管理的分权制，另一方面由于不同社会阶层对初级学院抱有不同的希望与目的。具体表现在：首先，创建方式的多样性，有大学下设二年制初级学院或分校，有师范学校被准予实施二年制学院教育而成为初级学院，有公立中学在学制上向上延伸十三和十四年级而成为初级学院，还有私立学院经自我改造成为初级学院；其次，经费来源的多样性，其中包括公立初级学院的税收、政府资助、学费以及私立初级学院的学费、宗教预算补贴及私人捐赠；最后，课程设置的多样性，公立初级学院侧重为就业准备，私立初级学院则为了升学至大学高年级。就师资队伍、教学经验、教师学历、科学研究等方面而言，初级学院的整体师资水平低于文理学院和大学。②

为规范初级学院的发展，成立于 1920 年的美国初级学院协会明确界定初级学院为“提供严格的两年学院水平教学的教育机构”，后来又进一步丰富完善了这种界定，指出其课程可以与四年制学院前两年的课程在内容和

① 参见王保星：《美国初级学院运动的兴起及其教育民主化意义》，《河北大学学报（哲学社会科学版）》1999 年第 4 期。

② 参见王保星：《美国初级学院运动的兴起及其教育民主化意义》，《河北大学学报（哲学社会科学版）》1999 年第 4 期。

广度上保持一致。此外，还可以开设适合整个社区公民、社会、宗教及职业需要的课程类型，这类课程的水平可以相当于公立高中毕业水平。就初级学院的功能而言，初级学院协会确定为提供转学教育，兼及一定程度的就业教育。此外，协会还就初级学院学生的入学、毕业、学位授予、系科设置、教师培训、教育经费、教学设施、检查与评估等方面提出了具体的标准以规范发展。

4. 初级学院对美国大学结构的创新意义

南北战争至 20 世纪初，美国高等教育追求高质量、中等教育追求大发展、社会生产领域希望有更高素质的劳动者，初级学院运动的兴起与发展便是对此做出的教育反应，自诞生之日起便得到较快的发展，在获得数量增长的同时也完成了其教育职能的转变：从创设初期单一的转学教育逐步发展为包括转学、职业培训和成人教育在内的多种教育功能。同时也使美国逐渐形成“大学—学院—初级学院”的三级高等教育结构并进而确立了“副学士—学士—硕士—博士”的四级学位制度。从初级学院发挥的实际教育影响来说，初级学院的创办与发展为当时美国社会经济发展提供了一大批中级专业技术人才，并且进一步拉近了一般民众与美国大学的距离，提升了美国民众的文化素养与知识水平。

（二）社区学院的发展

与苏联在世界范围内所开展的军备竞赛和军事竞争是美国大学改革的原动力之一。1957 年苏联人造卫星的升空使得美国各界纷纷呼吁实施根本性的教育改革以应对来自苏联的强有力挑战与竞争，最终导致 1958 年《国防教育法》的颁布，直接促成了美国大学实施精英教育与天才教育的改革，并引发了美国研究型大学旨在提高本科生教育质量的改革。舒尔茨人力资本理论的提出更进一步强化了科学技术在社会经济发展与个人职业生涯成功中的作用。此外，第二次世界大战对战后初期美国高等教育的发展还提出了直接任务，即如何解决大批退伍军人的社会职业适应问题，联邦政府颁布的《退伍士兵权利法案》为这一问题的解决提供了法律性的框架与基础。

1.《退伍士兵权利法案》与社区学院的发展

1944 年，为解决战后大批退伍军人的社会再适应问题，联邦政府未雨绸缪地颁布了以安排退伍军人接受适当高等教育为核心内容的《退伍士兵权利法案》，关于退伍军人的学习费用由退伍军人事务管理局支付。关于生活费，法案规定凡在学习或训练机构注册接受教育或训练的人员，在向局长提出相关申请后即应得到每月 50 美元的生活费，如果申请者还有需要抚养的人，则可以获得每月 75 美元的生活费。但每学年向每一接受教育的退伍军人支付的费用总计不得超过 500 美元。退伍军人接受教育的时间累计不超过四年，且应取得令人满意的成绩。在获得上述各项条件保证后，大批退伍军人纷纷走进校园接受教育。

二战后，因为军工企业需要，社区学院为其及时培训了大批急需技术人才，在解决企业燃眉之急的同时也使社区学院自身发展壮大。20 世纪 50 年代，联邦政府根据《退伍军人权利法案》补贴 800 万退伍军人入学，其中 235 万人接受的高等教育大多是在社区学院接受的重新就业职业技能培训。当时社区学院扩大招生名额，也给退伍军人入学提供了良好机会。到 70 年代，社区学院又承担了大批越南战争退役军人重新就业职业技能培训任务。[①] 简而言之，本意在于安置退伍军人的《退伍军人权利法案》成为影响战后初期美国社区学院发展的最成功的教育法案之一。

① 参见牛道生:《美国社区学院对促进高等教育大众化的贡献》,《湛江师范学院学报》2004 年第 4 期。

2.《总统高等教育委员会报告》与社区学院的发展改革

1947年《总统高等教育委员会报告》虽不具有法律的强制性和约束力，却为战后美国社区学院的发展指明了方向：第一，报告明确建议将原来的“初级学院”易名为“社区学院”。第二，建议增加社区学院数量，扩大其教育活动，促使社区学院能够向社区民众提供更多接受高等教育的机会，满足社区和地方经济发展所提出的多样化的教育需要。第三，社区学院的性质可以是公立的，也可以是私立的，但此类学院面向地方提供教育服务的现实，决定了其大多数应该是公立地方社区性高等教育机构。社区学院应为整个社区服务，作为成人教育中心来满足社区对中学后教育的需求，为此，社区学院应从原来以预备性教育计划为主转变到实施终结性教育计划。第四，社区学院要成为整个社区的学习中心，社区学院的课程计划和服务项目应尽可能满足它所面对并服务的人民的需要和愿望，应尽可能结合当地的生产实际与人民文化传统的要求，提供尽可能多样化的教育与培训服务。

在此社会发展环境中，社区学院在三方面取得了长足进步：数量的外延性增长、职能的内涵性丰富、与社区发展及其成员就读学习的密切联系。经济发展的需要与就读者教育需求的联系更为密切。初级学院作为社区学院的前身，其传统教育职能为转学教育，即为就读者提供大学一、二年级的教育，以为其转入就读学校或其他大学的三、四年级学习提供基础。二战后随着初级学院发展成为社区学院，其教育职能也在逐步转变。1988年美国发表报告《建设社区：对一个新世纪的展望》，肯定社区学院重大贡献的同时指出它有责任有能力为美国社会的未来发挥更重大更灵活的作用，为此报告就未来美国社区学院的改革提出了详细建议，从而使报告实际上成为美国社区学院发展和改革的总纲领。

二、英国高等教育大众化进程

从 19 世纪 30 年代到二战后期，英国城市大学的建立和大学推广运动的开展在一定程度上满足了大众的高等教育需求，使得英国高等教育的学校类型和培养目标有了很大变化。1836 年成立的伦敦大学、1851 年成立的第一所城市学院、1873 年开展的大学推广运动为原本单一的英国大学注入了新鲜活力，为高等教育大众化做出了准备。尽管这一阶段无论是高等教育入学人数还是大学数量都远没有达到大众化水平，但其初步呈现的多样化特点为高等教育大众化进程奠定了基础。

（一）大学与政府关系的变化

1. 大学拨款委员会的建立

大学在漫长的历史发展中形成了自治的传统，支撑这种自治的重要基础是财政上的完全独立，学者们对大学产权的自信产生能够抵制政府改善大学的力量。大学在财政上的独立性以及对政府干预的抵制导致在高等教育管理上形成了具有英国特色的制度，即在政府和大学之间设置大学拨款委员会来满足双方的需要，这个 1919 年成立的机构起到了缓冲器的作用。

在大学拨款委员会成立之前，有人根据德国经验认为大学为国家培养人才因此国家理应资助大学。政府逐渐认同这种观点并开始为出现经费短缺的“红砖大学”提供部分资助。1905 年政府成立了一个常设性的大学学院拨款咨询委员会负责大学学院的拨款事宜，该委员会由中央教育局负责。其后政府先后在 1909 年和 1913 年在农业和医学领域成立了委员会，于 1915 成立了科学和工业研究署，这三个机构一度作为大学获得政府资金的重要来源。

一战后在国家生存和发展中大学的地位更加突出，以中央教育局局长费舍为代表的政治家们认识到政府应该通过加大投入来促进教育的发展，政府应该在巩固对红砖大学资助的基础上将资助范围扩大到牛津和剑桥大学。1918 年 11 月牛津和剑桥受邀参加了中央教育局组织的讨论战后如何用公共资金资助大学发展的会议，会上牛津和剑桥提出了接受政府经常性补助金的申请，随后政府任命了一个皇家委员会来评估两校有效利用这些资金的能力。经过考察评估，委员会向国会建议牛剑应该与"红砖大学"一样获得政府补助金的支持。

为向大学分配公共资金，政府于 1919 年成立了由若干学者组成的处于大学和政府之间的大学拨款委员会，其任务是协调大学学术自治与依赖政府财政之间的矛盾关系。作为大学和政府之间的"缓冲器"，它既要维护大学的学术自由不受干涉，又要保证政府的慷慨不被滥用。在 1919—1988 年长达 69 年时间里，大学拨款委员会对英国的高等教育发挥了深远的影响。

大学拨款委员会对各大学采取每 5 年拨款一次的方式。在审核了各大学的财政要求后向财政部提出拨款建议，财政部一般会按拨款委员会的建议进行拨款，同时大学拨款委员会和政府都不去干涉大学所获款项的具体用途。1945 年之前英国大学通过大学拨款委员会得到的政府资助只占总收入的 1/3。以 1928—1929 年度为例，英国大学（牛剑除外）获得的中央拨款占总收入的 35.9%，牛津大学低于 30%，剑桥为 25.6%。[①] 不管是大学、大学拨款委员会还是政府都认为这种财政格局是极为必要的，政府的资金只能作为大学经费的补充，大学失去财政独立，必将会影响到大学的学术自由。然而这种一致的观点在二战后出现了分歧，政府开始以资金为杠杆对高等教育进行干预。

---

① Joseph A.Soares, *The Decline of Priviledge: The Modernization of Oxford University*, Standford: Standford University Press, 1999, p.29.

2. 大学与政府关系的变化

二战不仅引发社会对大学作用的再认识，也促使人们对大学和政府之间关系的再审视。1946 年发表的要求英国加强科技教育的《巴洛报告》（*Barlow Report*）提出大学拨款委员会要转变角色，“我们认为环境要求它（大学拨款委员会）应该加强对积极的大学政策的关注”，“为了这个目的大学拨款委员会最好修改它的授权调查范围”。随后财政部便为大学拨款委员会的职责做了新的规定，它不再仅仅是个咨询机构，而要在和大学及其相关机构协商基础上协助制定及执行大学发展计划，以使其充分满足国家需要。大学拨款委员会职责的变化实际上反映了政府和大学关系的变化。战前只占大学收入 1/3 的政府资金只是大学经费的一种补充，战后，中央政府的拨款成为大学经费的主要来源。1946 年大学拨款委员会的经费占大学总收入的 52.7%[①]，而 1949—1950 年，政府的拨款达到大学总收入的 61.5%[②]。随着大学获得的公共资金不断增长，英国的大学从一定意义上由私立大学变成了国立大学，此后很长一段时间大学拨款委员会继续发挥大学和政府之间“缓冲器”作用，直到 80 年代大学拨款委员会在政府压力面前越来越难以维持政府干预和大学自治之间的平衡，1988 年终于被大学基金委员会所取代而退出了历史舞台。

（二）工科大学的产生

战后不久，英国政府在总结二战经验时认识到战争胜败和国家强弱在很大程度上取决于高等教育尤其是高等科技教育。关于高等科技教育的《帕西报告》（*Percy Report*）和《巴洛报告》显得非常突出，它们使英国的高

---

① Joseph A.Soares,*The Decline of Priviledge:The Modernization of Oxford University*,Standford: Standford University Press,1999,p.29.

② Brian Salter & Ted Tapper,*The State and Higher Education*,The Woburn Press,1994,p.201.

等科技教育在战后进入了一个新的发展阶段。因此战后二三十年期间，英国高等教育的改革重点是振兴高等科技教育。帕西委员会成立于 1944 年，委员会主席尤斯塔斯·帕西勋爵一直关注高等科技教育，在 30 年代就曾著书论述大学与技术学院的关系，指出技术学院除授予学生求职谋生的知识技能外，还应提升自身学术水平，提供与大学相同的博雅教育课程。

1.《帕西报告》

《帕西报告》致力于建立以大学为核心的一整套专业技术教育体系。工业所需要的是一个能随机应变的技术教育组织。目前国家在这方面提供的教育缺乏重点。不仅大学和技术学院相互之间缺乏配合，而且各个大学和技术学院也都各自为政。各个院校都和工业保持单独的联系，但是这种联系很少是足够的。[①] 报告建议挑选数所技术学院，将其建设成能够开设全日制大学水平课程的高等技术教育中心。“这些学院的一个重要的职能是提供工科专业的研究生课程”，“有自己的管理机构”，“由于它们的功能是为整个国家——而不仅仅是地区——服务，它们应该受到国家财政部的特殊资助”，“教师工资和工作条件应该跟大学教师的待遇相似”[②]。由于当时人们对高等科技教育地位的认识尚不统一，《帕西报告》的建议并没有被政府全部采纳，但它所提出的提高技术学院的教学质量和学术地位的建议指明了战后英国高等科技教育的发展方向。

2.《巴洛报告》

1945 年英国政府成立了以阿伦·巴洛爵士为主席的特别委员会，以“研究今后十年内用来指导科学人力和资源的使用和开发的政策，并尽早就大致的设想提出报告，以便于制订那些有赖于使用科学人力的领域的发

① 参见殷企平:《英国高等科技教育》，杭州大学出版社 1995 年版，第 71 页。
② 殷企平:《英国高等科技教育》，杭州大学出版社 1995 年版，第 72 页。

展规划”[①]。

从设立的目的看，委员会是要为战后英国高等教育的发展制定政策，指出英国应该扩大高等教育，因此高等科技教育只是其中一个方面。就高等科技教育而言，1946 年发表的《巴洛报告》除支持《帕西报告》之外，还提议最好在有大学的城市创办一些技术学院来从事高水平的工作，以此来说明培养更多更好的科学家和技术专家并不会以牺牲人文科学为代价。《巴洛报告》得到英政府和教育界一致认可。至 1958—1959 年度，英国大学生人数从战前 1938—1939 年度的 5 万人增至 10 万人。[②]

1956 年 2 月英国又颁布技术教育白皮书以阐明发展高等科技教育的紧迫必要性并规划发展蓝图，同年教育部又通知决定按地方、地区、大区和高级技术学院等四个层次发展高等科技教育，尤其是确定十所可以开设研究生课程的高级技术学院以提升科学技术的学术档次。与此同时，政府决定选择几所以理工科见长的高校如帝国理工学院等进行重点扶持资助。这些政策和措施有力地推动了 50 年代科技教育的发展，在很大程度上改变了人民重文轻理工的观念。

3.《罗宾斯报告》

《罗宾斯报告》发表于 1963 年，是以罗宾斯勋爵为主席的委员会对英国高等教育未来二十年发展所作的预测和规划。二战后英国高等教育虽然有所发展但总体而言适龄青年入学比例仍处于发展中国家水平，尤其与其他发达国家相比更显得无法满足越来越多青年人要求接受高等教育的现实，这也是中等教育扩展带来的必然问题。更为重要的是，英国大学一直保持传统封闭的精英教育模式，无法适应二战后整个社会经济科技以及就业结

① 王承绪、徐辉:《战后英国教育研究》，江西教育出版社 1992 年版，第 277 页。

② W.H.G.Armytage,*Four Hundred Years of English Education*,Cambridge:Cambridge University Press,1964,p.244.

构的变化。在此背景下，英国首相于1961年2月任命罗宾斯爵士组成专门委员会考察法、德、荷、美、苏、瑞典和瑞士等国高等教育之后，再对英国高等教育进行调查分析，1963年委员会发表《罗宾斯报告》，系统阐述了1962年英国高等教育现状、英国和其他国家的高等教育对比、经费问题、管理机制和各部门职责等重大问题，针对英国高等教育的主要目的和办学原则提出了178条建议，报告长达335页，还有6本总数近2000页的附件。此后三十余年间英国高等教育从办学制度、发展策略、经费投入与管理等都大有变化，《罗宾斯报告》被认为是英国高等教育从传统到现代、从精英到大众的转折宣言书。[①]

《罗宾斯报告》提出国家办学应该首先是使那些有能力、有条件、有愿望接受高等教育的人获得接受高等教育机会，这后来被称为“罗宾斯原则”。英国的高等教育由此开始告别传统贵族模式走向平民阶层，学生不分种族、性别、阶层以及身体状况等共同生活在大学校园中，这成为教育民主化、多元化的最好标志。因为对“罗宾斯原则”的认同，英国政府将学生人数与教育经费挂钩，鼓励高校扩大招生或者创办新院校，在很大程度上促进了英国高等教育的规模扩张。

在分析高等教育的社会目的时报告指出，英国高等教育的目的主要有以下四点：传授工作技能，增强人们的生存竞争力；发展一般智力，不仅要培养专家，还要提高人的素质；增进学问知识；提高全民文化与修养。高等教育的主要办学原则是：承认个人成就，使成绩相等的人享有同样的机会并受到同等奖励；各类高校在功能、地位上要有所差别；学生有权按成绩或需要转学；校机构设置应有利于发展；学校要保证教学质量。

报告在对比历史与10个国家的基础上提出建议如下：高等教育未来

---

① 参见刘晖：《从〈罗宾斯报告〉到〈迪尔英报告〉——英国高等教育的发展路径、战略及其启示》，《比较教育研究》2001年第2期。

20 年的发展目标；升格 10 所高级技术学院为大学，设立 5 所从事教育研究的专门科技学院；把培养教师的学院统一改名为教育学院，并提供教育学学士学位；成立全国学位授予委员会；成立文科与科学部；加强大学与政府机构及产业界的合作；发展商业和经营教育，建立 2 所设有经营学课程的研究生院。作为英国高等教育里程碑，《罗宾斯报告》不仅使它的建议大多被政府采纳，同时还使英国高等教育的内涵得以扩展，将高级科技教育纳入高等教育成为其重要组成部分，进而使英国高等教育真正形成了一个完整体系。

此外，还有 1969 年成立的公开大学（Open University），主要通过函授、网络、广播电视等为 21 岁以上青年提供成人教育，不仅开创当代高等教育教学方式现代化之先河，而且有效推动了“罗宾斯原则”的实施，在很大程度上标志着英国高等教育制度的大众化以及平民化，也被很多国家效仿。英国长期恪守高等教育即大学的观念，但《罗宾斯报告》扩大了高等教育的内涵，使其包括所有“中学后教育”：学位（Degree）教育、证书（Certificate）课程和专业文凭（Diploma）教育。英国政府所致力推动的高等教育体制多元化改革到 80 年代已经使英国形成多层次、多规格的大众高等教育体制。①

（三）高等教育“双重制”的确立与多科技术学院的兴起

1961 年到 1968 年间大学拨款委员会批准设立了十所大学，它们是：圣戴维斯学院、格拉斯哥的皇家科技学院、约克、东安格拉、苏塞克斯、坎特、沃瑞克、兰喀斯特、斯特林、厄尔斯特。这些大学分散在英格兰、苏格兰和北爱尔兰，使大学过分集中的现象得以缓解。这些大学被称为新

---

① 参见刘晖：《从〈罗宾斯报告〉到〈迪尔英报告〉——英国高等教育的发展路径、战略及其启示》，《比较教育研究》2001 年第 2 期。

大学，其建筑材料多为玻璃和水泥，因而又叫作“平板玻璃大学”。这些大学有一些共同的特点。首先，它们由国家兴办，学校从成立之日起就有学位授予权，打破了由民间团体或个人办学的传统。其次，这些学校有新建的校园，实行寄宿制，提倡师生互动及学校环境对学生身心的熏陶。最后，这些大学针对英国大学教育过早和过分专门化等问题改革教学体制和课程设置。如斯特林大学采用了欧洲大陆国家普遍采用的两学期制，东安格拉大学和苏塞克斯大学教学不是采用传统的“系”，而是多学科交叉的“学院”，有些大学还设置了诸如美国研究或者比较文学这样的交叉学科的新学位。

60 年代中期，当高级技术学院升格为大学后，地区学院先后与艺术学院、商业学院等进行合并，导致其地区性质越来越模糊。同时大学拨款委员会也认为随着适龄大学人口的增多，大学无法接纳如此多的学生。因此如何以最小的成本来实现最大的扩充，成为英国高等教育发展中的重要问题。1965 年 4 月教育科学大臣安东尼 · 克罗斯兰德在伦敦乌尔威齐多科技术学院首次提出建立新型多科技术学院的想法。二十个月以后，克罗斯兰德再一次在兰喀斯特大学的讲演中重申了同样的观点，即高等教育分为由大学构成的“自治”部分和由大学以外的各种学院构成的“公共”部分。1966 年工党政府发表《关于多科技术学院以及其他学院的计划》政府白皮书确认双重制的构想，随后九十多所学院被先后合并为三十所多科技术学院，70 年代英国高等教育中的双重制正式形成。

处在高等教育体系中的两大部分在双重制确立后各有各的职能，具体而言它们之间的区别表现为：首先，大学自治，而多科技术学院和其他学院受政府领导并接受监督。其次，大学能够独立授予学位，多科技术学院等无此权利。再次，大学经费来自大学拨款委员会，而多科技术学院和其他学院的经费则来自地方政府。最后，大学以全日制为主，注重科研；多科技术学院等以半日制为主，注重职业培训。

1964年设立的全国学位授予委员会是《罗宾斯报告》的主要建议之一，它使得大学以外的高等教育有了监督质量、颁发学位的机构，全国学位授予委员会授予学位的主要对象是多科技术学院的学生，它的成立也标志着至少是在非大学的高等教育领域内一种新的管理模式的出现。在其存在的十八年中为发展英国高等教育，协调教育与就业的关系发挥了重要的作用。

高等教育双重制是英国60年代高等教育大发展的产物，较好地调整了精英型高等教育和大众型高等教育的矛盾：一方面保留了大学的学术性传统，另一方面扩大了年轻人的受教育机会。这种体制直到1992年才被废除。

（四）英国高等教育双重制的确立与终结

1991年5月，英国颁布《高等教育：一个新的框架》建议建立单一的高等教育框架，也就是说要废除“双重制”。1992年英国相继颁布《1992年继续和高等教育法》和《1992年苏格兰继续和高等教育法》两个法案，标志着“双重制”的终结。① 对于这一法案在英国高等教育“大众化”进程中的意义，人们认识不一。英国开放大学副校长丹尼尔认为这标志着英国高等教育大众化的形成，扫除了高等教育双重制和大学拨款制度等最后障碍，“英国高等教育‘大众化’的新时期就到来了”②。

英国高等教育的落后在战前就已引起有识之士的注意，二战一结束立刻有人大声疾呼要“成倍地增加科学家的培养”③。即使到50年代中期，英国高等教育数量的发展取得了明显进展时，英国人依然清楚地认识到差距

① 参见陈厚丰:《英国高等教育“双重制”分层政策案例分析》,《比较教育研究》2006年第7期。

② 朱镜人:《英国高等教育“大众化”述评》,《高等教育研究》1997年第6期。

③ 金含芬:《教育学文集·英国教育改革》，人民教育出版社1993年版，第234页。

的存在，认识到英国和美苏西欧相比正处于被别人抛下的危险之中。也正是由于这种危机感才孕育了 60 年代的罗宾斯高等教育报告，呼吁“所有具备入学能力和资格并希望接受高等教育的青年都应该获得接受高等教育的机会”[①]，进而有了英国高等教育 60 年代至 70 年代初的大发展时期。也正是由于这种危机感，英国在经过 80 年代高等教育收缩整顿期之后，又迅速公布了《1992 年继续和高等教育法案》以扫除高等教育“大众化”进程中的最后障碍。[②]

20 世纪 60 年代中期英国确立了高等教育的双重制，大学与公立高等教育机构各自担负着不同的使命和职能，相互独立并行不悖，在近 30 年的时间里高等教育双重制对缓解精英教育和大众教育之间的矛盾发挥了重要作用。但，随着时间的发展，以多科技术学院为代表的公共高等教育机构在职能上与综合大学产生交叉并逐渐趋同，在权利和地位不平等的状况下高等教育双重制逐渐失去了原有意义。《1988 年教育改革法》规定多科技术学院和大多数高等教育学院获得独立的法人地位，《1992 年继续和高等教育法案》赋予多科技术学院授予学位的权力，同时成立英格兰和威尔士高等教育基金委员会（HEFCE），取代以往为大学拨款的大学基金会（UFC）和为公立高等教育机构拨款的学院基金会（PCFC），从此统一高等教育体系开始出现，高等教育双重制不复存在。高等教育双重制的取消无疑对提升原多科技术学院的地位产生了很大的影响，学校名称的改变为学校带来了更多的潜在的生源和教师，却失去鲜明的职业教育特色，对高等教育多元化带来损害。

---

① 徐辉、郑继伟：《英国教育史》，吉林人民出版社 1993 年版，第 330 页。

② 参见朱镜人：《英国高等教育“大众化”述评》，《高等教育研究》1997 年第 6 期。

三、法国：大众化时期的高等教育危机

在 20 世纪 60 年代以前，法国大学最主要的两个特征即垂直的、集权的中央管理体制和分割存在的院系特性并没有改变，正如法国著名教育史学家安东尼·普鲁斯特（Anthony Proust）所言，20 世纪 60 年代以前，“大学只是学院的集合，实际权力在院长手里。下面，系和其他组织形式没有任何实际权力，不掌握任何经费；上面，校长，作为国家官员，主持大学理事会，只有象征性的代表权”①。因此，虽然 1896 年改革使大学再次获得合法地位，但 1986 年之前大学并不享有真正意义上的自治和自我管理权。自 60 年代末开始，法国经济进入“黄金时代”，高等教育面临挑战，变革迫在眉睫。1968 年 3 月至 5 月，在各种矛盾的激化下，法国爆发战后规模空前的学生运动，并于 5 月达到高潮，史称“五月风暴”。这场运动直接促成《高等教育方向指导法》的颁布与 1968 年高等教育改革的发生。

（一）1968 年的学生运动与大学发展

1. 产生背景

首先，义务教育普及程度的提高以及战后人口的增加使得 60 年代法国大学人数激增。虽然法国在 60 年代初创建了二十余所大学大力发展高等教育，但还是有相当多的青年因社会、家庭、经济等各种原因无法进入大学，他们要求消除这种“不公正”。

其次，到 60 年代末，当师生和社会舆论要求“民主”和“平等”的呼声面对政府对高等教育一成不变的“中央集权”式管理，这种僵化的体制

① 邢克超：《大学发展的一个新阶段——法国高等教育管理改革十年简析》，《比较教育研究》2001 年第 7 期。

既影响高校本身的主动性和活力发挥，也压抑了师生希望参与学校管理的民主要求。而且，戴高乐的民主与精英并重政策主张提高整个民族教育水平的同时侧重选拔少数领导阶层，因此 1966 年的筛选制度使大学生预感到可能被淘汰而本能地产生情绪抵触。

最后，就业问题突出，管理过于集中，教授审定教学内容时既不考虑学生兴趣也不考虑劳动力市场需求，过于偏重研究，致使很多人大学毕业后很难就业。1968 年法国失业人数比十年前增加了五倍，其中青年失业人数的增加尤其迅速。

2. 学生运动

1968 年 3 月 22 日，大规模的学生抗议活动从巴黎大学农泰尔文学与人文科学学院开始。5 月初，斗争升级，重心移到拉丁区巴黎大学本部，并逐步扩展到社会上。13 日，全法学生联合会、全法高等教育联合会、全法教师联合会和其他工会组织都被发起，事态发生突变。22 日爆发了空前规模的全国大罢工，当局出动警察镇压，巴黎街头出现了激烈的武装冲突，局势极度混乱。为阻止事态恶化，政府答应让步，同意工人和师生提出的要求，举行谈判。6 月 12 日，政府宣布禁止示威游行，解散极左组织，同时开始实行增加工资、家庭补贴和失业救济金，着手改革。一场震惊欧洲大地的“五月风暴”到此告一段落。但学生们罢课并占领校园的斗争仍在继续，直到年底才陆续平静下来，恢复上课。

1968 年学生运动是一场以学生为先导，工人为主力军的政治运动，其范围之广影响之深，是法国战后历史上空前的，它的矛头直接指向已因袭了几百年的高等教育管理制度。“五月风暴”之后，戴高乐开始改革国家现行体制，提出“参与”（participation）的口号，试图通过让工人参与企业利润分配、职员参与机构管理、大学生参与学校行政等机制来改变旧秩序、确立新秩序。因此，“参与”也成为 1968 年高等教育改革的一个基本指导思想。不久，因法国的政治、经济陷入严重混乱，执政十一年的戴高乐总统被迫辞职。

（二）1968 年的大学发展

1.《高等教育方向指导法》

为缓和政府与学校之间的矛盾，“五月风暴”过后，新改组的政府下令进行高等教育改革。10 月 10 日，议会通过教育部长德加·富尔提出的改革计划，随后该计划作为《高等教育方向指导法》正式颁布，也被称作《富尔法》。《富尔法》明确了大学的三大办学原则——自治、参与和多科性，规定大学的基本任务是传授知识、发展研究和培养人才，性质是科学文化性公共机构，每个学区可设若干所大学；大学必须参与各地区社会经济发展并满足国家需要，突出大学要从事科学研究，为社会经济发展和人们的终身教育服务。对传统的大学而言，《富尔法》无疑提出了一种“新的大学观念”。

在《高等教育方向指导法》自治原则指导下，法国大学取消原有的院系设置，按照共同目的和共同利益的“教学与科研单位（UER）”进行重新组合。政府还允许根据地理位置和人口分布与实际可能在一个学区内集合“教学与科研单位”，设置若干综合性文理科大学以适应科技经济发展需要，进而促进了法国大学教育科研发展：密切相邻学科之间的教学科研联系，发展边缘学科和创建新学科。1971 年，法国又颁布了《高等教育方向指导法》修正法，扩大了教育部长原来就已经很广泛的权力，再一次体现了法国 1968 年高等教育改革的宗旨在于增强政府对大学的控制，使高等教育的专业组合和分布更为符合经济和科学技术高速发展以及国际竞争的需要。

2.《高等教育方向指导法》下巴黎大学的调整

在调整和改组法国原有大学的行动中，对庞大而臃肿的巴黎大学的调整和改组堪称典范。根据《高等教育方向指导法》，巴黎大学首先组成 175 个新的“教学与科研单位”，经过两年协调于 1971 年 1 月宣告成立新的

13 所巴黎大学，从此巴黎大学不再唯一，更不是索邦的代名词，而是巴黎 13 所大学的总称。在这 13 所大学中，第八、九、十、十二、十三大学是 1968 年以后新建的，其他 8 所大学均在原巴黎大学的院系基础上经改组调整而成。其中巴黎第八大学的招生不受年龄和学历限制。改组后的法国大学都是独立实体，直接归国家大学部（旧称大学国务秘书处）领导，各大学之间也有教学和科研方面的协作。另外，它们的规模缩小，各有其重点和发展方向，便于组织领导和发挥功能。这次改组和调整堪称具有 700 多年悠久历史的巴黎大学自中世纪建校以来最大的一次体制变革，也是 1968 年改革中的一项重大成果。

（三）1968 年大学改革的成效与质疑

1. 成效

《高等教育方向指导法》是法国在战后第一次以法律形式规定大学性质任务以及办学原则，其颁布使法国大学获得生机蓬勃发展：一是数量上获得进一步发展，1968 年改革之后，法国大学很快由 20 多所增加到 60 多所，1973 年在校大学生数 70 多万，教师人数 4 万，都比 8 年前增加了一倍。[①] 二是法国大学原本集权的、标准化的和平等主义模式发生动摇，大学的异质性得到发展。法国大学教育标准化的动力始于法国大革命前，在拿破仑的帝国大学达到顶峰。帝国大学制的实施又确立了法国大学集权管理的特性，并使平等主义的原则得到加强。自此，集权、标准化和平等主义成为法国大学模式的主要特征。

1968 年改革使得法国大学在组织上更加灵活、多样和开放，学院建制的取消突出了大学在行政、教学、财务等方面的自主权。改革还使三种新

① 参见符娟明：《比较高等教育》，北京师范大学出版社 1987 年版，第 60 页。

型的高等教育发展起来，即短期培训课程、有选择进入的长期学习课程和非国家授予学位的特殊大学学位课程。这些高等教育形式在以后高等教育系统中的重量逐渐上升，在国家的社会和经济生活中发挥了越来越大的作用。如此，法国大学的异质性得到发展，系统的集权的、标准化的、平等主义的管理变得脆弱。当然，国家给大学的框架仍保留着集权式和标准化的特征，并未得到根本改变。1968 年高等教育改革具有重大意义，它打破法国大学办学模式的长期僵化，可以与巴黎大学的建立、“帝国大学”的设立、19 世纪末大学的重建等重大事件相提并论。

2. 质疑

然而，尽管 1968 年高等教育改革符合时代发展的要求，但法国具有根深蒂固的高等教育传统，要真正贯彻自治、参与和多科性三大原则也并非易事，使得这次改革更注重政治性、表面性和实用性，而非学术性、实质性与长远性。1972 年就曾出现过法国大学改革“是复兴？还是复辟？”的质疑，因为《富尔法》在实行了几年之后公众并没有看到“参与”原则得以贯彻。究其原因主要是：许多大学生其实并不怎么关心参与学校民主管理，他们更关心毕业后的就业机会。低级教师因要靠教授的提拔任用，故在管理上多对教授唯诺服从，教授仍具有极大权威。再者，法国的大学一般都属国立，政府的领导与权威仍是绝对的。所以，法国高等教育的“复兴”似乎并未因 1968 年的改革而出现，有些人甚至指责这是旧制的“复辟”。

1968 年法国的高等教育法曾使人兴奋一时，然而，法律本身并不足以使新大学成为自治的、自我管理的机构。由于《高等教育方向指导法》是在学潮刚刚平息后立即草草通过，当真正执行时很多问题暴露出来，尤其是很多细节问题并未涉及。例如选举问题中关于选举人和被选举人的资格、外国学生的选票是否有效等这些细节问题在法案中均未涉及，因此选举过程中难免不符合法律程序或者干脆与法律相抵触。这都为将来的高等教育改革留下了隐患。

第二节　战争与大学的责任

一、德意志帝国时期的大学

（一）社会背景

1870年普法战争胜利后，普鲁士于1871年建立了统一的“德意志帝国”，为随后出现的经济和社会发展奠定了基础。早在19世纪三四十年代，德国即开始了工业革命，五六十年代，德国经济快速发展，完成了从农业国到工业国的过渡，60年代德国工业已赶上法国。统一后，“在大约30年时间内，德国经历了英国用100多年才完成的工业革命，将一个农业占统治地位的落后国家转变为一个现代高效率的工业技术国家”。

工业革命和经济的发展，也引起了社会结构的显著变化，城镇人口日益增多。1871年，德意志帝国领土上的人口为4105.9万，其中农村人口为2622万，占63.9%。到1900年，在帝国5636.7万总人口中，农村人口为2573.4万，仅占45.7%。[①] 随着城镇人口的上升，城市化进程加快。此外，社会阶级结构也发生了根本性的变化。除了容克地主全面资产阶级化、现代资产阶级登上历史舞台以及工业无产阶级不断壮大外，介于容克、

① 参见丁建弘：《发达国家的现代化道路》，北京大学出版社1999年版，第436页。

资产阶级与无产阶级之间的“中间阶级”或“中间阶层”开始形成且人数不断增多，成为社会上一支至关重要的力量。德意志的统一、工业革命以及社会结构的巨大变化，都极大地影响了德国大学的发展和变革。

（二）大学的状况

大学入学人数迅速增长。从19世纪30年代中期到70年代中期尤其是1870年之后才呈现出快速增长趋势。到1900年大学注册人数稳定在3.4万人，1914年上升到6.1万人。[①] 随着大学生的激增，教师也相应增加了。[②] 造成大学人数急遽增长的原因包括：人口增加相应导致大学人数增加，特别是1870年后大学人数增长率大大高于一般人口增长率，体现了社会对大学的需求增多；随着社会经济的发展，各阶层有财力支付子弟的学费；工业化背景下受过大学教育成为获取专业和文职等职位的重要的甚至是必不可少的要求；德国各类中等学校为大学培养了更多的合格生源；外国留学生和妇女准予进入大学深造；大学学习期限的延长也使滞留的学生数增加。

“科学研究的苗圃”。习明纳和研究所的建立是19世纪初德国大学改革的主要成果之一，被称为“科学研究的苗圃”。“作为学术和发现中心的德国大学的荣誉，很大程度上取决于在大学古老的躯干里所包括的这些有生气的机构。”[③] 习明纳最早出现于师范学校，1737年哥廷根大学将其引入大学，1778年哈勒大学创办了语言学习明纳。在1820年前，习明纳仅少量存在于哲学、语言学等人文学科，之后尤其是1850年后，习明纳和研究所明显增多。19世纪前半期习明纳主要是由教授个人举办，往往随着教授的逝世或退休而自行消失；到19世纪后半期大学设立资助的永久性习明纳和

① 参见贺国庆：《西方大学改革的史略》，河北教育出版社2011年版，第14页。

② 参见贺国庆：《西方大学改革的史略》，河北教育出版社2011年版，第14页。

③ Charles E.Mcclelland,*State,Society and University in Germany (1700–1914)*,Cambridge University Press,1980,p.286.

研究所开始占据多数。[①]

技术学院取得与大学同等的地位。德国技术学院的前身技术学校大多创办于1819至1870年，这些机构在19世纪60年代前相当于中等学校水平。[②] 二战后，1968年10月31日讨论通过了《联邦共和国各州高等学校协定》，将当时部分基础较好的工程师学校、高级专业学校合并，在保持其办学总体特色的前提下建立高等专科学校，这就是今天的应用技术大学。[③]1976年，德国《高等教育总纲法》正式明确了应用技术大学作为高等教育机构的法定地位，教学与科研的自由以及管理的自主权得到了法律保障。

二、魏玛时期的德国大学

（一）社会背景

一战德国战败，1919年德国资产阶级在魏玛召开国民议会废除君主政体成立共和国并于同年通过《魏玛宪法》进入魏玛共和国时期，从形式上看，《魏玛宪法》是“20世纪最民主、最自由的一部法律”[④]。但一战结束后至1923年，由于一战的巨大损失及战后的高额战争赔款，德国经济陷入困境：恶性通货膨胀、失业率居高不下，其中青年失业率尤其高。生活质量

① 参见贺国庆：《德国和美国大学发达史》，人民教育出版社1998年版，第74页。
② 参见陈正：《德国应用技术大学的历史变迁对我国职业教育的启示》，《国家教育行政学院学报》2014年第10期。
③ 参见秦琳：《以应用性人才培养促进区域经济发展和国家竞争力提升》，《大学》2013年第9期。
④ 李伯杰：《德国文化史》，对外经济贸易大学出版社2002年版，第285页。

大幅下降引发了社会的极度不满，德国青年特别是大学生的巨大心理落差使得他们期待通过新的社会制度来改变自己的命运，与此同时，大学教授们也感受到了经济方面的压力，各种想法在校园里以学术自由的名义快速传播。经济危机的爆发使求新求变为特点的纳粹党以其强大的宣传在大学中赢得了更多支持。

后来，由于新的货币制度终于控制了恶性通货膨胀，魏玛共和国在1923年末进入相对稳定时期。以美国资本为首的国际贷款源源不断流入德国，使德国经济迅速得到恢复和发展，1926年德国加入国际联盟标志着德国重新跨进了国际大国的行列。[①]然而，1929年世界经济危机的爆发又一次把德国经济推向崩溃边缘，魏玛共和国相对稳定阶段也随之结束。纳粹党趁机大肆活动，终于在1933年攫取权力，结束了魏玛共和国的历史。

德国失败加之魏玛共和国是美国扶植建立的国家，因此大家普遍对魏玛共和国抱有厌恶敌视情绪并最终被大学师生们视为宣泄怒火的对象。[②]希特勒利用了作为民族灵魂和智慧象征的知识分子的这些激进民族主义情绪，提出“砸碎凡尔赛枷锁”的口号，吸引了越来越多认可这一口号的人成为纳粹信徒。

（二）高等教育目标

魏玛共和国时期坚持教育立国兴邦，这个时期的大学一方面继承了传授专业知识培养科学精神的关于大学任务的古典核心理念，为社会培养专门人才并塑造有创造性和研究能力的个人，大学目标指向通过精神道德教育将学生培养为民主制度的“国家公民”而非等级社会的“臣民”，在一定

---

① 参见李伯杰:《德国文化史》，对外经济贸易大学出版社2002年版，第293页。

② 参见李敏:《德国大学与纳粹政权（1933—1945）》，硕士学位论文，华东师范大学，2008年，第13页。

程度上确立了现代德国教育的雏形。但另一方面，为适应工业化进程并解决经济危机，政府受实用主义影响认为大学不仅要培养理性的科学家，还要肩负起职业技能教育的责任为实现工业和经济复苏做贡献，这些想法奠定了德国后来成为工业强国的基础。但在教育改革实践中，大学与政府的意见分歧较大，大学教授们认为既然大学和往常一样正常并且取得不少成就那为什么要加以干涉。①

（三）大学的状况

《魏玛宪法》第二编第四章对教育进行了专门规定，总的原则是“各校招收学生，全视其能力与志向如何而定，不得因其父母的经济和社会地位或宗教信仰的派别而有所歧视”②。此外，教育的权利应归属于各邦，但联邦政府被授权确定整个共和国教育的基本原则。就宪法的教育内容而言，一是贯穿民主主义精神，二是进一步确定地方分权原则。该宪法不仅对魏玛时期，而且对二战后联邦德国的教育改革也产生了深远的影响。

魏玛共和国成立之初非常重视教育事业。外交部长拉特瑙在其著作《新社会》中指出：“尽管我们已经穷得一贫如洗，但我们必须把最后一分钱花上去，调整我们的教育和教学、模式和观点、动机和要求、成就和气氛，使其达到的高度足以使来到德国的每一个人都会感到自己正在进入新时代。”③

恢复洪堡原则，实行大学自治。19 世纪后期以来，由于国内保守和反动势力的不断壮大，洪堡大学理念逐渐消失。埃米尔·杜·布瓦-莱蒙 1914 年前在任柏林大学校长时公开宣布，该大学不是别的，只不过是霍

---

① 参见张泰訇：《从古典自由主义走向民族社会主义魏玛共和国至纳粹政权时期德国大学的转型研究》，硕士学位论文，四川师范大学，2015 年，第 13 页。

② 吴式颖：《外国现代教育史》，人民教育出版社 1997 年版，第 237 页。

③ 吴式颖：《外国现代教育史》，人民教育出版社 1997 年版，第 239—240 页。

亨索伦王朝家族军队的知识兵团。① 到魏玛时期，虽然“德国大学人士大多数都是赞成民族主义和反对民主的知识分子流派”，但他们却受到民主制的保护。②《魏玛宪法》强调保证艺术、科学与教学的自由，教育大臣贝克尔强调德国大学要成为讲授科学和研究学术的场所并实行大学自治。③

《魏玛宪法》第142条提出：“在学术与教学方面的，享有充分的自由，政府应提供一定的保护与鼓励。”④“在德国历史上，这是首次站在宪法的视野认可自由原则。”⑤

扩大高等教育规模和类型，促进大学的民主化。魏玛时期高等教育改革使大学重新成为讲授科学和学术自由研究的场所，大学自治、教授治校等传统得以恢复。战争前，包括工业大学在内，德国共有30所大学，大学生人数6万余人，到魏玛时期学生人数最多时达到13万余人。学生来源从上层政府官员、牧师和专业人员家庭开始转移至商人阶层、中层政府官员、其他白领职员和学校教师家庭。而且，女性进入大学的人数明显增多，这些女性大学毕业后一般从事教学或者教育管理工作。这在帝国时期是不可能的。

① 参见［法］里昂耐尔·理查尔：《魏玛共和国时期的德国》，李末译，山东画报出版社2005年版，第136页。

② 参见［法］里昂耐尔·理查尔：《魏玛共和国时期的德国》，李末译，山东画报出版社2005年版，第137页。

③ 例如，早在1914年以前，由于马克斯·韦伯、维尔纳·松巴尔特、费尔迪南德·冯·托尼斯的贡献，德国人就在现代社会学领域中占有绝对优势。1918年后，有泰奥多尔·盖格尔关于社会阶级、阿尔伯特·萨罗蒙关于家庭等方面的著作，还有雷奥颇尔特·冯·维瑟及其在科隆的研究小组的著作。在理科方面，声名远扬的教授有哥廷根大学的大卫·希尔伯特、海尔曼·威尔、马克斯·玻恩，慕尼黑大学的阿诺德·索梅费尔德，柏林大学的阿尔伯特·爱因斯坦。量子力学的创立者维尔纳·海森堡1932年获诺贝尔物理学奖。至于德国哲学，则主要受惠于远近闻名的现象学之父埃德蒙特·胡塞尔。详见［法］里昂耐尔·理查尔：《魏玛共和国时期的德国》，李末译，山东画报出版社2005年版。

④ ［法］里昂耐尔·理查尔：《魏玛共和国时期的德国》，李末译，山东画报出版社2005年版，第151页。

⑤ ［德］卡尔·雅斯贝尔斯：《大学之理念》，邱立波译，上海人民出版社2007年版，第110页。

德国大学在回归古典的同时，教育部也强调和提倡大学生应该自立自治以及自由民主，以冲破威廉皇帝时代遗留给大学的沉闷空气，甚至二战后联邦德国高等教育的发展基本遵循了这个方向。这一时期还有一个重大改变是大学生的人数的增加，这一方面是因为政府的教育投入巨大。比如，1915 年 8.3 万的德国大学生人数到 1930 年 6 月攀升至 13. 5 万人，其中女生占 14. 7%。[①]

三、纳粹时期的德国大学

（一）纳粹高等教育目标：从智者到勇者

1929 年世界经济危机，再加上 20 年代德国降温的理性主义和泛滥的虚无主义最终与其他社会阶层一道把希特勒推上历史舞台。希特勒的《我的奋斗》被教育工作者的机关报《德意志教育家》称为“我们在教育方面的绝对正确的指南星”。在这本书中，希特勒对魏玛的教育体制进行了大肆的抨击，并规定了德国教育尤其是高等教育的发展方向，这是纳粹党的领导人第一次系统地对德国高等教育进行评论并提出了他们的看法。

希特勒被描述为“受到比农民略多一点教育的农夫之子”[②]：他没有受过高等教育，只受过初级教育，而且学习很差。希特勒非常不喜欢阅读[③]。问

① 参见陈学飞：《美国、德国、法国、日本当代高等教育思想研究》，上海教育出版社 1998 年版，第 131 页。

② A.Wolf, *Higher Education in Nazi Germany*, London and New York: Routledge, Taylor& Francis Group, 1944, p.2.

③ S.H.Roberts, *The House that Hitler Built*, London: Methuen Pub, 1937, pp.8–20.

题在于钱财等问题可以采用纳粹法西斯暴力方法解决，但教育不能，教育只能通过人本身的学习来获得。希特勒不喜欢自我学习，也从不愿意屈尊与他人讨论问题，他找到的同路人即他的将领们也和他性格类似。除了戈培尔（Joseph Goebbels）等个别人为博士，其他纳粹分子大多文化素质极低。当时也有人对此有清醒认识："他们总是冲你喊叫，完全不听你在说什么，哪里谈得上有公平讨论的机会呢？"①

希特勒追求所有人臣服的个人绝对权力，他需要军队来掌控权力，需要成千上万的绝对服从的随从和下属，"需要一些当我下达命令时毫不犹豫地去执行命令而不会停下思考的人"②。而最有可能成为这样一批人的就是可以强加训练的高校学生，通过训练使其成为没有个人判断力、只服从领导者命令的机器人，让这些经过训练的大学生们相信凡是思想意识标新立异的人就是社会的公敌也是元首的敌人。③而要达到这样的目的，希特勒认为只要给予这些学生刺激的音乐、流行的服饰以及竞争决斗的意识就可以剥夺他们的思考力。

（二）大学教师的清洗与分化

纳粹上台后，除了改变高校的教育管理体制外，还对教师大肆清洗。借助于 1933 年 4 月 7 日颁布的《重设公职人员法》，对德国公职人员实施"一体化"，在大学里，解雇犹太血统教师，驱逐有民主进步思想的知识分子。纳粹政府不仅通过法律解雇清洗教员，还发动群众性的清洗运动，大

① I.L.Kandel, "Education in Nazi Germany",*Annals of the American Academy of Political and Social Science*,Sage Publication.Inc,1935,p.156.

② H.Rauschning,*Hitler Speaks:A Series of Political Conversation with Adolf Hitler on His Real Aims*,Kessinger Legacy Reprint,1939,p.172.

③ 参见黎晓玲：《纳粹统治时期德国高等教育研究（1933—1945）》，硕士学位论文，湖南师范大学 2012 年，第 11 页。

学生可以任意对不受欢迎的教授诽谤甚至殴打。尽管不少教师遭到清除，但还有许多教授仍然留任，他们大多数“感情上或多或少纳粹化的，如果说不完全是党员”①。在纳粹党的监督下，每个学校都成立了大学教师协会，全体教师必须参加。民社大学教师联盟主席直接统一领导各个大学教师协会，大学教师协会在选择教师和使教授内容符合纳粹意识形态方面起了重要作用。②1937 年颁布《公务员法》把教师列为公务员，也从法律进一步加强了对教师的控制。此法规定，教师必须是“党所支持的国家的意志的执行者”，并且准备“随时无保留地保卫民主社会主义国家”，所有教师宣誓，“效忠和服从阿道夫·希特勒”③。

在纳粹政府的高压控制下，大学的教师队伍发生了剧烈的分化。一些学者不畏权威，奋起反抗当局对于大学的淫威，如在种族和政治迫害为背景的文化清洗运动刚起步时，著名的物理学家、诺贝尔奖得主马克斯·冯·劳尔就勇敢地表示抗议，但是这类学者是少数。第二类是沉默者。“艺术，学术良知固然重要，但是生命毕竟更宝贵，第三国文化精英们——无论是艺术家、记者或者教授——大多数都转向后者：保全性命。”④当大量科学家被解雇时，所有德国大学却在 1933 年 4 月 22 日向希特勒政府表达集体的忠诚，发布《德意志大学对阿道夫·希特勒以及纳粹主义国家的表白书》，以表示支持民主社会主义。第三类则是机会主义者和功利主义者。他们试着把自己的学科纳入民族社会主义的轨道，把自己看成与政治无关的人，只想借助于民族社会主义让自己的职业发挥它本来的功能，

① ［美］威廉·夏伊勒：《第三帝国的兴亡（上卷）》，董乐山等译，世界知识出版社 2005 年版，第 287 页。

② 参见陈玉玲、李涛：《纳粹德国时期大学教师的清洗与分化》，《许昌学院学报》2009 年第 3 期。

③ ［美］威廉·夏伊勒：《第三帝国的兴亡（上卷）》，董乐山等译，世界知识出版社 2005 年版，第 287 页。

④ 浩岭：《青春、良知与铁血——〈第三帝国的兴亡〉再读札记》，《书屋》2002 年第 2 期。

他们不是被动的沉默也并非消极地随波逐流。第四类则是赞成纳粹的意识形态和政治的学者。思想文化界人士大量存在民族主义观点，这一类人的产生也有一定的历史和社会根源，他们支持和鼓吹极端民族主义、种族主义和反犹主义。

（三）纳粹党统治时期的大学

在纳粹党取得政权之前，不论是纳粹党还是德国大学对双方都没有太大的好感。对于纳粹党特别是希特勒来说，由于自身报考维也纳艺术学院失利的经历使他对知识阶层抱有一种强烈的鄙视态度，他的这一看法也影响了纳粹党的其他领导人，普遍地对知识分子抱有一种厌恶之感。德意志劳工阵线领袖罗伯特·莱伊博士的观点代表了纳粹官员的普遍看法："一个清洁工用一扫帚把一千个细菌扫进了水槽，而一个科学家却花了他一辈子的时间来发现和研究一个细菌。"[①] 但是，两者之间的契合之处为它们之间关系的进一步密切提供了可能和前提条件，包括以下几个方面：

第一，两者都要求建立一个民族主义的国家，而把魏玛共和国看成是美国扶植下建立起来的美式国家，与德国的传统和历史格格不入。这一点也可以说是当时德国政坛上所有右翼政党共同的主张。不论是纳粹党还是德国大学，对一战德国的战败深感痛心，随着失败而来的是第二帝国的崩溃和美国式民主魏玛共和国的建立。他们普遍地对魏玛抱有厌恶之情。

第二，纳粹党内的"领袖原则"，希特勒强有力的领导人形象，对德国青年尤其是大学生产生了足够的吸引力。[②] 德国的大学生大多出身于资产阶

① Louis L.Snyder,*Encyclopedia of The Third Reich*,McGraw-Hill Book Company,1976,p.79.

② 参见吴潮、赵晓兰:《纳粹运动和德国青年》,《河北师范大学学报(哲社版)》2000 年第 2 期。

级或者中产阶级家庭，家中有一定的经济能力，从小就受到传统的保守意识的影响。因此对《凡尔赛和约》对德国的影响比其他阶层的青年有着更深刻的体会，所感到的屈辱也胜于其他人。此时，如果出现一位能够带领德国民众走向复兴之路并重现德国辉煌的领导人，对大学生的吸引力肯定大增。

第三，反犹主义成为联系大学与纳粹运动的“桥梁”。对于纳粹党来讲，反犹主义是其指导思想，其领导人希特勒的反犹主义言论在《我的奋斗》里比比皆是。而一战后的德国大学也是反犹主义存在并蔓延的温床。魏玛政府的高等教育改革使一批社会民主党人、犹太人和妇女学者走上讲坛。尽管如此，学校体系并未对犹太人采取友好的态度，[①]许多大学教授都是“受到良好教育的反犹太人士”。迈克尔·穆勒-克劳迪乌斯（Michael Muller-Claudius）在1927年经过一番细致的观察后说，在德国，没有哪一个教室里的犹太人未曾受过敌视和羞辱。而且，当时大学生对反犹歧视都是纵容的态度。[②]

第四，20世纪20年代德国社会中各种思潮涌动，尤其传统理性主义的降温以及虚无主义的盛行为纳粹党的思想传播提供了土壤。从精神上讲，这是虚无主义的高涨期。[③]在这样一种虚无主义和怀疑理性的高涨期，如果有一种比较明确但又不是以理性作为指导的思想，对民众的吸引力是很大的。无论是偏左的知识分子还是右翼作家，尽管他们并不是很赞同希特勒纳粹党的理论，但是正如美国历史学家戈登·A.克雷格所说的，即将到来的第三帝国不是他们的理想，他们也不是其中的精英。确实，他们中几乎

① 参见李敏：《德国大学与纳粹政权（1933—1945）》，硕士学位论文，华东师范大学，2008年，第16页。

② 参见[德]克劳斯·费舍尔：《德国反犹史》，钱坤译，江苏人民出版社2007年版，第231页。

③ 参见[美]汉娜·阿伦特：《黑暗时代的人们》，王凌云译，江苏人民出版社2006年版，第218页。

所有的人都拒绝为纳粹党服务，而且其中的一些还成为地下抵抗组织中的一员。即便如此，在他们最有影响的日子里，他们的所作所为包括攻击魏玛的价值观，拒绝把道德和理性看作私下和公共行为的规则，对暴力的美化以及他们对德国青年对政治毫无责任感的贡献，其最终的受益者只是希特勒及其纳粹政权。[①]

德国大学当时强烈的民族主义情绪以及纳粹党的巧妙宣传攻势，再加上自柏林大学建立之后大学中普遍存在的古典大学观念的持续影响等错综复杂的问题，使纳粹统治时期德国大学发生断裂并非出于偶然。纳粹统治时期，大学课程已经被扭曲至直指纳粹精神，所有课程都从传统的人文主义、理性主义向民族社会主义转变，以便为纳粹的政治军事野心发挥最直接有效的功用。大学的课程，很多课程表面上是经济、历史、政治的分支学科，其实质却是种族学、历史学和地缘政治学。种族学体现了纳粹“社会达尔文主义”和“极端种族主义”，历史课以大量“极端民族主义”和“民族复仇主义”保证学生的思想教育，而地缘政治学表面上是政治学或地理学的分支学科，实质却与“军国主义”和“生存空间论”相呼应，出于政治军事需要把国家看作“动态边界有机体”[②]。

① Gordon A.Craig,*Germany,1866－1945*,Oxford University Press,1981,pp.494－495.

② 张泰贺:《从古典自由主义走向民族社会主义魏玛共和国至纳粹政权时期德国大学的转型研究》，硕士学位论文，四川师范大学，2015 年，第 26—29 页。

四、二战时的澳大利亚大学[①]

（一）生源受到绝对影响

1. 兵源和劳动力资源十分紧张

1939年9月3日，澳大利亚在德国入侵波兰后第3天紧随英国宣战[②]，但澳大利亚其实并未做好充分的参战准备，其9万余人的总兵力中有8万名属于非正规编制的民兵。为了加强国内的军事力量，澳大利亚政府下令对16—65岁的公民进行人口调查，以备随时差遣，同时规定21岁以下未婚男子必须进行三个月的义务军事训练；宣布从1940年1月11日开始重实行义务兵役制；组建新的“澳大利亚帝国部队（Australian Imperial Force，简称AIF）”。1940年7月17日，兵役征召年龄提高到24岁。1940年12月13日，独身男子的征召年龄提高至33岁。1942年3月11日，要求16岁以上的人进行登记，身份证必须随身携带。1942年12月3日，18—30岁的妇女被征召从事战争工作。[③]当时澳大利亚18—40岁的成年男子仅有200万人，政府组建了35万—40万人的正规军，直接派出作战的达30万人左右。[④]

二战开始尤其是日本南侵以后，澳大利亚动员全国人力物力财力支持盟军。在战争的刺激下，以军火工业为先导，为其配套的其他工业例如机床制造业、电器和光学仪器制造业、飞机制造业等也得到联邦政府的大力扶持而迅速发展。澳大利亚很快成为盟军在太平洋地区最大的兵工厂和军

---

① 本部分以独立作者发表于《河北民族师范学院学报》2019年第3期。

② 潘兴明：《澳大利亚与第二次世界大战》，《南京大学学报（哲学人文社会科学）》1995年第3期。

③ 参见刘金曼、肖岚：《澳大利亚历史年表》，天津人民出版社1994年版，第141页。

④ 参见姜天明：《澳大利亚与第二次世界大战》，《世界历史》1982年第2期。

需生产地。[①] 为了扩大劳动力来源，各地只得用非熟练工代替半熟练工，并大量招募女工。1942 年，大约有 50 万澳大利亚人从事军火和飞机制造以及军需物资生产，约有 20 万人就业于食品、纺织和各类民用产品的生产部门。生产量骤增造成劳动力匮乏，1943 年 10 月联邦政府不得不将 4 万多正在前线作战的军人调回澳大利亚，专业于工业生产。[②] 整个二战期间，澳大利亚 700 万全国人口中有近 100 万人走上前线或从事军工生产。[③]

2. 设置“保留课程”

为了应对 1941 年日本轰炸美国珍珠港事件的紧急状态，澳大利亚人力资源部宣布除少数大学之外的所有男生都要为国家承担战时责任，包括直接参军或者提供其他相关支持。1942 年 2 月 19 日八十余架日本飞机轰炸盟军所在的澳大利亚达尔文市，当年大学有三分之一多学生没有入学。[④] 大学校长们曾和军队、政府相关部门、工业战时组织（War Organization of Industry）等一起召开会议探求大学如何存活。会议上政府部门建议一部分学生可以继续在大学完成他们的课程之后再为国家提供人力支持，包括医学院、牙医学院、工程学院和特定科学专业的学生，还有数学、经济和语言专业最后一年级的学生，他们的课程被设定为“保留课程”。

与此同时，联邦政府还提出希望大学能够修订课程内容以及学时，即删减不必要的课程内容和压缩课程的学时长度。1942 年 1 月，联邦政府和大学校长商讨压缩医学专业课程，但当时由于引入一学年分为四个学期的新学制，原来五年或六年的医学专业课程事实上已经缩减至四年。工程专

① 参见潘兴明：《澳大利亚与第二次世界大战》，《南京大学学报（哲学人文社会科学）》1995 年第 3 期。

② 参见［澳］杰·博尔顿：《澳大利亚历史（1942—1988）》，李尧译，北京出版社 1993 年版，第 4—26 页。

③ 参见郑寅达、费佩君：《澳大利亚史》，华东师范大学出版社 1991 年版，第 233 页。

④ Andrew Spaull, *Australian Education in the Second War*,Brisbane:University of Queensland Press, p.227.

业从四年荣誉课程压缩普通工程科学学士或者三年专科课程。牙医、兽医、和药学也都缩减了一年。压缩课程的学年度意味着每周学时的增加，但由于删减了某些不必要的课程以及用过渡性课程取代了某些科目，所以学生的学习负担并没有过分加重。[①] 而且，1941 年将大学招生的语言考试由必考的拉丁语改为从几种被认可的语言中选择一门进行考试，这在很多人看来是减低了传统意义上的学术性，但是它更包容：能够给更多的人提供进入大学的机会。

3. 不同的声音

很多专业院校的学者和研究人员因为其专业与战争的密切相关性而被紧急征召入伍，很多当时看来不必要的学科专业则被撤销或者暂停招生，如 1942—1944 年西澳大学的法学专业就暂停招生。由于教职工的变动，大学内开始讨论是不是还有必要坚持原来的学术标准：墨尔本大学解剖系在两年内有 12 人次的工作变动，如此高的流失率被很多人认为会侵蚀到学校的学术水准和医学训练的整体质量。对于依旧在职的教职工来说，1941—1943 年紧急状态时他们经常和学生一起学习速成课程，如体质训练、现场急救、战地烹饪、航空飞行等。昆士兰大学还曾开设建筑拆毁之类的课程。

通常大学的学术团体、专业团体以及教职工和学生都会接受课程的内容变更或课时压缩，但也有例外。物理教授 J.H. 拉比（J.H.Laby）从墨尔本大学辞职源于他所在的工程系将物理课程学时进行缩减，这和他对二战是物理学家战争的认识非常不一致，他抱怨道："还有什么能比这对于战时国家的伤害更深呢？！"[②] 墨尔本大学医学院的学生同意压缩他们

---

① D.P.Mellor,*The Role of Science and Industry*,Canberra:AWM,1958,p.198.

② Andrew Spaull,*Australian Education in the Second War*,Brisbane:University of Queensland Press,p.225.

的课程，但争辩学费也应该进行相应削减，大学委员会回绝了学生的要求，双方后来又展开争辩，最终的解决方案是学生没有支付考试费。事实上，对“保留课程”专业领域的限定显示出联邦政府开始涉足大学教育的学术地带。联邦政府借口战争需要对高等教育的染指挑战了宪法根基。1943 年最高法院关于德拉蒙德案件的判决即是例证。德拉蒙德投考悉尼大学医学院被拒，因为他需要服兵役，法院最后裁决即使在战争时期，联邦政府也无权立法干涉教育。[①] 虽然事实上后来联邦政府从“联邦经济援助计划”开始还是通过财政方式一步步地扩大了自身在高等教育的权力影响范围。

（二）教师的政府服务与科学研究

1. 大学教师各种参与政府服务

二战时澳大利亚政府无法满足因战争暴增的各种公共服务需求，很多大学教师被全职或半职借调到战时政府机构，特别是新成立的经济、外交等部门，包括各种战后重建活动的负责人等，都由大学教授担任。还有一些学者以教学和培训的形式为战争状态下的国家做贡献，在军事教育服务部门、全国新闻广播系统等多个领域中担任顾问和培训专家等。在联邦政府鼓励大学教师以各种身份和角色投入为战争服务的国家正义大背景下，当时也有人对此持不同意见，悉尼社会学家肯尼思·亨德森（Kenneth Henderson）曾这样回忆他在战争期间的大学生活：“当社会有很多角色召唤时，教师首先要坚持和他的学生在一起。对教师而言，培养优秀的毕业生也许是最根本性的重建工作。”[②]

---

① P.D.Tannock, “Federal Movement into Austra Lian Education: The Financial Assistance Scheme”, *Journal of Educational Administration*,Vol.12,No.1（1974）,p.5.

② Kenneth Henderson, “The Scholar in Reconstruction” ,*Social Horizons*,No.1（July 1943）,p.79.

二战时澳大利亚对大学教师的绝大部分任命反映出澳大利亚实在难以在大学之外招聘到更合适的人员来从事这些职位，当然也在一定程度上反映出工党政府在早期倾向于使用学者来处理外交事务和制定国家政策。1941 年 6 月德国进攻苏联，因为英国许诺向苏联提供一切援助，因而澳大利亚的对苏外交政策也必须做出相应调整。澳大利亚外交政策严重依赖英国，相当缺乏独立性。一直以来，不仅国际社会和英帝国从来不把澳大利亚看作一个拥有外交独立权的国家，连澳大利亚自己也不认为自己有独立的外交权和国防权，因此，澳大利亚人的防务意识淡薄，外交基础脆弱。“由于缺乏必要的外交信息、资料和外交人才，加之国际利益的有限性，澳大利亚外交始终处于一种低规格、低水平的层次。与苏联的外交关系就是一个典型例证。”[①] 当时正值用人之际，墨尔本大学的克劳福德（R. M. Crawford）教授作为澳大利亚所能找到的最合适的相关人选代表被派往苏联。

2. 大学教师积极进行科学研究

军事科技在二战前还处于现代化初级阶段，战争期间飞机、坦克、军舰、火炮等重型战争武器有了迅速发展。[②] 对澳大利亚而言，二战之前，其军需生产几乎空白，其武器弹药主要依赖英国进口。二战爆发后，英国自身对武器装备的需求急剧上升，它在敦克尔克大撤退中还丢失了大批军火，工业中心又遭到德国空军轰炸，因此不可能再像一战期间那样保障澳大利亚的军火供应。[③] 这迫使澳大利亚比以前任何情况下都更需要依靠自己，因而刺激了澳大利亚的科学研究和工业发展。在大学的某些系部，例

① 汪诗明:《第二次世界大战与澳苏建交》,《世界历史》2005 年第 4 期。

② 参见李凤飞、崔玉艳、任众:《第二次世界大战留给人类的反思》,《求是学刊》1995 年第 4 期。

③ 参见郑寅达、费佩君:《澳大利亚史》，华东师范大学出版社 1991 年版，第 237 页。

如墨尔本大学物理系，所有的科研人员全力以赴地从事光学军需品的研究和生产。此类研究活动的重要性和相似性也体现在医学、工程和科学等诸多领域，大学第一次成为国家政策的重要支撑力量。战争结束以后，战时制定的一系列科技政策为赢得战争胜利所起的作用使政界和民众深深体会到科技及科学家在国家发展中的推动作用。[①] 大学获得了政府和公众的认可，为后来联邦政府支持建立全国性研究型大学和理工技术大学奠定了基础。

大学在战争期间对军事武器装备的贡献主要体现在很多研究项目上：光学物理、化学、精密工程等，包括由澳大利亚沙子做成的第一块光学玻璃，在盘尼西林之前发现预防性药物，还有防止战斗机飞行员黑视的抗荷服等。在其他领域也有很多有价值的研究：热带医学与细菌学，创伤外科，以及从生理学家、心理学家和视听教学人员中选拔培训飞行员的新方法等。除了这些，大学气象学者和地理学家研究出更实用的天气预报方法，大学中的化学家则忙于化学有关的研究，尤其是确定化学药品对身体可能产生的影响并开发保护性装备来限制这些影响，而在这些化学实验中充当小白鼠角色的是墨尔本大学学生志愿者。其他系部如农业科学和兽医科学所从事的研究有助于为远在内地岗位或者太平洋西南战区的美国及澳大利亚服役人员提供食物以及衣物。

3. 在困境中挣扎的澳大利亚大学

二战之前，澳大利亚教育还是维多利亚后期模式：中小学生要向英国国旗敬礼，唱英国国歌《主佑我王》，老师教育学生要以大英国帝国拥有世界 1/4 领土和 1/5 人口自豪；[②] 大学则由一小部分教授和一些年轻教师负责

① 参见张雪平：《第二次世界大战后美国科技政策的演变与发展》，《海军工程学院学报》1996 年第 1 期。

② 参见张天、张晓红：《论澳大利亚建国初期的国家法制化》，《社会科学战线》1997 年第 3 期。

组织，主要任务是本科教学；大学当时几乎没有科研训练，也没有荣誉职位或者助研，只有极少数大家眼里的怪人会从事科学研究，而且澳大利亚并不鼓励公共研究和应用研究。杰弗里·瑟尔（Geoffrey Serle）曾这样总结战前大学的状况："他们继续精打细算：经常是一个教授在一两个薪水低薄新入职助教的帮助下给学生一开就开半打课。研究是一件奢侈的事，没有理由被期待。大学对研究澳大利亚社会几乎毫无贡献。"① 由于当时澳大利亚上层还是喜欢把子弟送回英国上大学，因此澳大利亚大学的学生主要来源于富裕的中产阶层。因此在很大程度上，大学意味着一种与世脱节的特权与避风港。但由于战争以及战争期间的人力资源政策，大学几乎一夜之间变成国家抵抗的重要战场，顶在了抗战的第一线。②

1942 年之前，澳大利亚大学和中小学等教育机构已经清楚地显示出由于战争人财物等方面的短缺与变动：学者和教师以及职工包括兼职等人员挖壕沟以及修补被打碎的窗户。各类教育机构中，大学所受伤害最重，欧洲战场的激战影响了国与国之间的航运，大学需要的很多装备无法得到及时补充，实验室用的玻璃、化学合成药品、电子设备、以前主要依靠英国和欧洲进口的各种器具在战争期间都严重短缺，而且由于澳大利亚物种缺少高级哺乳动物，还有一些特殊的实验材料如研究小儿麻痹症用的非洲猴子也严重短缺。③

---

① Geoffrey Serle,*From the Deserts the Prophets Come*,Melbourne: Heinemann,1973,p.151.

② Geoffrey Blainey,*A Centenary History of the University of Melbourne*,Melbourne:Melbourne University Press,1957,p.179.

③ Andrew Spaull,*Australian Education in the Second War*,Brisbane:University of Queensland Press, p.219.

（三）联邦政府开始资助大学

1. 缘起

面临太平洋战争中日本入侵的危险，1941 年 10 月 30 日，美国宣布菲律宾、荷属东印度和澳大利亚防御一体化，并请求澳方予以协助，柯廷政府反映热情。[①] 澳大利亚总理柯廷在 1941 年 12 月 27 日的“新年献辞”中明确表示：“我毫无保留地明确指出，澳大利亚指望着美国，但这对我们与联合王国的传统血肉关系丝毫没有损害。”[②] 这一声明并不意味着澳大利亚要削弱和英国的关系，而是更希望自己以一个独立国家的身份和美国进行交往。也正是源于这种澳大利亚要真正独立的思想，当澳大利亚全国学生联合会（National Union of Australian University Students）提出有一部分有资格上“保留课程”的学生出于资金原因不能完成学业时，柯廷总理要求就此进行调查研究，然后出台了“保留课程”政策。为了给战后澳大利亚的重建培养人才，联邦政府为医学、工程、科学等国家重点发展专业“保留课程”的优秀大学生提供奖学金，同时给那些家庭贫寒的大学生以生活补贴使他们能够完成学业。[③] 约翰·戴曼（John Dedman）认为“联邦政府承担起了它的责任：把人力资源从大学等战争时期暂时不必要的岗位上转移出来进行重新分配以避免他们成为某些潜在敌人进行社会破坏的武器。但是，无论如何实用而功利地考虑，联邦政府都应该想尽办法把大学保护起来”[④]。

1942 年 3 月，澳大利亚很多大学的校园被军方以各种形式不同程度地

① 参见汪诗明、王艳芬：《论二战期间澳美军事同盟关系的建立》，《安徽史学》2005 年第 2 期。

② 张秋生：《澳大利亚与亚洲关系史》，北京大学出版社 2002 年版，第 61—62 页。

③ 参见秦德占：《塑造与变革：澳大利亚工党社会政策研究》，河南人民出版社 2009 年版，第 41 页。

④ P.D.Tannock, “Federal Movement into Education:The Financial Assistance Scheme”, *Journal of Educational Administration*,No.1（1974）,p.5.

紧急征用：麦克阿瑟将军占用了昆士兰大学的文科楼，澳大利亚皇家空军占用了墨尔本商学院，美国宪兵在悉尼大学的操场上扎营。以罗斯福为主席的太平洋战争委员会成立使得整个太平洋地区成为美国的责任区，美军开始以澳大利亚为基地对日作战。澳大利亚的教育机构作为学术社区义不容辞地接受着种种军事力量将教学楼用于教育科研之外的其他用途，作为大学的战时责任，这个举动赢得了联邦政府战时和战后的财政支持。

2. 联邦经济援助计划

1942 年 5 月，柯廷政府要求各州在战争期间不再征收所得税，改由联邦政府以统一的税率在全国范围内征收，各州反对这项法案。联邦高级法院动用战时紧急状态法，做出支持联邦政府现行接管权的裁决，这巩固了联邦政府的财政优势，使它可利用财政手段扩大和加强联邦政府的权限范围和发言权。[①] 澳大利亚州权过大是英国在澳洲殖民统治的遗留物，也是 20 世纪以来联邦制度在澳洲确立和健全最大的障碍物。二战期间，联邦政府在国内政治经济等社会方面因战事紧急状态法享有几乎是无限的权力，而且没有受到太多司法解释的困扰。

为了执行针对大学的“联邦经济援助计划”（Commonwealth Financial Assistance Scheme，简称 CFAS），澳大利亚于 1942 年建立了由 John Dedman 负责的全国性大学委员会（Universities Commission）以便更好地调配大学资源为战争服务。除了协调资金分配，这个委员会在战争期间还负责向总理提出有关大学的各种建议。其贡献不仅在于有了一个永久性委员会来负责大学事务，而且是使大学作为教育机构在战争期间得以继续保存，从而为战后第一拨学生的入学做好了准备，尤其是为 1944 年联邦政府的“联邦重建训练计划”（Commonwealth Reconstruction Training

① 参见王宇博：《澳大利亚：在移植中再造》，四川人民出版社 2000 年版，第 202 页。

Scheme，简称 CRTS）做好了准备。联邦政府把办教育纳入安置退役军人的计划中去，当时有 300000 名退伍军人接受“联邦重建训练计划”，其中一半多进入大学，客观上促进了澳大利亚高等教育发展。

3. 影响

澳大利亚六个州虽依法各自为政，但由于战后重建等工作涉及全国范围，六个州的教育部长集会讨论此类问题，认为除中小学教育由各州自己按当地实际情况具体实施之外，有必要另外设立一个机构负责全国性的教育事务。1945 年 11 月，联邦议会通过议案，成立由米尔教授（R.C.Mill）担任主席的“联邦教育办公室”（Commonwealth Office of Education）。此后，在联邦教育办公室这个桥梁的联系和督促下，联邦政府加快了对大学的资助步伐。联邦教育办公室自成立后至 1946 年 6 月底，敦促联邦政府向大学提供了 1305396 澳镑的资助，此外还提供学生生活补助 559495 澳镑，受资助人数达 5333 人。[①] 在二战结束后，“联邦经济援助计划”的奖励范围被扩展到大学中的所有专业和所有学生，变成高校学生的基本福利，到 1951 年则演变成联邦政府大学奖学金（Commonwealth University Scholarships）。联邦教育办公室和联邦大学委员会负责把联邦大学基金分配给各州和大学，并监督联邦新奖学金方案的实施。二战前，澳大利亚大学生大概有 10500 人，总人口中低于 0.2% 的人拥有大学文凭。到 1949 年，因“联邦重建训练计划”大学生人数翻了 3 倍。[②] 查尔斯·坦诺克认为：“这项资助计划真正的意义在于使澳大利亚高等教育不仅保留了富裕或者极端聪明的工薪阶层家庭子弟，而且给澳大利亚所有社会领域中认真努力的学

① 参见艾伟：《出席澳洲新教育国际会议记》，商务印书馆 1948 年版，第 122—124 页。

② Hannah Forsyth,“Expanding Higher Education:Institutional Responses in Australia from the Post-war Era to the 1970s”,*Paedagogica Historica*,Vol.51,no.3（2015）,p.367.

生提供了一个尽可能的公平机会。"[①]同年还拟定了长期资助计划，旨在使有能力并有资质的学生完成学业。联邦政府在教育领域通过财政支持的方式极大地扩展了自身的权力范围。

（四）澳大利亚国立大学的筹建

1. 背景

战争是技术的温床，战争的现象和过程紧紧依赖于科学技术成就和交战双方利用这些成就的规模与程度。现代战争以一种冷兵器时代所没有的全新方式与科学技术和大学教育结合在一起：战争在科学的佐助下其方式和破坏力都发生了显著变化，也引起了人们对大学教育的极度重视。战争使澳大利亚有识之士意识到澳大利亚不仅中层没有足够的技术员、中下层没有足够的熟练工人，高层也缺乏领导才能和远见的目光。问题的核心就是要培养这些人才，人才将是战后经济发展的主动力。澳大利亚早在一战期间政府就非常重视利用科学为工农业生产服务，1920 年又设立了科学与工业研究机构。1926 年，在原科学与工业研究机构的基础上成立联邦科学工业研究委员会（Commonwealth Scientific and Industrial Research Organisation，简称 CSIRO），拨款二十五万澳镑作为其活动基金。1935 年，联邦政府根据科研项目对联邦政府的利弊得失通过联邦科学工业研究委员会向大学拨款三万澳元科研经费。尽管不能算多，但这是联邦政府第一次正式向大学拨款，被称为"联邦政府资助大学的突破口"[②]。

随着突破口的打开，联邦政府对高等教育的影响日益加深。1942 年

① The Universities Commission, *Minutes of Inter-departmental Committee on Education*,Dec. 18,1943,p.10.

② 何晓芳：《澳大利亚高等教育市场化进程中的大学、政府、市场关系研究》，博士学位论文，东北师范大学，2008 年，第 51 页。

10 月 8 日，联合议会委员会（Joint Parliamentary Committee）提出："虽然目前并没有被普遍认可，但我们相信，作为重建计划不可或缺的组成部分，作为社会安全的坚实基础，澳大利亚应该引进具有统一基础的教育形式。…… 我们强烈要求记录下我们的观点：教育是至关重要的社会服务，应该由联邦政府进行全国范围的管理与控制，应该对所有澳大利亚人提供真正平等的受教育机会。"①

2. 澳大利亚国立大学的筹建

1940 年，二战彻底改变了堪培拉斯特姆洛山观测台一直承担的角色，这座 1924 年成立的名为联邦太阳观测台主要从事天文学和红外线研究兼顾丛林山火预防的观测台转型为光学弹药工厂（Optical Munitions Factory），设计并生产火炮瞄准器和其他用于战争的光学精密设备。观测台因为二战得以扩大，建立了很多新的工作室，成员从 10 人增长到 70 人。1944 年，斯特姆洛山观测台开始筹建大墨尔本望远镜（Great Melbourne Telescope），研究重心从太阳转移到恒星。同一年末，一群学者和政府官员包括库伯斯（H.C.Coombs）、阿福瑞德・考伦（Alfred Conlon）和罗伊・道格拉斯・瑞特（Roy Douglas Wright）等人进行了一系列讨论，商讨要建立一所全国性的大学，而且要建成一所世界一流大学。"随着公共事业的发展，人们终于渐渐认识到聪明才智是比老资格或者服过役更为重要。"②

在沃克委员会（Walker Committee）和其他科学家以及政治团体的建议中，工党政府提议澳大利亚国立大学应该致力于高级研究和研究生教

① Andrew Spaull, *Australian Education in the Second War*,Brisbane:University of Queensland Press, 1982,p.220.

② ［澳］杰弗里・博尔顿：《澳大利亚历史：1942—1988》，北京出版社 1993 年版，第 36 页。

育[①]，以培养澳大利亚由农业国向工业国的结构转变中所需要的高端人才。澳大利亚国立大学是当时全国唯一的全日制研究型大学，也是迄今为止唯一通过联邦议会立法成立的大学。成立之初即有物理、医学、社会科学和太平洋地区研究四个研究生院。这四个研究生院在很大程度上反映了战争时期国家的战略优先考虑：医学院以约翰·柯廷命名；物理学院——二战曾被称为"物理学家的战争"；太平洋事务研究院侧重研究亚洲、外交关系和澳大利亚历史及档案；社会科学研究院体现出工党侧重整体设计和社会重建。[②]其中太平洋事务研究院反映出由于二战时澳大利亚开始重视亚太地区，一位政府官员曾经说过：如果我们的前途要得到保障，如果我们要对世界大家庭做出充分贡献，澳大利亚就必须研究亚太事务并与之交往，而这种不断增加的交往将不断打破澳大利亚地缘和文化上的孤立，"让丛林文化成为历史遗迹"[③]。1946年8月1日，根据联邦议会法案成立澳大利亚国立大学。

3. 澳大利亚国立大学的成就

二战期间争夺科技人才的现象，"却不是历史上大食、帖木儿和奥斯曼人行为的简单重演。最根本的区别在于这种现象是在历史转变为世界历史、历史交往由民族、地区交往发展到世界性、普遍性交往的情况下发生的"[④]。澳大利亚国立大学的任务是承担"和国家利益有重大关系的研究生阶段课程的研究和学习"[⑤]，这种国家性的使命使得澳大利亚国立大学和澳大利亚联邦政府紧紧地绑定在一起。有研究认为："很明显，联邦政府之所以考虑建立一所新大学，它的决定源于对战争期间联邦政府权利演练的自信、战后

---

① *Report of the Interdepartmental Committee,The Commonwealth Responsibilities in Relation to Education*,Recommendation 4,CRSA 27000.XM,vol.13 AAC.

② D.P.Mellor,*The Role of Science and Industry*,Canberra:AWM,1958,p.677.

③ 张秋生：《澳大利亚与亚洲关系史》，北京大学出版社2002年版，第74页。

④ 彭树智：《文明交往论》，陕西人民出版社2002年版，第550页。

⑤ "University History", June 23, 2010, http:www.anu.edu.au/about/history.html.

重建的计划以及国外政策的引导等因素背景下所产生的提升国家潜力的综合考虑。”①

澳大利亚国立大学建成后发展迅速，尤其是1960年收并墨尔本大学堪培拉校区开始本科生教育更是极大地扩大了其规模。这所大学为国家培养了大批人才，在成立六十多年的时间内诺贝尔奖获得者就有四位，包括霍华德·弗洛里（Howard Walter Florey）因发现盘尼西林于1945年获医学奖；1963年约翰·埃克斯教授（John Eccles）在哺乳动物的中枢神经系统方面做出开创性研究；1996年柔佛·辛克纳格（Rolf Zinkernagel）和彼德·多赫提（Peter Doherty）在人体免疫方面有杰出贡献；约翰·海萨尼（John C.Harsanyi）则由于其在博弈论方面的先锋性研究使其在移居美国后于1994年和约翰·福布斯·纳什及莱因哈德·泽尔腾共同获得诺贝尔经济学奖。作为一所研究型世界名校，澳大利亚国立大学极大提高了澳大利亚的科研实力，为国家培养了大批创造性人才，通过对科学前沿的推进以及与政界和商界广泛合作为澳大利亚整个社会提供智力支持并进而赢得学界荣誉。②

第二次世界大战硬生生地把澳大利亚从依靠英国推向依靠美国乃至自力更生，站在世界政治和国际关系的大舞台上主动寻找机会以及积极确立自己的位置，当时的外长伊瓦特说“想要看到澳大利亚发挥自己的作用，并让别人也看到这一点”③。战争期间，澳大利亚政府大力资助科学发展，并有系统地把科学当作国家资源，以适应战争的需要，从而促进了战时科技

---

① Milton Lewis, “The Idea of A National University:The Origins and Establishment of the Australian National University”, *ANZHES Journal*,No.1（1979）,pp.40–55.

② 参见张羽:《从科技力到战斗力——简述科技动员在第二次世界大战中的作用》,《中国国防报》2004年5月24日。

③ 崔越、牛仲君:《“二战”后澳大利亚的中等强国认同：跨越党派的共识》,《太平洋学报》2015年第10期。

发展与科技交往，军事科技是最先受到影响的领域。尽管存在各种紧张不安，澳大利亚大学在战争期间的精神面貌得到某种改变：消除了公众对大学“与世隔绝”“象牙塔”之类的刻板印象。其主要功能在当时也由教学转为科研。二战后，一方面由于冷战引起的紧张状况，另一方面由于人们对科学的重要地位有了新的认识，再加上联邦政府的财政优势，澳大利亚联邦政府则在此背景下和其他西方国家一样对高等教育寄托了太多的希望，以经济为杠杆主导了本国的大学。值得注意的一点是，尽管目前由联邦政府主导整个高等教育，但从原则上讲，除澳大利亚国立大学之外，其余的公立大学均为各州/领地所有。[①] 联邦政府拥有的是制定政策和进行财政资助的责任，州/领地政府则保留了绝大部分的立法权。

① Grant Harman, “Australia as An Higher Education Exporter”, *International Higher Education*, No.42 (2006), pp.14–16.

第三节　大学的战后恢复与重建

第二次世界大战结束后，世界各国政治经济形势随着战争的结束而表现出新特点。战争期间世界大国之间的直接军事对抗转化为战后经济、军事与科学技术发展的持久竞争。各国越来越清晰地认识到，军事上的优势与经济上的快速发展源于科学技术的发展与大批高素质科技人才的培养，而这些都需要以大学的高质量发展为前提。高等教育的改革与发展受到前所未有的重视。

一、法国大学的战后[①]

二战期间法国损失惨重，高等教育的破坏也极其严重，大学急需恢复

---

① 法国高等教育机构大致分为三个水平层次：两年制短期高等教育为第一层次，其中包括大学第一阶段（2 年）、大学技术学院、高级技术员班等高等职业学校；大学第二阶段（即本科）和大学校（即各类高等专科学校）为第二层次；大学第三阶段（3—5 年），即博士教育阶段为第三层次。其中，高等职业教育是法国整个高等教育体系的重要组成部分之一。法国高等职业教育包括两个部分：一个是以法国人称之为“大学校”（Grandes ecoles）为主的长期高等职业教育机构，如工程师学校、高等商业管理学校、高等师范学校等；另一个则是以高级技术员班和大学技术学院为代表的短期高等职业教育机构。前者类似于我国理工科大学，后者与我国正在兴起的高等职业学校相当。法国这两类高等职业教育机构各方面区别较大，但也互有联系。大学校创办历史悠久，办学颇具特色，特别是与经济界和企业界有着传统的密切联系，历来是法国工业研究、工程技术、商业管理、财政金融以及政界和外交等部门高级专门人才的主要培养基地。短期高等职业教育则是为适应战后国内社会经济建设和满足高等教育大众化的需要而创办起来的，经过几十年的发展与改革，形成了这一教育层次独特的办学特点。详见李兴业：《战后法国短期高等职业教育发展与改革》，《法国研究》1999 年第 1 期。

和重建。1944 年 11 月，当时在阿尔及尔的法国临时政府任命了一个教育改革研究委员会，1947 年 6 月该委员会公布教育改革计划即“朗之万 - 瓦隆计划”。虽然最终落空，但其教育民主化基本思想成为战后法国的“教育改革的经典”。[①]

（一）战后法国大学的职业化趋势、原因及影响

1956 年，为满足社会对职业技术人员的需求，法国创办了高级技术员班（STS），学制两年，招收普通高中或技术高中毕业生培养高级技术员，高级技术员班虽然设在技术高中内，但它是战后法国出现的第一种类型的高等职业教育机构，职业性较强，发展快，1980 年这类班只有学生 68000 人，1992 年则有 20 余万。[②]1966 年，法国出现短期技术大学（IUT）。短期技术大学附设在综合大学内，但它是独立的，在课程内容、学习结构等方面与综合大学有本质的区别。短期技术大学是法国主要的高等职业教育机构，发展很快。1984 年《高等教育法》规定，“公立高等教育提供的培养，同时具有科学性、文化性和职业性。……职业界参与高等教育的组织，派代表参加课程计划的制订，派实际工作者参加教学活动”。与以前的高等教育法相比，该法表现出鲜明的职业性。

50 年代末至 70 年代初法国经济快速发展，职业结构和就业市场发生巨变，社会需要大量填补工程师与技术员之间空白的高级技术人员，短期技术大学由此应运而生。1974—1975 年西方经济危机使法国失业人数上升，这在客观上促进了职业技术教育的发展，虽然对大学的发展有一定的负面影响。法国高等教育走向职业化固然是经济需要，更是基于国家要保持竞争力就必须对普通人民进行高水平职业教育的信念。在 20 世纪 70 年代，

① 参见贺国庆、王保星、朱文富：《外国高等教育史》，人民教育出版社 2006 年版，第 462 页。
② 参见赵蒙成：《战后法国高等教育的职业化趋势》，《外国教育研究》1997 年第 6 期。

国际社会出现职业教育由中等教育向高等教育领域延伸的趋势，美、德、法、日都不例外。职业化给法国的高等教育已经带来并将继续产生深刻的影响。法国传统高等教育机构大学和大学校历来就具有职业性，但大学越来越不适应职业结构的变化，大学校只培养少数的高层次人才，在中央集权的管理体制下对这两类传统机构进行改革极为困难。于是，高等职业教育机构完善了法国的职业教育系统，丰富了法国高等教育的教学内容。[①]

（二）战后法国大学内部管理体制改革

1. 法国大学的改革

20 世纪 60 年代开始，法国高等教育进入了大发展时期。1968 年的《高等教育方向指导法》确立了“自治”为法国大学的三原则之一。就是说，大学能够自己决定自身的行为，决定教学、科研，决定行政与财务管理。但是，法律的实行使很多问题暴露了出来，如在强调民主管理的同时，削弱了教授的作用。1968 年的改革对于改变法国高等教育领域长期以来“有学院，无大学”的状况起了非常重要的作用，是法国高等教育发展史上的“里程碑”事件。这次改革有以下特点：一是设置教学与研究单位。二是校内外各类人员民主参与大学的管理。任何改革都有它的两重性。一方面，这次改革使法国大学的面目一新，尤其是在大学内部管理方面，充分显示了大学自治的愿望，下放了国家的部分管理权力。另一方面，随着政治、经济、文化、教育的发展，改革的短视性也不可避免地暴露出来。比如，在建立教学与研究单位时，有近三分之一不符合法律程序。另外，由于《高等教育方向指导法》本身许多条文表述含混，难以实施。

---

① 参见赵蒙成:《战后法国高等教育的职业化趋势》,《外国教育研究》1997 年第 6 期。

"朗之万 - 瓦隆"计划虽然失败了，但是它所确立的民主化思想却深入人心。60 年代后期，高等教育民主化思想更是在法国社会中引起了极大的反响，特别是布迪厄和巴瑟隆的《继承者》和《再生产》，勃德罗和埃斯达莱的《法国的资本主义学校》等著作的影响更大。这时人们要求高等教育机会均等，不仅仅是入学机会均等，而且包含了结果的均等。然而，70 年代初，遍及西方的石油危机给法国高等教育的发展一个沉重的打击，使它既不能进一步缩小与美、日等国在入学率方面的差距，也不能保证大学生都能就业。但是，这一时期的一个现象却是，大学生数在民主化思潮的影响下持续增长和高等教育质量的下降。[①] 为解决这一矛盾，法国政府于 1984 年提出新的《高等教育法》并由议会通过。由于这部法案是由当时法国教育部长阿兰·萨瓦里主持，该法案又称为《萨瓦里法案》。《萨瓦里法案》重点是改变集权管理，加强地方分权；改变大学教育过于理论的倾向，加强高等教育职业化，走与企业联合的办学道路。[②]

1968 年的高等教育改革不够全面、彻底，那次改革是法国当局迫于大规模的学生运动而仓促进行的，以求度过危机，因此尽管《高等教育方向指导法》几乎是在没有人反对的情况下通过并且也触及一些根本性问题，但在大学与大学校之间的关系、教学与科研的关系、招生与就业的关系、自治与管理的关系等一系列重要问题上，突破不大，致使这些老问题和旧矛盾在 1974 年以后新的经济危机中又凸显出来。即便是《高等教育方向指导法》中明文规定的内容，也出于种种原因未能完全落实，有的甚至沦为空谈。

1981 年 5 月，社会党的密特朗当选总统，要求高等教育机构积极"参

① 参见黄建如、李晓：《战后法国大学内部管理体制改革》，《大学教育科学》2006 年第 3 期。
② 参见陈学飞：《美国、日本、德国、法国高等教育管理体制改革研究》，教育科学出版社 1995 年版，第 56 页。

与经济和社会发展，参与技术进步，并着眼于未来从事的职业去培养青年”。为此，围绕放权、现代化和适应等方面，法国大学重点解决扩大招生和减少失业两大问题。经过广泛的讨论和反复的修改，1984 年 1 月 26 日，密特朗总统签署了国会通过的新的《高等教育法》即《萨瓦里法案》，法国继 1968 年高等教育改革后第二次重大改革就此展开。《萨瓦里法案》自开始酝酿起，就遭到了右翼各派的强烈反对与持久辩论，并先后提出 2200 多条修正案，法案本身亦险遭否决。该法案实施后，教育界人士对其仍毁誉参半，争论的焦点主要集中在“民主化”和“职业化”：大学的任务应当是培养优秀的学术性专业人才，只有自由竞争、择优和淘汰才能保证教育质量，因此大学的“民主化”绝非在于扩大招生规模，“职业化”也不意味着放弃学术人才培养的任务。由于思想的分歧，再加上经济上的困难，1984 年改革基本没有涉及十分重要的结构问题，也未能解决职业化与减少淘汰之间的矛盾。

尽管如此，作为一项条款比较完善并且在一定程度上反映了时代需要的法案，1984 年《高等教育法》虽带有较多社会党意识形态的烙印，但它进一步确立了高等教育的自治、参与和多科性三大原则，其深度超过了 1968 年的高等教育改革，在实践中产生了一定成效。

2. 法国大学的改革——以巴黎大学为例

从 1969 年起，巴黎大学所属各学院开始改组，准备成立巴黎地区的新大学，经过两年多的调整，在 1970 年宣布成立 13 所巴黎大学。1971 年 1 月 1 日 13 所大学同时宣告成立。新生的 13 所巴黎大学各自独立，无任何隶属关系。原巴黎大学附属院校停止使用“巴黎大学”称号。这意味着巴黎大学完成了自中世纪以来整个体制上的变革。此后，巴黎大的内部管理结构可以描述为：大学校长与教务委员会之间的联盟。例如，巴黎第十一大学章程第 32 和 33 条规定，设教务委员会，8 名成员中半数由校长指定，半数由理事会指定；所有成员不能兼任其他行政职务，6 年一任，每次更换半数成员；负责监督和发扬学校内的合作精神，提出建议，防止和处理纠纷，在这方面接受理事会的委托或主动向其提出建议。[①]

在重新组建的巴黎大学中，多学科原则的确立和教学与研究单位的设置，打破了原来各学院之间的封闭状态，但学科之间的对立仍然存在。比如，巴黎第一大学设 13 个“教学与研究单位”和 4 个研究所，但这些机构都分别与法学、经济学和人文科学 3 个学科相关。这 3 个学科是巴黎第一大学的强势学科，不仅大学委员会中 3 个学科的代表平分秋色，而且大学校长也由 3 个学科的代表轮流担任。[②]另外，由于存在着权力上的消长关系，大学校长与教务委员会之间密切的关系已经被割裂开来，而他们的利益未必完全一致。这些差异使得他们之间的合作出现一定的困难，并且难以组成一个稳定的团队。

1968 年改革之后，法国大学内部最大的两个团体就是以大学校长为代表的团体和以“教学与研究单位”主任为代表的团体。这两个团体在职业角色、所关心的主题等方面都存在着不同，从而形成不同的领导风格。在巴黎大学，大学校长和“教学与研究单位”主任之间的联系可以叙述为：两者之间不甚满意的妥协。在学校内部，“教学与研究单位”主任不能参与到决策执行中；而且，在产生决策之前大学校长也很少向他们进行咨询，一般只是告诉他们决策已被代表机构确定并由执行机构实施。贾斯奎斯·贝恩维尔（Jasques Bainville）对大学校长的角色发出过感慨：“他太强硬了

① 参见李晓、黄建如：《20 世纪后半叶法国大学内部管理结构问题研究》，《大学教育科学》2007 年第 1 期。

② 参见王晓辉：《步履蹒跚依然优秀——巴黎索邦大学创建 800 年之思考》，《比较教育研究》2004 年第 8 期。

而不能软弱，他太软弱了而不能强硬。”[1]

（三）战后法国大学的科学研究

从战后到1968年改革发生，法国国内就传统的高等教育管理体制、科学研究与经济增长的关系以及高等学校同产业部门的合作等高等教育三个方面的问题进行了讨论，认为法国大学固守“纯学术的殿堂”的宗旨妨碍了自身发展，又造成它与社会迅猛发展的经济和科学技术之间的鸿沟。为尽快改善法国科学研究的现状，社会各界在50年代初加强了联系，著名政治活动家蒙戴斯·弗朗士发起的“科学研究发展委员会”，1956年11月在西北部冈城召开首次“全国科学研究与科学教育讨论会”，建议政府采取积极有效的措施保证所有人对科学研究的努力能得到最大限度最有效率的发挥。蒙戴斯·弗朗士强调科学教育对发展研究的重要作用，认为科学教育应当伴随各级教育的发展和转变，主张高等教育应该大力发展新兴学科。[2]由于认识到科学研究与经济增长之间的密切关系，法国努力加大对科学研究的经费投入。[3]科学研究经费的增加有力地推动了高等学校科学研究的进行。1966年，全国科学研究发展委员会再次在冈城召开高等教育的全国性会议。1968年3月，该委员会又召开亚美（Amien）会议，讨论规模空前，各界与会代表达六百多人，主要研究如何建立新型学校的问题。

---

① 李晓、黄建如：《20世纪后半叶法国大学内部管理结构问题研究》，《大学教育科学》2007年第1期。

② 例如，生物学中的遗传学、生物化学、生理学，化学中的理论化学、结构化学、物理化学、核化学，物理学中的理论物理、原子和分子物理、固体物理、电子学，数学中的概率与统计、信息与对策论、应用数学，等等。

③ 参见王晓辉：《20世纪法国高等教育发展回眸》，《高等教育研究》2000年第2期。

二、德国大学的战后

二战后初期，多数德国民众保持沉默回避战争罪责，冷战开始后美国向联邦德国推销西方民主道路的“再教育”政策实施效果有限。后来，虽然融入欧洲成为联邦德国对外政策的基本指向，但在历史教育问题上联邦德国一直倾向于逃避罪责。[①]直至20世纪60年代，这种沉默态度和逃避倾向才得以扭转为直面过去，深刻全面地反思历史罪责。

（一）大学的恢复

纳粹德国发动的第二次世界大战不仅给欧洲国家，同时也给德国人民带来了深重的灾难，战争结束时无数的城市和高等学校沦为废墟，其中位于大城市的工科院校和位于小城市的大学都遭受到重大的损失。战后国家重建需要大量的各类人才，高等学校恢复正常的工作迫在眉睫，有些学校在1945年就恢复了正常的教学秩序，而大多数学校则在1946年恢复正常的工作。战后的德国高校一方面积极恢复学校的工作，同时也在学校范围内进行非纳粹化，对原纳粹积极分子进行清查，战胜的盟军国家对于大学的重新开放非常欢迎也很支持。[②]战后恢复了高校法、教授法及学生会，在所有高校的校务委员会中教授获得了多数席位，一些科学政策及资助机构也陆续恢复了工作。战后不久，各州文教部长和高校校长召开会议，并成立了经常性的机构：文教部长联席会和西德高校校长联席会，1949年成立的德国科学特别协会也于1951年更名为德国研究会（Deutsche Fors

① 参见花琦：《历史记忆：二战后初期德国公众心理、西方盟国再教育政策与联邦德国的选择》，载《世界近现代史研究（第十二辑）》，社会科学文献出版社2015年版，第40页。
② 参见孟凡臣：《战后联邦德国高校工程教育的发展》，《煤炭高等教育》1997年第2期。

chungsg emeinschaft，简称 DFG）。[①]

1945 年，二战失败的德国分为四个占领区。由于就这些占领区的重新统一问题未能与苏联达成一致，美、英、法三国遂于 1949 年将占领区合并为德意志联邦共和国（西德），东部地区在苏联的支持下于同年成立德意志民主共和国（东德）。战争使德国高等教育遭受重创，共计损失了约 60% 的建筑物、附属设备、图书资料，尤其不可弥补的损失是失去了众多学者和教师。战前德国有 23 所大学，1945 年仅有 9 所相对来说未受重创。[②]“许多高等院校教师因曾为纳粹工作过而不得不暂时或永远被开除出教师队伍。美因河畔的法兰克福大学近三分之一的教师遭到解雇。”[③] 战后十多年间，德国高等教育远不能满足经济发展的需要，且明显落后于其他发达国家，面临的主要任务是在战争的废墟上恢复和重建高等教育。三所新大学——美因茨大学（1946 年）、萨尔布吕肯大学和西柏林自由大学（1948 年）先后建立，高等教育重建阶段持续了约 15 年，在 1960 年前后结束。重建后的大学在教学、科研及管理体制上基本保持了洪堡创建的大学特色：向少数精英们提供科学教育。

1948—1952 年，西德从马歇尔计划中得到 14 亿美元的援助，为经济的复兴注入了必不可少的资金。1950—1955 年，西德社会总产值年均增长 13%，出现了举世瞩目的“经济奇迹”。1960 年，西德的工业发展水平占世界第二位，仅次于美国。到 70 年代中期，西德成为世界上黄金和美元储备最多的国家。经济的高速发展需要更多受过高等教育的专业技术人才，家庭收入的增加也使中产阶级及工人阶级有能力送子女进入高等

① 参见孟凡臣：《战后联邦德国高校工程教育的发展》，《煤炭高等教育》1997 年第 2 期。

② Daniel Fallon, *The German University: A Heroic Ideal in Conflict with the Modern World*, Boulder: Colorado Associated University Press, 1980, p.55.

③ ［德］克里斯托弗·福尔：《1945 年以来的德国教育：概览与问题》，肖辉英等译，人民教育出版社 2002 年版，第 215 页。

学校。1950 年，联邦德国共有高等学校 143 所，到 1960 年增至 152 所，10 年间仅增 9 所，但高校学生由 17.2 万增至 30.4 万，10 年间增加了 12 万人。

德国传统中等教育实施双轨制，入文科中学是进入高校的唯一途径，但文科中学毕业生数量有限，无法满足高校扩大的需求，于是只得开辟所谓“第二条教育途径”，即允许部分在职青年通过夜校、补习学校等获得大学入学资格，以此扩大高等学校生源。由于具有大学入学资格的人超过大学的容量，德国完全中学毕业生可自由进入任何大学、自由选科系及选读任何科目，甚至自定修业年限的传统被打破。1963 年，西德大学医学院率先对申请入学者加以甄选，之后药剂、物理、化学、建筑、心理学系也开始择优录取新生。1967 年，西德大学校长会议决定在汉堡设置专门机构共同处理热门专业入学申请书。1972 年各邦决定将高级中学毕业成绩的平均数作为有关科系能否录取的标准。1973 年又在多特蒙德设置大学新生分发中心处理全国大学申请书。①

（二）战后德国高等教育系统趋于统一

联邦德国在二战后的高等教育政策选择了单一的集权制。60 年代中期，原有的高等教育机构类型进行了大规模的调整。50 年代，大学“Universitat”这一术语仍然仅指那些强调科研的高等教育机构，它们提供传统的学术科目，如神学、人文科学、经济学、法学、自然科学和医学等，并且有资格授予博士学位和教授备选资格（the Habilitation）。那时，联邦德国拥有 18 所这类大学，包括 4 所最古老的大学：海德堡大学（1386 年）、弗赖堡大学（1457 年）、蒂宾根大学（1477 年）和马尔堡大学（1527

① 参见台湾比较教育学会：《世界高等教育改革动向》，幼狮文化事业公司 1977 年版，第 301 页。

年）。这些大学均设置在小城镇，因此对城镇的生活影响巨大。①

除此以外，还有4所高等学校和9所技术高等学校。高等学校，主要侧重于某一门专业的教学，后考虑到与大学水平相当而更名为大学，一所为医学院，一所为农学院，一所为经济学院，一所为军事学院。技术高等学校建于1775至1879年之间，在50年代亦被认为水平与大学相当，传统一般不把工程技术视为学术科目，但在20世纪技术高等学校已获得了与大学平等的地位。40年代末，柏林技术高等学校更名为柏林技术大学，大多数其他的学校也随后在60年代和70年代改名，相应也增设了新的学科。50年代，上述31所大学水平的高等教育机构担负起联邦德国80%以上的大学生的就学。此外，其他112所高等教育机构可分为3类：神学院、师范学院和艺术学院。

除了大学设置的神学系科外，还有16所神学院。它们是先前大学的延续或者曾经停办而后来又恢复的。它们均属于旧教即天主教机构。新教在德国仅在20世纪后才兴起，组成基督教团体，介入反对国家社会主义专政的斗争。

78所师范学院用以培养义务教育阶段的师资（学术中等教育的师资是通过大学培养的）。一战后，进入师范学院必须毕业于学术中等教育，并且大多数的州把原有的师范学校升级为师范学院，有些州在大学设置了二年师范课程；纳粹时期，完全中学的入学要求终止。二战后，大多数州恢复了20年代的做法。在六七十年代，大多数师范院校被并入大学，1987年只有9所独立的师范学院存在。义务教育阶段的师资培养一般需要3年或3年半时间并且不属于纯学术的学习。这样，师范学院的毕业生没有资格成为博士候选人，除非他们通过另外的考试来证明其学业水平与正规大学

① 参见邓志伟：《战后德国高等教育系统的构成及其变化》，《外国教育资料》1993年第6期。

的程度相当。最后，50 年代还有 18 所艺术学院。它们至今仍然属于专业的机构类型，1987 年增加到 28 所。

除艺术学院外，上述的其他高等教育机构后来陆续并入大学或者多科性综合大学，构成了 60 年代联邦德国的高等教育系统。

（三）1968 年学生运动期间德国大学“集体治校”的内部结构改革

1968 年德国爆发大学生运动加速了大学改革的进程。其中心内容是以民主化为口号，要求修改大学宪章，改变“教授治校”的传统体制，代之以由助教和学生参加决定大学事务的“集体治校”。德国大学奉行大学自治和教授治校，高校的内部管理几乎完全由正教授们负责。教授主宰科研、教学、人事及财务，院务会由正教授组成，之上有评议会和校长，其成员和校长也由正教授中选出，任期一年。在这种体制内，除正教授之外的其他所有成员基本上被排除在决策过程之外。[①]60 年代，由于民主化的呼声日渐高涨，大学内部结构开始出现变化，正教授主宰大学的体制被认为不合时宜。正如克里斯托弗·福尔所说：德国正规大学的教师特别是教授们依据州议会法规自主决定教学和科研以及人事问题的权力被匆匆地剥夺，取而代之的常常是州议会以及“集体大学”不切实际的政治决定。在这种“集体大学”中，所有在职成员都参与决策的过程。但这还不是对大学所作的唯一手术：具有悠久传统的系级建制也被取消了，一般是将四个系改为二十多个专业领域。

---

① 参见［德］汉斯格特·派泽特：《联邦德国的高等教育》，陈洪捷译，北京大学出版社 1993 年版，第 34 页。

三、意大利大学的战后

意大利大学的诞生与发展是一幅华丽篇章，其发展表现出高度的连续性和稳定性，具有两个主要的传统特征：中央官僚控制与学术行会管理相结合、组织与功能缺乏多样性。

（一）中央官僚控制与学术行会管理相结合

1.1859 年《卡萨蒂法案》[①] 与 1923 年秦梯利改革

1859 年《卡萨蒂法案》是 19 世纪意大利实行的领导阶级教育政策计划的重要体现，它在高等教育方面的主要目标是认为高等教育应选拔和培养出数量很少的精英阶级，这一阶级价值观和行为模式都与现存的统治阶级相符合。随着 1861 年意大利统一，其所有高等教育机构被提升至大学层次。[②] 这一政策导致大学的数量大幅增加，与有限的学生人数差距悬殊，因为当时大学还是小部分精英的特权。与此同时，政府采取的措施并没有成功地解决高等教育机构具有的地方性特点问题。在这种背景下，原本只适用于撒丁王国的 1859 年《卡萨蒂法案》被应用于全国以平衡大学的数量和质量，但实施效果并不明显，各个大区依然执行原有政策。

1923 年秦梯利改革的主要目标是巩固政府部门的权力，取消国立或地方学校的自主权。原因在于：一战后严重的经济危机导致了知识分子的失业率大幅增长，中学好像变成了一个专门制造错位人群的工厂，这群人既

① 该法案根据时任公共教育部长的加布里奥·卡萨蒂伯爵（Gabrio Casati，1798—1873）命名。法案希望国家可以与教会一起，并最终取代教会担任起领导公共教育的重任，此项重任几个世纪以来一直都是由天主教会承担。该法案经过多次修订，效力一直延续到 1923 年秦梯利改革（Riforma Gentile）开始之际。

② 参见［意］古列尔莫·马利泽亚、卡罗·南尼：《意大利教育制度研究》，瞿珊珊等译，浙江大学出版社 2012 年版，第 151 页。

无法找到对应自己知识和能力的工作，又无法回到维持家庭生活的普通工作中去。除此之外，随之产生的需求还包括延长年轻人政治社会化的时间，以便更好地适应当时已经开始形成的法西斯主义体制，以及中央集权统治意义上的社会重整。

1859 年《卡萨蒂法案》和 1923 年秦梯利改革确定了意大利高等教育的中央集权特色。受到法国集权制行政管理方式的影响，大学直接与中央教育部形成上下级关系，由国家资助和控制大学，负责大学招生制度、财务制度、人事政策、课程、职称等。同时，学术行会对意大利高等教育具有绝对影响力。它的长久存在是基于终身教育的寡头统治，这些讲座教授享有绝对的权力和自由：自由授课、自由招募初级教师；自由决定研究的内容、时间和方式。可以说，教授是意大利的贵族，意大利是教授们的天下。这种高教结构的权力主要集中在底部，其次是在顶部，高教结构的中层组织的权力是极为有限的。[①] 中央官僚的控制以及学术寡头的强大权力剥夺了大学在机构层面的自主权。中央官僚和最著名的讲座教授共同做出最重要的决策。

2. 20 世纪后期的意大利大学

20 世纪六七十年代，欧洲国家经济和高等教育快速发展，还纷纷设立与大学平行的以职业教育为目的的专科教育。意大利社会各界将关注的焦点放在了经济的发展和扩张，这段时期也被称为“意大利奇迹”，扩大学校招生的理由是为了回应日益增长的技术和社会教育需求以及生产力的提高：学校被视为社会等级上升的必要通道。高等院校的自由入学政策得到支持，这不仅是出于社会等级上升机会平等的民主思想，而且还处于最大限度利用人才和资源的社会经济角度的考虑。很多出生于中层阶级的年轻人由于

① 参见［加］约翰·范德格拉夫：《学术权力——七国高等教育管理体制比较》，王承绪译，浙江教育出版社 2001 年版，第 44 页。

曾经受到了过早的以及过于严厉的考试限制，因此在进入高等学校的考试中得到了很高的成绩。[①]1969年《自由进入大学法案》规定，所有大学院系必须向所有中学毕业生敞开，包括师范生、艺术生以及只需补充一个或几个综合学年学习的职业学校学生。这不仅颠覆了传统的三种趋势——入大学深造、从事中等技术职业和成为合格职业工人，而且形成了不同种类高中的绝对平等。可见，20世纪六七十年代以后意大利教育包括高等教育开始进行缓慢的转型。高等教育体系主要进行大众化、市场化以及赋予大学更多自主权等改革。20世纪60年代以来，整个西方世界都在经历从精英高等教育向大众高等教育的转变。

1968年学生运动效果并不明显，唯一凸显改革特色的是第910/1969号法案，它开放了大学的门槛：所有学生只要接受过五年的高级中等教育，并且通过最终的国家考试，都可以进入他们喜欢的大学和专业学习。因此，1969年之后，大学招生正式取消了不同高中之间的升学差异性，而且本土学生和外国学生一律平等。该法案的出台，不仅是为了满足婴儿潮时期大量出生的孩子接受教育的需求，也是顺应了20世纪60年代末西方世界的教育民主化浪潮。这种开放政策使得具有不同社会背景和家庭背景的学生涌入大学，但高等教育的多样化当时尚未提上日程，而且管理方式仍然维持着中央集权。意大利高等教育的大众化主要是由大学本身的扩张推动的，而经合组织其他成员国高等教育的大众化则主要是通过建立短期大学或高等职业院校来实现的。这个时期意大利高等教育的“大门已经打开，但是房子没有改变。其结果就是大学人满为患。这不仅体现在大学设施、场地

① 参见［意］古列尔莫·马利泽亚、卡罗·南尼：《意大利教育制度研究》，瞿珊珊等译，浙江大学出版社2012年版，第3页。

无法满足扩张的需求，也体现在所有的学生都为了得到同样的文凭”[①]。

从20世纪80年代末开始，尤其是90年代，意大利终于开始事实上全面的大学改革方案，旨在通过向大学授予充分的自主管理、财务、行政和教学等权力，以期实现大学的现代化。这一进程包括三个阶段：第一阶段是随着第168/1989号法案的颁布意大利成立了大学科研部，自此国家第一次将自主制定规章制度的权利下放给了大学；第二阶段是第341/1990号法案的颁布，它改革大学的教育体制增加了专科；第127/1997号法案则采取一系列紧急措施精简了管理机制，使决策和控制的程序更为迅速有效。[②]1999年意大利大学以博洛尼亚进程为契机，以《泽其诺条例》为标志，走上了更有自身特色的改革道路。

3. 意大利高等教育的特点

（1）政策的高度连续性和稳定性

意大利高等教育政策呈现出高度连续性和稳定性。从20世纪30年代以来，甚至在二战后的四十多年里，中等教育采取了严格的两分法：一类是文科中学，通向培养领导人才的大学；另一类是各种类型的职业技术学校，大部分受到通向高等教育的限制，总体特点是通过严格的考试进行过早的人才选拔，以及使用文科知识来从大众中选拔人才。意大利高等教育在此期间也仅仅进行了一些边缘的改革以及政策上的修修补补。这些改变并没有动摇意大利高等教育系统和大学智力的最基础的原有特色。[③]在意大利传统的院校发展模式中，学者具有绝对的统治权力。伯顿·克拉克构建了国

---

① E.Recchi, “Italy: Expansion,Reform,and Social Inequality in Higher Education”,In Y.Shavit, Arum R.Arum.& A.Gamoran,*Stratification in Higher Education:A Comparative Study*,Stanford University Press,2007,pp.400−402.

② 参见［意］古列尔莫·马利泽亚、卡罗·南尼:《意大利教育制度研究》，瞿珊珊等译，浙江大学出版社2012年版，第152—153页。

③ G. Capano, “Looking for Serendipity:The Problematical Reform of Government within Italy’s Universities”,*Higher Education*,no.55（2008）,pp.481−504.

家、市场和学术权威呈三角形的协调模式，他认为："意大利更接近学术权威这一级，因为意大利的有声望和强有力的全国性的学术权威，传统上胜过比较软弱无力的官僚机构。"[①]意大利的案例是经典寡头模式的一种特殊变异，即在整合学术行会和国家官僚机构两股力量的过程中呈现出一种不对称的本质：前者的影响力远远超过后者。不管在院校层面，还是在整个高等教育系统层面，学术行会都掌握着实际的控制权。在院校层面，影响大学发展的决策往往是由最强势的学术群体决定；而在整个高等教育系统层面，地方最强势的讲座教授或者讲座教授群具有相当大的权力，对从地方到中央的政府机构施加影响。意大利高等教育事实上是掌握在最有能量的学者群体手中，从理论上说是由中央集权式控制，但实际上是教授一统天下。[②]

因此，在意大利，大学从来没有作为一种"具有自治权"的机构存在过。一些涉及大学发展的最重要的决定，比如预算分配、学术人员招聘、战略规划，虽然表面上掌握在高等教育系统的中央管理机构手中，但是具体实施是由上述非正式的"讨价还价过程"来实际掌控。也就是说，内部决策过程的真正权力，并不在那些所谓"民主选举"出来的大学官员以及大学机构手中，而在那些被称为"贵族"的终身教授以及他们强大的网络体系中。而那些表面上有权力的个人，如校长、院长等，其实只是扮演着协调有着不同兴趣的教授之间的利益的角色，并非院校层面的真正掌权者。

① ［美］伯顿·克拉克：《高等教育系统——学术组织的跨国研究》，王承绪译，杭州大学出版社1994年版，第160页。
② 参见［加］约翰·范德格拉夫：《学术权力——七国高等教育管理体制比较》，王承绪译，浙江教育出版社2001年版，第43页。

（2）全职教授在大学中的统治地位及障碍作用

大学传统组织和价值的核心是教授招募系统。一般情况下，学术生涯开始于当一名志愿助理：没有工资或者仅仅以小时来计算报酬，尽量在研究所里发挥特长，同时在大学外面找兼职以赚取生活费和研究经费。随着助理人数的增加，他们可以成为一种变革力量，也为大学的作用和责任带来新的理念。靠着运气、关系以及杰出的能力，志愿助理能够及时晋升为研究助理，受到研究所预算的资助，或通过研究、咨询及其他路径获得经费资助。能否顺利晋升取决于他与处于领导地位的研究所讲座教授的关系，这位讲座教授往往是指导他获得学位的教授。这种世袭系统意味着年轻的学者从一个研究所转到另一个研究所是难以想象的。由于整个研究所都是由教授的学生组成的，作为大学基层单位，在实际运作过程中就像一个"道德大家庭"，如同传统的家庭一样，晚辈对长辈的"忠诚"和"服从"是其主要的特征。尽管到罗马、米兰等大城市的大学授课对教授来说具有较大的吸引力，但是1/3的全职教授最终还是决定回到他们当初获得学位的地方。显而易见，这种基于"关系"的晋升体制造成的问题是"近亲繁殖"和"地方主义"。

全职教授在大学中的统治地位是大学改革的主要障碍。他们是这个国家的贵族，也被称为正教授，严格控制教学专业的招募和晋升。这些正教授也决定研究资金的分配。教授也是社会中地位最高、最受尊敬的职业。他们可能会加入决定公务员招聘的委员会，也可能是司法机构或其他重要政府机构的重要成员，在国家权力精英的选择中发挥了关键的作用。这些正教授在国家议会中也执掌着大权。当中世纪的教授从博洛尼亚学生手中夺取了学校管理权，意大利大学就发生了大逆转。与此相对应，大学录取人数的急剧增加给这些教授施加了大量的压力。1957—1966年，教学岗位的教师仅仅增加了1/3；师生比从1:29降到了1:45。因此，目前几乎不可能让正教授们有效地承担起多样的教学责任，如给学生考试、教学、指导研究、为大学和校外委员会服务等。甚至这些工作都是部分时间制的，因为工资系统和传统的职业期望迫使教授们不仅在一所学校承担教学职责，还频繁地在第二所甚至更多的大学兼职。

（二）组织与功能缺乏多样性

在很长一段时间里，大学是高等教育的全部。意大利高等教育系统刚诞生的时候，所有的高等教育机构都是大学。尽管有不断引入的短期文凭项目以及本科项目，意大利的高等教育体系仍旧是一个非常严格的大学系统。大学作为行会从成立之初即具有开放性和国际化的特质，随着大学对于知识传播的突出贡献，教皇、统治者和国王成立了越来越多的大学行会。到中世纪末期，欧洲大约有 80 所大学，其中意大利 20 所，法国 19 所，德国 14 所，英国 5 所，西班牙 4 所，葡萄牙 2 所。[①] 意大利大学占当时世界上所有大学总和的 1/4。

15 世纪至 19 世纪上半叶，由于国家不统一，意大利大学发展处于低迷期。意大利在 19 世纪末至二战期间建立了一批专门化的大学。如在米兰、都灵和巴里等地建立的理工大学，主要以工程和建筑见长；米兰的博科尼大学，主要以经济和商学见长。这些大学都各具特色，并且发展迅速。进入 20 世纪以来，意大利高等教育系统延续其九百多年的发展历程，仍旧表现出缓慢发展、高度同质化、未分层等特征。意大利是少数高等教育系统没有分层的工业化国家之一。意大利缺乏英国的理工学院、澳大利亚的高等教育学院以及法国的大学技术学院此类中学后教育机构。这类中学后教育机构是上述国家于 20 世纪 60 年代成立，旨在提供偏实践的教

① 参见贺国庆、王保星、朱文富：《外国高等教育史》，人民教育出版社 2006 年版，第 177 页。

育，并且作为扩招的主要途径之一。但是在意大利，寻求高等教育的学生除了进入大学外，别无选择。大学系统的高度统一也是变革的重要阻碍。1972年，意大利大学系统的59所大学拥有同样的组织和功能，其中有13所公立非国立大学以及3所私立大学。这两类大学与国立大学的主要区别在于它们分别是由市政拨款和私立机构拨款，而不是由国家拨款，至于组织、学术项目、基本政策等都是类似的。大学之间的主要区别在于教师人数和学生人数。当时，有14所大学的学生人数低于1000，而罗马大学的学生人数有11万。[①]这些“中心大学”拥有更高的声望，并且得到政府更多的拨款。它们主要位于米兰、都灵、博洛尼亚、那波里，尤其是罗马等主要城市。而那些远离主要城市的周边大学，对于教师和学生来说缺乏足够的吸引力。

在意大利，几乎所有的高等教育机构都是拥有教学和科研职能的大学，其高等教育系统高度单一，这与美国由不同类型机构提供高等教育以及德国学术与职业双轨的制度完全不同。学士学位是意大利的大学授予学生的唯一学位，尽管不同学科的学习年限并不一致，如文科一般四年，医学、建筑等学科的学习年限是四至六年。与德国和法国等国不同，意大利不提供代表不同学术水平和成就的不同学位。意大利大学坚守传统的观念，没有对高等教育进行改革以提供不同种类不同层次的中学后教育。除此之外，意大利的大学没有限制学生在大学学习的年限。学生甚至可以不修习任何课程还能保持注册状态。据统计，只有1/5的大学生系统地上课。在1969—1970学年入学的学生，有20.8%没有注册任何课程，1/3虽然注册但很少甚至从来不去听课。[②]学习年限没有严格规定给了学生很大的灵活性。而在其他国家，有分层的学位体制来对不同学习能力的学生进行分流。

① 参见梅伟惠：《意大利教育战略研究》，浙江教育出版社2013年版，第132页。
② 参见梅伟惠：《意大利教育战略研究》，浙江教育出版社2013年版，第133页。

在这种背景下，学习能力较差的学生可以无限期地在意大利的大学待下去，而且有几乎一半的学生无法完成学业。他们中有很多人并不是真的来读大学，而仅仅是为了推迟义务的军队服役。

单一的学位体制、缺乏入学要求（除了拥有高中毕业证书）、没有限制的学习年限以及大学资源的缺乏，都在不断强化意大利大学的精英主义：只有最优秀的学生才能够取得传统大学所要求的成功。

第六章

1969 至今：

大学的国际化

第一节　趋于一致的大学

知识在经济和社会发展中越来越居于关键地位，大学作为培养高级专门人才的专业组织，国家竞争力的提升日益离不开大学的支撑。一方面，知识的传承和创新归根结底要靠人才，尤其是接受过高等教育的高层次专门人才。大学必须以促进经济社会和人的全面发展为基点，在创新人才培养、智力支持和知识贡献方面，发挥出更加重要的功能。另一方面，以信息技术为核心之一的科技革命，极大拓展了知识生产、传播和交流的速度和渠道，大大加快了知识更新和融合的速度，学科之间知识不断综合，形成新的边缘学科、交叉学科，同时学科知识又不断分化，产生新的学科和研究领域。大学在促进人类文明、进行原创性知识创新的过程中，比以往发挥着更加重要的作用。

一、大学和国家的结合日益紧密

当代人类社会发展的历史规律清楚表明大国的发展与崛起离不开大

学特别是一批高水平大学的有力支撑。当代国际竞争越来越取决于以一国的科技和教育的发展水平为基础的综合实力竞争，这使得研究型大学在社会中的作用不断突出，不断地从社会的边缘地位走向社会的中心。美国较早认识到这一问题，在全球率先将国家安全同大学建设联系起来，特别是1958 年推出《国防教育法》，其核心就是将一流大学的建设同国家发展与国家安全紧密结合。

（一）英国大学与国家

针对八九十年代大学适龄人口将出现下降的情况，英国政府在扩大入学人数和减少生均经费的两难境地中积极采取措施以实现高等教育大众化。在《雷弗休姆报告》和《高等教育——迎接新的挑战》白皮书中都提出要放宽高等学校对新生的入学条件，强调“适应”的原则，允许没有获得传统的“A”级水平成绩的学生进入高校学习。《20 世纪 90 年代英国高等教育的发展》绿皮书等文件也致力于扩大招生，坚持所有具备必要的素质并能从高等教育中受益的人都应该获得接受高等教育的机会，特别提出要提高成年人、少数民族和女性接受高等教育的比例。90 年代，政府继续推进高等教育大众化，在《高等教育——一个新的框架》白皮书中进一步提出到世纪末接受高等教育的青年达到同龄人 30%的目标。经过努力，1980—1990 年十年间，英国大学生的总人数增加了 30%，相关年龄组的入学率从 1987 年的 14.6% 上升到 1992 年的 27.6%，完成了高等教育从精英型到大众型的转变。①

布莱尔上台后大力推进教育民主化，承诺为所有人提供受教育机会，确保不会因贫穷、能力、信仰、性别、种族、残障等问题而使人丧失机会。

---

① 参见刘晖：《从〈罗宾斯报告〉到〈迪尔英报告〉——英国高等教育的发展路径、战略及其启示》，《比较教育研究》2002 年第 2 期。

针对英国高等教育入学率快速增长中出现的不利群体入学率仍未有良好改善的现象，英国政府不仅扩大高等教育规模，还开拓新的高等教育供给模式：增设了两年制职业性“基础学位”。在扩大高校入学方面，英国还采取了更为灵活的教学形式，学分制、转学制、远程教育等为非传统年龄学生接受高等教育提供了方便。

（二）法国大学与国家

1.《大学自由与责任法》

虽然1968年和1984年的高等教育法赋予大学新的自治权，1984年的《高等教育法》在拨款制度上实行“国家-高校合同制”改革，这实际是一种鼓励政策，它不再按照校舍面积和师生人数等拨款，有利于大学实现“真实的办学自主权”。这项制度被1989年的《教育方针法》再次确认。但直至2007年的《大学自由与责任法》颁布之前，法国大学实际上享有的自主权仍然非常有限，这一方面因为经费大部分是教师工资，学校无权自行调整，另外在于法国大学教师是国家公职人员，大学没有权力撤职。

2007年5月，法国进入了“萨科齐时代”。为了重树法国大学品牌，新任高等教育与研究部女部长瓦莱莉·贝克莱斯积极推动的《大学自由与责任法》草案于8月10日颁布实施。该法案也被称作《贝克莱斯法》，它创下法国立法程序中少见的高效范例。该法案的核心思想是综合大学将享有最大的“自由”，同时也必须承担因为自由而产生的相应“责任”。《大学自由与责任法》主要涉及机构改革和开拓外部资金两个方面，前者为了建立更高效的管理模式，后者为了广开财路。《大学自由与责任法》解禁了长久以来没有触及的大学人事及财务管理权问题。经过筛选后，20所综合大学被选为首批试点，自2009年1月1日起按照《大学自由与责任法》实行自治。到 2012 年，法国所有 83 所综合大学全部实行自治。

《大学自由与责任法》的出台引起法国各界的争议：大部分大学校长们拥护出台的法案，认为这符合学生利益，是大学改革的飞跃；但大部分大学教师反对，他们认为这样的改革使得国家日益摆脱对大学的责任，加剧大学间的竞争，大学员工的工作不稳定，大学对私人财团产生过度的依赖性；各类学生组织的反应相对复杂，左派学生团体强烈反对该法案的颁布，右派学生团体则反应比较平和，但是对于减少学生代表在校务委员会中的席位及相应比例，两派学生组织均表示反对。索邦大学的学生最先站出来反对《大学自由与责任法》，随后全法大学生纷纷追随，以罢课、游行甚至封锁学校的方式表达反对态度。但各种反对的呼声并没有对该法案的实施造成严重的阻碍。

2.1995 年学潮与《巴鲁法案》

90 年代以来的改革主要是针对高度集权的管理体制，以分权为导向，以市场为手段，进行系列的渐进性调适，以适应西方国家高等教育领域治理变革的潮流，从根本上改变了自拿破仑以来的传统，使法国有了真正意义的大学。90 年代以来法国大学改革的外部动力主要表现在两个方面。一方面，1896 年、1968 年以及后来历次改革和尝试的不彻底甚至失败，遗留了众多的矛盾和问题；另一方面，最直接的一点就是高等教育大众化造成的大学第二次入学。除去上述内外因素，还有一些具体条件也必须考虑在内：这段时间法国政治和经济形势基本稳定，教育政策及教育部成员也相对稳定，而且改革的启动方式谨慎低调等。

（1）1995 年学潮

90 年代以来，法国大学生人数增长迅速，1993 年更突破 200 万，达到 206.7 万，比 1980 年的 117.4 万翻了近一番，此后的在校大学生一直保持在200万人以上。[①] 然而教学设施的改善相对缓慢，教师数量的增幅也远落后于学生数量的增长，特别是法国高等教育不合理的结构并没有得到根本改变，仍然是两种高等教育机构并存：不筛选入学的大学和竞争激烈的大学校。虽然大学校的学生就业率很高，但是大学校只能接纳数量极少的优秀学生。相反，所有高中毕业生都可不经任何考试直接进入大学学习，但大学的传统是培养研究人员和教师，不可能为如此之多的青年提供未来的职业保证，而且大部分还会在学习过程中被淘汰。

另一方面，法国高校毕业生中，来自中下阶层的子女在求学中被淘汰的概率大，因而更担心前途。人们甚至认为，法国高等教育中学校和专业选择的限制很可能是为再现法国社会等级的"现代方式"。1995年10月9日，里昂大学理学院的学生宣布无限期罢课，要求政府增加1200万法郎的经费以改善教学条件。随后，全国大学生的罢课活动此起彼伏。11月21日，全法国有10万大学生上街游行。这就是自1968年5月风暴以来规模最大的一次学潮，它的一个显著特点是：大学生的要求集中于大学经费问题，要求政府兑现应当拨给大学的款项。11月22日时任法国国民教育、高等教育和研究部部长的弗朗索瓦·巴鲁重申了改善大学条件的紧急补偿计划，同时许诺派出密使分赴90所大学了解情况，直接拨款2亿法郎和增设260个教师职位，召集全国咨询会议讨论大学改革问题。

（2）《巴鲁法案》

1996年6月，法国教育制度未来全国咨询委员会提交了旨在促进学校教育现代化的报告，指出改革法国现行"垂直的、集权的、僵化的、无特色而又不透明和臃肿的组织机构"，改革"过时的教育结构"，精简庞大的教育行政管理机构，已经刻不容缓。报告还提出了改革的21条建议。依据

① 参见李兴业：《90年代法国高等教育发展回眸》，《比较教育研究》2000年第5期。

上述会议的精神，结合《2000 年大学纲要》的要求，1997 年 2 月，巴鲁部长又进一步提出一套大学第一阶段和第二阶段的教育改革方案，涉及教学组织、学生、研究工作和大学事务，并在 4 月以政府法令形式颁布，即《巴鲁法案》。法案提出，改革大学教学，调整学科专业设置，主要是减少了神学，增加了科学技术和工程师科学技术两个学科群，以利于学生进入职业社会。

20 世纪 90 年代以来法国大学改革顺应高等教育现代化、国际化和产业化趋势，以各种措施促进法国大学较快发展，但 90 年代以来的大学改革与以往一样，多以流产而告终，尤其是巴鲁主持的高等教育改革也付诸东流，让人痛惜不已。这与改革所陷入的几乎无法解决的困境息息相关。

首先，有关政策的连续性问题是历次改革多以中途夭折而告终的重要原因，每位新走马上任的教育部长都有一番抱负，政府更迭或政见不同而出现政策前后相左。自 1824 年法国任命第一位教育部长以来的 170 多年里，部长更换过 160 多位。

其次，法国中央集权的高等教育管理体制与大学自治的矛盾。一方面，拿破仑以来的中央集权传统渗透到法国的各个领域，教育很难彻底打破，另一方面，自治又是大学发展的内在要求。2007 年的《大学自由与责任法》虽然显示了法国政府推进大学自治的决心，但改革所面临的困境不可小视。原计划到 2010 年该学期实现 60% 的大学自治，然仅 30% 左右的大学表示愿意实行自治，足可见改革推进的难度。

最后，改革中还存在一些重大的或棘手的具体问题，例如如何调动和发挥各学院的功能以及积极主动性等，也是烦扰各级决策者和执行者的难题。

（三）德国大学与国家

经过数年的议会争论，联邦《高等学校总纲法》于 1976 年生效，这是联邦德国高等教育中第一部统一的、适用于各州的纲领性法律。该法包括高等院校的任务、招生录取、高等院校的成员、科研和艺术人员、高等院校的组织与管理和国家承认的机构及文凭。为确保有效的高校自治，规定由选举产生的专职领导（大学校长）任期至少四年，以取代传统的校长职位一年一换的制度。该法“在一定程度上是对新高等院校体制近十年的试验阶段的了结”[①]。根据六七十年代改革出现的问题，1985 年又通过修正的《高等教育总纲法》：所有大学必须进行科研，而且教学要和科研相结合；不论高等专科学校还是大学的地位都是平等的；进一步促进高等教育结构的丰富多样化，大众教育与精英教育并存；扩大高校的自主权等。

（四）意大利大学与国家

意大利历史悠久，曾被外族统治数百年，直到 1861 年 3 月，意大利王国的建立才标志着意大利迈上了现代复兴和统一之路。1870 年，意大利完成统一。1922 年，墨索里尼上台，实行长达二十余年的法西斯统治。1946 年 6 月 2 日，意大利举行公民投票，正式宣告废除君主制，成立意大利共和国。伊特鲁利人在这块土地上留下了灿烂的古代文明，拉丁语曾是欧洲各国的通用语言，罗马帝国的雄风从大西洋一直延伸到整个美索不达米亚平原，世界上最早的大学即博洛尼亚大学创办的时间比哥伦布发现美洲大陆还要早四百多年，文艺复兴时期的艺术家和哲学家影响着整个欧洲。意大利作为希腊罗马的古典文明、中世纪的基督教文明以及文艺复兴以来的近现代文明都得到充分发展的国家，受这些文明影响，意大利的主要历史城市如罗马、佛罗伦萨、威尼斯、米兰、都灵以及那不勒斯等，俨然是一

① ［德］克里斯托弗·福尔：《1945 年以来的德国教育：概览与问题》，肖辉英等译，人民教育出版社 2002 年版，第 220 页。

个个城市博物馆，留下了深厚的文化积淀。仅文艺复兴三杰——米开朗基罗、达·芬奇、拉斐尔就留下了无数价值连城的艺术瑰宝。

二、加强社会服务及工商业合作

（一）美国大学的社会服务与合作

1945 年 7 月，万尼瓦尔·布什（Vannevar Bush）向罗斯福总统递交了名为《科学：无止境的疆界》的报告，强调政府应该大力支持科学研究和教育发展，尤其是支持研究型大学开展技术探索的研究型活动。“在研究型大学中，科学家可以在一个相当自由的、免除传统偏见的、很少或没有商业需求的环境中工作，而这一环境本身便特别符合基础研究的特点——新的科学发现。”[①]美国除了少数国防机密项目，绝大多数科研经费都通过美国国家科学基金会和国家卫生基金会等以项目的方式通过竞争分发给研究型大学以及相关实验室来承担基础研究，然后再经过企业等将技术产业化。这一系列措施不仅催生出一流的大学和公司，更推动了美国的科技发展。

为加强科学研究活动的宏观协调与组织管理，自 1946 年起在美国国会的协调下，一些重要的科技管理机构得以组建并迅速发挥协调与管理职能，这包括 1946 年 1 月建立的国立健康研究院，7 月 20 日建立的原子能委员会，8 月 1 日建立的海军研究办公室，1950 年 3 月建立的国家科学基金会。在这四个科技管理组织机构中，研究型大学是其重点的合同研究单位，许多军事武器研究和能源研究项目交付大学开展；大学医学院成为国立健康院

① 沈红：《美国研究型大学形成与发展》，华中理工大学出版社 1999 年版，第 74 页。

支持项目的重点执行机构；国家科学基金会把支持教育和大学研究作为中心工作。

1957 年苏联人造卫星升空，美国人将其空间运载技术落后于苏联的根本原因归结为教育的落后。为促使美国教育尤其是科技教育的发展，美国国会在 1958 年通过了《国防教育法》：一方面，联邦政府以空前的规模向高等教育提供巨大的资助；另一方面，强化大学的科学研究，各校研究生院加强基础科学理论教学和跨学科科研活动的同时，将研究生参加各种类型的科研工作作为研究生教育的重要组成部分。

从 20 世纪 50 年代开始，美国开始大力资助跨学科研究工作。研究型大学得各领域科学人才汇聚之便，研究的学科较为广泛，因此在发展跨学科研究方面起着重要作用。美国进行多学科研究工作的比较著名的实验室和研究中心，大部分是由研究型大学领导、经管和参加的。20 世纪七八十年代期间，研究型大学的科研发展呈现出稳步发展的状况。其中较为明显的趋势可以概括为两个方面：一方面是研究型大学逐步寻求与工业企业的合作，拓展科研活动的空间。为加强美国大学基础研究与美国工业界应用技术研究之间的联系，20 世纪 70 年代中期国家科学基金会（NSF）相继成立了十多个大学 – 工业合作研究中心。另一方面，80 年代以来，大学为寻求新的经费来源，也积极要求与工业企业合作。美国政府则因势利导，先后颁布《史蒂文森・威尔德勒法》、《联合研究开发法》（1984 年）、《联邦技术转移法》（1986 年）等积极促进这一合作态势。

（二）德国大学的社会服务与合作

1976 年联邦德国大学校长会议通过报告《保证德国高等学校科研》，认为只有在知识前沿领域进行研究的人才能做出什么是最新知识水平的判断，因此科研是科学教育的基础，只有直接从事科研的人才能向学生传授知识。德国科学委员会在1988年发表的《德国高等学校90年代发展展望》中提出："大学是科研的最重要的场所。它们是整个科研体系的基础，因为它们培养着科学的后继人才。"[①]联邦德国大学的科研以基础研究为主。据欧洲"经济合作组织"（OECD）统计，1985年德国高等学校的基础科研经费占当年全国基础科研经费的57%，从1985年到1989年德国高等学校的基础科研经费不断增加，从1985年的45亿马克增至1989年的近59亿马克。[②]

德国在重视大学科研的同时，也注意高校科研同校外和地方部门的合作。德国许多高校与企业界合作建立了"工学交流中心""大型研究机构工作协会"组织高校与大型研究机构合作。通过合作，高校可以较为便利地使用大型研究机构的价值昂贵的仪器设备，便于借助大型研究机构的条件培养大学生和研究生，大型研究机构则通过这种合作研究从高校招聘到适宜的新生力量。据统计，1992年有600名大学生与1000名博士生在16家大型研究机构完成了他们的毕业论文。[③]

（三）法国大学的社会服务与合作

为加强大学与企业的合作，1957年10月法国在南部重要城市格勒诺布尔（Grenoble）召开重要会议。会议讨论认为：科学和社会的发展要求大学不仅应当将基础研究同教学密切结合起来，还应由此从事整个应用研究；大学能够而且应该将企业的要求同自身的任务结合起来；大学与企业之间的合作与交流应当逐渐制度化。现实的改观很困难，法国大学真正同企业界开展合作还是以后的事情，但毕竟格勒诺布尔会议开了个好头，它向人们昭示：高等学校同产业部门的合作是国际高等教育发展的必然趋势。

---

① 吕达：《当代外国教育改革著名文献·德法卷》，人民教育出版社2004年版，第41页。
② 参见于富增：《国际高等教育发展与改革比较》，北京师范大学出版社1999年版，第256页。
③ 参见李其龙：《德国教育》，吉林教育出版社2000年版，第335页。

由于传统原因，法国大学教育长久以来被视为一种“单一的理论教育”，大学教育不适应企业的实际需要，1988年欧共体在法国召开“大学生—大学—企业”研讨会，制定了“大学与工业联合培养技术人才计划”之后，法国为此相继发表《关于学校与企业未来的25条建议》《未来另一种合作：2000年法国社会的教育体制》等报告，提出加强校企合作的建议及其发展前景。1993年筹建兴办的达·芬奇大学作为法国高等教育与企业合作的一次新尝试。

（四）英国大学的社会服务与合作

高等教育与工商业之间的合作在英国可以追溯到19世纪中叶城市学院的兴起。在城市学院的发展过程中，学院在教学和科研方面与所在城市工商业界的合作极大地促进了学院和城市的发展。在两次世界大战期间，战争促成了高校和工业界之间自愿的参与与合作。战后推动大学与工商业合作的力量更多地来自大学外部。进入20世纪80年代以后，政府大量消减了对高等院校的财政经费，高校有了和工商业合作的内部动力，高校与工商业之间的合作也越发多样、稳定和深化。

在促进高等教育与工商业合作的过程中，英国政府采取了一系列措施。首先是制定鼓励高等教育与工商业联系的政策。1985年5月的高等教育绿皮书提出大学要走出校门加强与工商业的联系；1987年的高等教育白皮书强调与工商业界更密切地合作，促进各项事业的发展。上述两个文件中的观点在1988年的《教育改革法》中进一步得到确认与强调。进入90年代，1991年的高等教育白皮书更加肯定高等教育与工商业之间的联系，对高等教育从工商业界获得更多收入表示赞同。为鼓励大学从事商业性活动，政府保证帮助在开展与工商业合作中有成就的大学，承诺大学拨款委员会不会因为大学与工商业合作获得收入而减少对大学的拨款等。在制定鼓励政策的同时，英国政府还建立了一些例如英国科技园联合会、工业界与高等教育委员会、大学研究与工业界联系协会等专门组织以促进高校及其研究人员与工商业界的合作。此外政府及其所属机构还设置奖励和项目对大学与工商业的合作予以鼓励。这些奖励促使英国大学科技人才纷纷流动到产业界。

20 世纪 80 年代以后，大学和工业部门之间合作的一种形式——教学公司也开始出现。[①] 教学公司这种合作形式使得高校与工业界之间建立了较为稳定的合作关系。大学与工商业界的合作不仅拓宽了大学经费来源，改善了由于政府消减高校经费给大学带来的困境，还提高了对社会的应变能力。工商业界也由此获得了新的技术和人才，使企业更具竞争力。

① 参见徐继宁:《英国大学与工业关系研究述评》,《现代教育科学》2007 年第 1 期。

第二节　博洛尼亚进程下的欧洲大学一体化

一、博洛尼亚进程

（一）背景

法国教育活动家雅克·德洛尔在其任主席的 21 世纪国际教育委员会提交的题为《教育——财富蕴藏其中》（也称《德洛尔报告》）中提出，“在未来将会面临的诸多挑战面前，教育成为了一种使和平、自由和社会正义的共同理想成为现实的珍贵且不可或缺的方法……教育应该在个人和社会的发展中扮演基础角色……学校仍是个人发展和融入社会的不可替代的工具”[①]。

为了提升欧洲经济活力以及欧洲高等教育在全球的吸引力和竞争力，欧盟在最近十几年出台了一系列战略措施以推进欧洲高等教育的一体化。对于拥有相近社会政治文化和共同经济利益的欧洲各国，如何整合欧盟的高教资源、打通教育体制、推进各国交流与合作、增进欧洲维度，成为摆在各国面前的重要问题。“无论是现在还是将来，经济的竞争力（如解决就业问题）和欧洲公民个人价值的实现都不再主要依赖于物质财富的产生。

① ［意］古列尔莫·马利泽亚、卡罗·南尼:《意大利教育制度研究》，瞿珊珊等译，浙江大学出版社 2012 年版，第 12 页。

真正的财富是与知识的普及和发展紧密联系在一起的，这种财富的获得不仅仅取决于我们推动信息技术的能力，更取决于教育和研究领域的科研成果。”[①] 然而，高度异质的高等教育体系严重影响了各国的交流：一方面是各国的区分过于明显，给透明度、理解度和流动性造成了障碍；另一方面是合作仅限于人际关系方面，双边协议很少。

欧盟是欧洲高等教育发展的重要推动者。欧盟通过召开区域会议、出台区域指导性报告、组织区域指导小组、组建新题交流和经验共享平台，促使组织、制度、政治以及学术等方面在横向上的联系，试图推进欧洲高等教育的整体质量。随着信息、创意、价值观、共同利益、合作等方面交流的增加，欧洲高等教育逐渐形成了共同的发展标准和理念，对各个国家的认知和标准化构建都产生重要作用。而欧洲关于大学合作和交流的计划，如伊拉斯谟计划、苏格拉底计划、语言计划等，更是对欧洲高等教育发展产生了重要影响。这些活动一方面构建了欧洲大学间稳定的合作网络，另一方面也促进了大学之间的竞争。毫无疑问，对于欧洲大学而言，博洛尼亚进程是近十几年来欧洲高等教育的头等大事，是欧洲多国教育部部长经过长期讨论和不断完善而逐渐形成的。这代表了一个不可逆的历史过程。

（二）高等教育一体化的启程：从《里斯本公约》到《博洛尼亚宣言》

1997 年 4 月，欧洲理事会和联合国教科文组织共同推出《里斯本公约》即《欧洲高等教育领域文凭互认协议》，1999 年开始执行。《里斯本公约》被誉为世界上最好的评估和评价各国教育文凭的体系，强调加入

① ［意］古列尔莫·马利泽亚、卡罗·南尼：《意大利教育制度研究》，瞿珊珊等译，浙江大学出版社 2012 年版，第 3 页。

该公约的国家必须相互承认高等教育领域的文凭，这保证了学生学术认证的公平性、增强了学位评定的透明度，是博洛尼亚进程顺利进行的基础性文件。

1998年5月25日，为庆祝法国索邦大学成立800周年，法、德、意、英四国于巴黎签署了《索邦宣言》，即《建设和谐欧洲高等教育体系的联合宣言》。提出建设欧洲高等教育区是促进公民流动和就业以及实现欧洲大陆整体发展的关键。四国教育部部长在以下几个方面形成了初步的意见：统一欧洲高等教育学位制度；推广学分制，加强师生流动和交流；清除学术人员流动的障碍，促进学历资格的相互承认。这些初步达成的意见奠定了一年后《博洛尼亚宣言》的主要精神。①

1999年，29个欧洲国家于博洛尼亚大学签订了《博洛尼亚宣言》，即《欧洲高等教育区：欧洲教育部部长在博洛尼亚会议上的联合宣言》。宣言的主要目标是：把欧洲高等教育体系发展得更透明并得到欧洲各国承认，将欧洲各国多样化的学位制度放在一个基于三级学位结构（学士—硕士—博士）的共同框架内。《博洛尼亚宣言》不仅仅是宣布政策，其具体目标于2010年全部实现。

（三）高等教育一体化的推进：从《布拉格公报》到《柏林公报》

《博洛尼亚宣言》的签订意味着博洛尼亚进程的正式启动。为了保证博洛尼亚进程目标的实现，1999年会议确定了此后每两年召开一次成员国教育部部长会议，总结博洛尼亚进程的进展，设定未来两年的阶段性目标和重要事项。在这两年一次的教育部部长会议的基础上，形成了博洛尼亚进程中重要的文本：《布拉格公报》（2001年）、《柏林公报》（2003年）、《卑

① 参见徐辉：《“博洛尼亚进程”的背景、历程及发展趋势》，《高等教育研究》2009年第7期。

尔根公报》(2005 年)、《伦敦公报》(2007 年) 以及《鲁汶公报》(2009 年)。以构建欧洲高等教育区和欧洲研究区为指导，这些公报的提出不断丰富着博洛尼亚进程的精神。

2001 年 5 月，布拉格高等教育峰会由 32 个成员国签署了《布拉格公报》。此次峰会首次邀请到欧洲大学协会（EUA）、欧洲学生协会（ESU）以及欧洲高等教育机构协会（EURASHE）的正式代表参加。除了重申《博洛尼亚宣言》中强调的六个目标，布拉格会议提出要增加三个方面事项：强调终身学习的重要性，以有效应对竞争的挑战以及促进社会团结、机会公平和高品质生活；努力提高欧洲高等教育对欧洲学生以及其他国家学生的吸引力，以重塑其作为世界上最有声望的高等教育提供者的地位；支持博洛尼亚进程的社会维度，促进教师、学生和学者的积极参与。自此，博洛尼亚进程的目标从原先的六大目标增加到九大目标。

2003 年 9 月，33 个国家的教育部部长齐聚柏林，签署了《柏林公报》，进一步拓展了《博洛尼亚宣言》的目标。柏林会议之后，共有 41 个国家加入了博洛尼亚进程。《柏林公报》有三个主要创新：第一，增加博士阶段的合作，将两级学位体制拓展到三级学位体制，即学士、硕士、博士。将已经在学士和硕士中执行的透明度、质量保障等拓展到博士阶段。第二，质量保障问题得到高度重视。与会人员认为各国在可靠和可信评估基础上的互信是成功开展所有行动的关键，因此各国教育部部长将质量问题视为建立欧洲高等教育区的核心问题，并且承诺共享国家一级机构层面的质量保障方式和标准。这对于推进成员国加强高等教育质量保障具有重要作用。第三，提出各国应该在 2005 年之前免费为所有的毕业生提供文凭补充文件，以加强欧盟成员国之间学位和学历的认可，促进学生流动和就业。

（四）高等教育一体化的反思：从《卑尔根公报》到《伦敦公报》

2005年，45个已加入博洛尼亚进程的欧洲国家大部分对本国的高等教育体制进行了改革，引入了“3+2+3”的学位体系和学分制，加强了质量保障。自此，欧洲高等教育区初步形成。2005年5月19—20日，40个博洛尼亚进程签约国和申请国的教育部部长在挪威的卑尔根召开会议，签署了《卑尔根公报》。为进一步巩固柏林会议以来各国在质量保障过程中取得的成就，这次会议制定了“欧洲高等教育区质量保障标准与指导原则”。《卑尔根公报》的第一部分提供高等教育机构内部质量保障的指导原则，涉及学生、教学人员、学习资源等；第二部分提供外部质量保障的评价与比较准则；第三部分为开展质量保障的机构提供准则。

2007年5月17—18日，参与博洛尼亚进程的45个成员国的教育部部长在伦敦召开会议，讨论博洛尼亚进程的成绩和问题，并通过了《伦敦公报》。这一事件被视为“博洛尼亚进程的又一新的里程碑”。《伦敦公报》重申建立欧洲高等教育区的决定；倡导和维护欧洲特有的多样性教育模式；以学生为中心，促进其更具流动性；继续完善学制学位机构；健全教育质量体系框架；倡导终身学习。

（五）高等教育一体化进入新阶段：《鲁汶公报》

在博洛尼亚进程开展十周年之际，2009年4月28—29日，博洛尼亚进程的46个参与国的教育部部长齐聚比利时鲁汶大学，通过了《鲁汶公报》。该公报总结了过去十年博洛尼亚进程取得的成就：第一，欧洲高等教育系统变得更具有可比性和清晰性；第二，学生更具有流动性，高等教育机构在吸引其他国家学生和学者方面更具有竞争力；第三，采用学士—硕士—博士三级构架之后，高等教育系统更具有现代性；第四，采纳欧洲高等教育区质量保障标准和指导原则之后，高等教育机构更具可靠性；第五，文凭补充文件和欧洲学分转换系统增强了学历的透明度和认可度。

为了保障博洛尼亚进程继续稳步发展，《鲁汶公报》提出了 2010—2020 年优先发展领域，为各国高等教育改革指明了方向，包括：终身学习；促进教学与科研融合；增强国际流动；保障科研经费；教学要以学生为中心等。

二、博洛尼亚进程下的意大利大学

虽然意大利大学有着悠久的发展历史，但在很长时间内，意大利除了大学外没有其他的高等教育机构。意大利教育系统的历史可以追溯到 1859 年《卡萨蒂法案》的颁布与实施，最初该法案仅仅适用于皮埃蒙特－撒丁王国，随着 1861 年意大利王国建立，法案的效力拓展到全国各地。这部法案有 374 条，涉及教育行政制度以及从小学到大学的教育、师范教育和职业技术教育等各个方面。新国家的自由领袖大多是都灵地区的皮埃蒙特人，他们深受法国集权制行政管理方式的影响，着手政治和行政管理的中央集权化，把所有教育都置于中央教育部的管辖之下。[①] 该法案将学校教育与培训都纳入国家统一领导的中央集权制之下，首次向传统的教会统治发起了挑战。《卡萨蒂法案》是现代意大利教育的基石，为意大利的教育奠定了初步基础，指出高等教育为国家培养有限的精英。[②]

① 参见［加］约翰·范德格拉夫：《学术权力——七国高等教育管理体制比较》，王承绪译，浙江教育出版社 2001 年版，第 38 页。

② 参见梅伟惠：《意大利教育战略研究》，浙江教育出版社 2013 年版，第 19 页。

（一）意大利大学战略演变的影响因素

1. 政权更迭影响教育改革的顺利开展

从1948年全民投票公决以来，意大利一直是议会共和制国家，总理是意大利最高行政首长，也是意大利实际的政府首脑，领导各行政机关运作，总统仅具有象征意义。议会由众议院和参议院组成，政治权力相对分散。二战后意大利实行多党制，众多全国性和地方性政党并存，很难出现一党独大或两党轮流执政的局面。有些政党为了在选举中获胜，往往与一些力量较小的党派联合执政。这种多党联合执政成为战后意大利政府的主要组织形式，既有历史的原因，又有现实的原因。从历史因素看，各种反法西斯政治力量结成联盟，奠定了战后多党合作的基础。从现实因素看，宪法“为了以民主方式参与决定国家政策，一切公民均有自由组织政党的权利”促使意大利出现多种党派共存的现象。此外，意大利的选举制度是实行比例代表制，即绝对按照选票的比例分配议席，而在历次的大选中没有一个政党能达到绝对多数。因此，这些政党只能联合其他小党派才能获得议会多数席位。

政治上的不稳定性是意大利民主化过程中的突出特点，而由两党甚至多党组成的联合政府执政是导致这种动荡的根本因素。据统计，二战后意大利先后存在过六十多届政府，其中由多党联合组成的政府超过三分之二。每届政府的平均执政时间不到一年，最短的只存在了九天。除了政府的频繁更迭，这种由多党联合的政府还容易导致执政困难。不同党派虽然可以为了争夺执政权而暂时放弃自己的主张和利益，但是一旦获得执政权，这些政党往往在很多领域表现出不同的政治主张和利益诉求，导致在执政过程中困难重重。

这种政党的纷争也映射到教育领域。政治因素通过改革和规章的制定影响学校变革。由于新的改革理念的引入，意大利大学在自主权、权力下放以及新的形势的中央控制下进行改革。新旧理念在意大利学校碰撞，如提高教育绩效、尊重学生个性。学校之间相互竞争以吸引学生，家长更多地参与教育决策过程以及公立、私立学校之间的平等地位等。这些问题产生的主要原因是中左政府和中右政府政权的不断更替，但是却没有为教育找出共同的制度和文化上的目标。在政权交替之后，前一届政府的政策或者被全部摒弃，或者被不同理念甚至相互矛盾的另一改革策略取代。这些都给意大利教育改革造成混乱。最为典型的是 21 世纪初的贝林贵改革，虽然出台了系统的针对教育制度的改革举措，但是由于随后中右政府的上台，贝林贵改革几乎被全盘否定，新政府出台了全新的教育改革法案。

2. 意大利的民族性对其教育的影响

社会和文化对教育的影响更为深远。学校一直处在社会和文化变革的环境中。意大利是有着悠久历史和灿烂文化的国家，文艺复兴时期留下的艺术瑰宝奠定了意大利文化在世界上的重要地位。由于意大利北方曾受到法国、瑞士等国家的统治，南方曾受到西班牙的统治，直到 1870 年才真正完成统一，因此意大利南北方人在传统习惯、思维方式等方面存在着非常显著的差异。对于意大利人来说，地域是极为重要的概念。由于不同地区存在着语言和文化传统的差异，意大利人非常忠于自己所在的地区，他们首先是威尼斯人、托斯卡纳人、西西里人等，然后才是意大利人。

意大利人崇尚艺术、固守传统、迷信权威。一方面，他们特别重视对古代文化的保护，对古典高雅艺术的追求、创意设计等都在世界上享有盛誉。除了大学系统，意大利还大力发展高等音乐与艺术教育，是世界著名的音乐、艺术、建筑教育基地。很多城市是天然的露天博物馆，这些都为艺术教育的发展提供了得天独厚的条件。但是另一方面，意大利人强调传统至上，不喜欢改变，且缺乏时间观念。其教育的发展落后于西方其他工业国，甚至到了 20 世纪末政府主要通过参与欧盟教育现代化进程来应对国内抵制教育改革的呼声。

（二）积极参与博洛尼亚进程

1969 年意大利出台自由进入大学法案以后，规定普通高中、技术学院和职业学院地位相等，任何一轨的高中毕业生都可以进入大学学习。一方面这是意大利教育系统高度民主化的表现，另一方面也导致了意大利大学的极端拥挤状况。1983 年美国出台了一份重要报告《国家处于危急之中：教育改革势在必行》。这份报告为美国教育发展敲响了警钟，指出教育系统的失败将使国家的未来处于危险之中。对于这份报告，美国人没有听之任之，而是在随后开展了针对美国教育的调查，并快速影响到其他的发达国家，促使它们开展制度和机构改革。同样的问题也困扰着意大利。过去二十多年，意大利的竞争力不断下降，创新能力较低，产业分类模式僵化，这与教育系统无法培养足够多的人才，尤其是那些对知识经济发展甚为关键的、拥有科技知识和专业技能的人才不无关系。

1.1999 年《泽其诺条例》改革

意大利是最彻底融入欧洲高等教育一体化的国家之一。或许从意大利高等教育历史发展所表现出来的长久稳定性中很难理解为什么意大利政府针对高等教育改革的态度发生了如此大的改变。但是，意大利正是把欧洲高等教育一体化视为高等教育乃至经济重新崛起的重要契机和平台，才使很多积重难返的问题得以有效解决，开始唤醒意大利大学长期“睡美人”的静态，动摇延续近千年的高等教育传统。将历史威望与融入欧洲高等教育一体化所推行的彻底改革相结合，重塑意大利高等教育中世纪的辉煌，是意大利政府的重要动机。1999 年 11 月 3 日，第 509 号法令《大学教学自治相关条例》（也称为《泽其诺条例》[①]）决定从 2001—2002 学年开始实施新的大学学位体制，这标志着意大利大学开始不遗余力地融入博洛尼亚进程，改革热潮进入顶峰。

事实上，第 341/1990 号法案已经允许大学拥有在总指导标准下自主管理教学的权力，然而纵观整个 90 年代大学依然未能真正享有这一权力，究其原因在于很多指标参数并不明朗。1999 年意大利大学改革的首创之举在于根据欧洲学分互认体系采用学分制。意大利大学学分体系是衡量学习量的重要参数，自修也包含其中，这样使得大学学习不仅包括教学内容，同时还考查了学生的自身努力。改革的另一项中心内容是重新设置与重新归类本科以及硕士研究生课程，每三年修订一次，这与学分体系一起构成大学自治的基石。

2. 1999 年之后的改革

进入 21 世纪后，意大利教育面临着来自人口结构变化、全球竞争压力日趋激烈、社会和谐与稳定等多方面的挑战，这些挑战要求意大利的教育政策制定者以战略者的眼光重新审视教育问题，规划教育改革。意大利人口结构的变化主要体现出两个特征：一是随着人均预期寿命的延长以及出生率的不断降低，意大利人口老龄化状况日趋严重；二是随着全球化的深入，移民人口不断增加，越来越多拥有跨文化背景的适龄学生将进入意大利各级各类学校学习。同时，受到金融危机和政府财政紧缩政策的影响，意大利一方面削减高等教育经费，一方面愈发注重办学绩效和质量。

2004 年 10 月 22 日，莫拉蒂（Moratti）部长颁布第 270/2004 号法令对先前颁布的法令进行修正，原因在于他认为虽然第 509/1999 号法案

---

① 以意大利当时的大学与科研部部长奥尔坦西奥·泽其诺（Ortensio Zecchino）的名字命名。

出台不久，但已经出现了一些必须解决的问题：三年制本科职业技能和理论研究的双重课程目标课程使学校出现摇摆；政府对专业学分限制过死会对专业的及时调整更新增加难度；过分强调学科纵向的连贯性会忽略学科之间的横向渗透。在法令通过期间，意大利大学校长会议（CRUI）曾提出异议，认为在那么短的时间内就对刚刚推行的改革进行修订不合时宜，而且与第509/1999号法令相比这次的条例更严苛。

2006年法比奥·姆西（Fabio Mussi）在前一个法令的基础上对大学改革的指导标准又进行了必要修改，例如减少本科和硕士研究生阶段的考试数量等。2008年面对当时意大利高等教育资源浪费等问题，吉尔米尼部长第一个重要措施是削减教育经费，但问题的根源不仅仅是对大学投入的多还是少，还在于确定哪类大学应获得资助。

3. 1999年改革评价

从中左派政府的泽其诺部长提出第509/1999号法令到新的中左派政府姆西部长做出进一步的修正，再加上新中右派政府吉尔米尼部长颁布的措施，意大利大学在21世纪早期进行的改革非常大。《泽其诺条例》以及莫拉蒂部长法令对教学进行了深入改革，使意大利大学变得更具灵活性，学制转变成三年制本科加两年制硕士研究生。更重要的是，教育的重心从教师转移到了学生，而且建立了有效的评价机制。这就意味着意大利大学非常重要。另一项重大的创新举措就是学校成为一种社会资源，“这是在研究与创造知识、通过教育来传播知识并将其社会化以及传播高层次文化等大学的传统使命的基础上衍生出来的一项新任务”[①]。

与此同时，改革与大学的自我性出现了冲突，对于涉及本科和硕士研究生课程的新作用的课程内容进行重新考虑的反对声不断出现。“由于各个

① ［意］古列尔莫·马利泽亚、卡罗·南尼：《意大利教育制度研究》，瞿珊珊等译，浙江大学出版社2012年版，第169页。

系只考虑学科利益的简单逻辑，因此，助长了一些学科教学之间的不恰当的组合，这些教学往往是针对一些想象出来的职业形象，或者是在实际经验和可以预测的劳动力市场的发展中尚未被人所知的职业形象。”①

（三）参与博洛尼亚进程的结果

1. 单一刻板教育模式的改变

直到 20 世纪末，意大利的高等教育体系仍旧是一个未分层的传统体系。在大学出现后的漫长历史里，都只提供一种学位即学士学位。尽管学制往往是四至六年，但是由于学习难度和毕业要求明显高于欧洲其他国家，学生在实际学习过程中往往不断延长学习年限。据统计，本科学生的平均学习年限甚至达到了八年，极大地浪费了学习资源。尽管在 1980 年和 1990 年分别设立了研究博士学位和三年制的大学短期文凭即专科层次并初有成效，但是这种总体上单一的、缺乏灵活性的体制在本质上并没有发生大的改变，已经无法适应社会经济发展的需求，也不利于毕业生的跨国流动。而且，大学的课程大纲由全国大学委员会决定，大学具有较少的自主权。同时，由于体制不完备、课程难度大等原因，意大利大学生的辍学率明显高于经合组织其他成员国。②

也有质疑意大利政府之所以如此积极地参与《索邦宣言》和《博洛尼亚宣言》的签订，主要是出于国内高等教育改革的需要。③旧的高等教育体制问题重重，体制内的惰性和惯性阻止各种改革的推进。因此，拥有极大

① ［意］古列尔莫·马利泽亚、卡罗·南尼：《意大利教育制度研究》，瞿珊珊等译，浙江大学出版社 2012 年版，第 170 页。

② 参见［意］古列尔莫·马利泽亚、卡罗·南尼：《意大利教育制度研究》，瞿珊珊等译，浙江大学出版社 2012 年版，第 154 页。

③ G.Capano, “Looking for Serendipity:The Problematical Reform of Government within Italy’s Universities”, *Higher Education*,Vol.55,no.4(2008),pp.481–504.

改革意愿的中左政府将博洛尼亚进程作为快速推进改革的重大外部推动力，在改革过程中也如愿以偿地几乎没有遭遇阻碍。参与博洛尼亚进程之后，意大利教育部的各种政策、报告以及报纸等出现了欧洲范围内流行的改革词汇，如可比性、可理解性、竞争、就业能力、评估、质量保障、机构绩效等，甚至各种改革法案的提出以及执行都令人感到意大利高等教育体制的确变化颇大，且越来越具有活力。

然而，如果近距离观察意大利高等教育的日常运作，问题依旧凸显出来。有学者对参与博洛尼亚进程之后的意大利高等教育改革提出了尖锐的批评，认为这种改革不过是“新瓶装旧酒”①。原先四年的学习内容被分配到新的“3+2”框架中；没有发现新的教学工具或改进教学方法；由于在改革之前缺乏足够的酝酿和群众基础，这种由“法令”推动的改革无法真正发挥改革主体的积极性。另外，在新的学位体系下，学生在三年内修完180学分就可以获得学士学位，劳动力市场对新学制下学士学位的认可程度还有待进一步提升。此外，从毕业生角度看，意大利大学从传统向“3+2”新体系转换的实际速度并没有预期中那么快速。除此之外，政府所采取的行动与之前宣称的目标以及计划也是不协调的。尽管政府的角色从控制模式向监督模式转变，但是政府仍旧干预大学的某些行为，国家的研究评价体制没有制度化。意大利的高等教育改革任重而道远。

2. 双刃剑的绩效拨款

本着“简单、效率、效能”的原则，意大利第1/2009号法案第2条规定，至少7%的一揽子基金将根据大学在教学和科研质量上的表现予以分配，这一比例还将逐年上升，并最终上涨至30%。一揽子基金的分配将

① G.Capano,G.&S.Piattoni, “Building Up the European Higher Education Area:The Struggle Between Common Problems, ‘Shared’ Goals and National Trajectories”, May 4, 2009,http://www.ose.be/files/midi_OSE/CAPANO-PIATTONI-ECPR09-LisbonizationOfHE.pdf.

考虑三个因素：一是基数，即大学往年所获得资金；二是可变数额，根据教育部的指标体系对大学的表现进行衡量，其结果将直接影响大学获得经费的多寡；三是其他因素，比如额外的来源或国家经费中的特别项目等。2011 年，意大利大学的一揽子基金指标由“教育过程与培训结果的质量”（权重为 34%）和“科学研究的质量”（权重为 66%）两部分组成，指标由全国大学与科研系统评价委员会确定。

指标拨款的实施对意大利高等教育产生较大影响。有学者认为这种奖励卓越的做法如同一剂强心针，能够促使运行低效且缺少变化的意大利大学产生紧迫感，为争取有限经费而不断提升办学质量和特色；绩效评估将根据大学在教学和科研质量上的表现，将资源分配到优秀的大学和科研机构，保证高水平教学和科研的顺利进行，从而进一步提升意大利大学的竞争力。但是也有一些学者质疑，认为绩效拨款的引入是一把双刃剑，一方面它可以引导资源向更优秀的机构流动，另一方面必将导致“马太效应”，即原先质量较低的大学和研究机构将由于本身基础较差而无法与其他大学竞争。而且，指标设计中有一些并不仅仅是高等教育本身的问题，还与大学外部经济环境有很大联系。比如，意大利高等教育在南北部发展不平衡，南部很多大学本身质量堪忧，外部经济状况也极不理想，这些都有可能导致毕业生就业困难。把就业率作为衡量大学质量的标准，显然对南部的大学有失公平。同时，由于吉尔米尼改革大幅度削减大学经费，即使在绩效评估中表现优异的大学，它们所获得的一揽子基金也很难较前几年有明显的上升；而那些根据绩效指标排名靠后的大学，由于受到大学经费总额的下降和绩效评估的双重影响，获得的办学经费将更为有限，它们在长远发展上将面临严峻的挑战。甚至有学者指出，尽管吉尔米尼试图以“绩效和卓越”来改革意大利大学制度，但是这种过于官僚化的法案将在未来几年使得意大利原本已经沉重不堪的大学在组织和运作上陷入瘫痪的境地。其次，法案在很大程度上影响高等教育的主体即大学教师和学生的根本利益。自从推出此次改革之后，罗马、佛罗伦萨、比萨等地的大规模示威游行不断，抗议政府削减教育经费，甚至布鲁塞尔的欧盟学生联盟也加入支持意大利学生的行列。博洛尼亚大学的菲利普·安德烈亚塔（Filippo Andreatta）教授在评价学生的大规模游行时说："与 1968 年的学生运动不同，近期的学生游行并没有受到任何意识形态的推动。你能够感受到学生缺乏对未来的希望，而不是为了追求政治目的。"

三、博洛尼亚进程下的英国大学

（一）博洛尼亚进程期间的英国大学

撒切尔夫人上台后开始推行"撒切尔主义"，实施完全市场化的尝试。保守党政府为高等教育确立了三个改革的目标：第一个目标是提高绩效。保守党的一些改革者认为高校不考虑更大范围的公共利益，只追求自己的利益。高校应该更对政府负责，更能代表公共利益。第二个目标是提高管理和规划质量。政府认为英国高等教育在生均费用上高于其他发达国家，而降低生均费用的途径是制定清晰的机构目标，建立良好的管理结构，进行适当的规划。最后一个目标是让高等教育能更好地反映英国经济和社会需要。这三个目标在 80 年代发表的一系列报告以及立法中得到了充分的体现。1983 年《雷弗休姆报告》为改革描绘了未来的蓝图；1985 年的《20 世纪 90 年代英国高等教育的发展》绿皮书改变了罗宾斯原则，英国高等教育进入后罗宾斯时代；1987 年的《高等教育——迎接新的挑战》白皮书确定了 1988 年教育改革法的基调；1988 年的教育改革法案为 21 世纪的英国教育确定了发展的方向；1991 年的高等教育白皮书及 1992 年的《继续与高等教育法》对高等教育体制做出了重大改革；1997 年的《迪尔英报告》又从未来需要的角度对高等教育在教学和科研等方面提出了新的改革要求。总之八九十年代的高等教育改革和调整贯穿着质量与效益的原则，最终导致了高等教育准市场的建立。

1997 年工党领袖托尼 · 布莱尔入主唐宁街，试图在社会党和撒切尔夫人的"新自由主义"之间开辟"第三条道路"，将教育改革作为应对国际竞争、重塑英国形象的重要手段。在高等教育领域，工党政府发布和颁布了一系列文书，如 1998 年的《我们竞争的未来：建设知识经济》白皮书和《教学与高等教育法》、2003 年《高等教育的未来》白皮书、2004 年《高等教育法》，对英国的高等教育进行了大刀阔斧的改革。

80 年代英国取消欧盟学生的助学金、向其收取全额学费的做法使英国的海外留学生数量大降。布莱尔执政期间英国高等教育国际化的重点是大力招收海外留学生。在 20 世纪 80 年代以前，英国高校招收留学生的目的主要体现为教育与文化交流。80 年代后，市场机制被引入高等教育领域。在全球化浪潮以及经费不足双重推力下，高校开始进入国际教育市场并取得了巨大的成绩。

1980 年英国的海外留学生只有 16154 人，留学生占高校学生的比例为 3.8%，世界排名是第 6 位。1995 年留学生的数量接近 20 万，留学生占学生总数的比例超过 10%。[①] 据统计，2007 年英国的海外留学生数量已超过 35 万，留学生占英国高校在校生的比率达到 13%。大量海外留学生的到来不仅丰富了英国大学校园文化，更为英国高校以及英国社会带来了巨大的经济利益。

除了不断加大招收留学生的力度，英国还进一步加强了高等教育方面

① 参见古海铃：《英国高等教育国际化的策略研究》，硕士学位论文，华南师范大学，2005 年，第 10 页。

的国际合作和交流。1998 年，英国与法国、德国、意大利共同签署了一项关于“欧洲高等教育问题”的联合声明，商定改革并协调四国的高等教育。此声明导致了 1999 年欧盟各国签署了旨在 2010 年建立欧洲高等教育区的“博洛尼亚进程”，试图为高校教师与学生在欧洲的自由流动扫除障碍。英国一直积极参与其中，并在 2005—2007 年为博洛尼亚执行小组设立了秘书处。在欧盟之外，英国同亚洲、非洲的很多国家建立了固定的长期的合作关系。对外交流和合作不仅有人员间的互访，还有合作办学，如苏格兰学历管理委员会（SQA）与我国教育部留学服务中心合作在中国开设英国高等教育文凭项目，此项目毕业生可以申请去英国续读英国的本科学位课程。

纵观八九十年代的英国大学改革，可以清楚地看到新公共管理理论在高等教育领域的渗透。新公共管理对市场力量的推崇、对质量与效益的强调以及对外部监控的重视，使得市场逻辑开始在英国高等教育中发挥作用。同时，政府与大学之间的信任关系被打破，政府一再加强其在高等教育领域中的权力。1997 年 5 月英国工党重新获得执政机会，但在高等教育领域基本延续了保守党时期推行的一系列高等教育政策，这充分说明保守党时期推行的高等教育改革措施影响深远。19 世纪以来英国的高等教育终于从古典走到了现代。从 19 世纪初牛剑独领风骚、19 世纪上半叶伦敦大学横空出世、19 世纪中后期“红砖大学”遍地开花，到 20 世纪 60 年代“平板玻璃大学”拔地而起，新世纪来临前多科技术学院获得“新大学”的地位，英国的大学完成了制度化的建构，形成了世界上独一无二的高等教育制度。

（二）博洛尼亚进程在英国遇到的挑战与压力

尽管英国为促进“博洛尼亚进程”做出了许多努力，但其付出并没有换来别国的广泛肯定和理解，相反却经常遭到质疑和指责。换言之，英国的自我感觉与别国的评价之间存在反差，虽然英国认为“比任何其他欧洲国家更关心博洛尼亚进程”，但在后者眼里，“英国或是抵制博洛尼亚进程”，“或是借机将盎格鲁撒克逊模式强加于非情愿接受者”。英国人难以接受这种评价，认为有失客观性。有英国学者反驳说：“这种评价观点不公平，也没有很好地反映现实。……至于为什么看起来英国政府在高等教育体系中没有大动作，主要原因是英国模式被当做模板，供其他国家来效仿。”[①]两者之间看法如此相反的原因分析如下。

首先，英国与欧洲大陆国家之间始终缺乏互信。从历史上看，虽然英国是最早提出建立欧洲共同体设想的国家，但始终对超国家组织的统一治理模式心存疑虑。另外，由于地理条件的限制，英国习惯上称欧洲其他国家为“大陆国家”，这让人产生某种“英国独立于欧洲之外，对自己和欧洲其他国家还是分得很清楚”的感觉。其次，在英国，不论是政府还是民间对推进“博洛尼亚进程”的真正意义缺乏正确的认识和足够的心理准备。在“博洛尼亚进程”启动之初，多数英国人都误以为“博洛尼亚进程”是改造欧洲大陆高等教育模式、实现“英国标准化”的过程，自认为英国的高等教育质量保障标准具有广泛的认可度，统一后的三级学位制度就是英国学位模式。因此英国人以为，英国高等教育已经符合“博洛尼亚进程”的要求，不需要做许多改变和重建工作。

在对待博洛尼亚进程问题上，比较而言，英国政府和议会的态度相对比较积极，在多种国际公开场合都明确表示要致力于推进欧洲高等教育的建设。与此同时，高校领导及其管理部门也主动参与“博洛尼亚进程”。但不论是政府还是高校行政部门，推进和参与“博洛尼亚进程”的真正目的是保持其自身在国际留学市场上的竞争优势，其背后隐藏了明显的商业动机，与

① 施晓光：《欧洲博洛尼亚进程中的“不和谐”之声——基于英国的考察》，《比较教育研究》2012年第2期。

欧盟实施“博洛尼亚进程”的初衷有很大差距。如英国文化委员会主任马丁·戴维森（Martin Davidso）批评部分院校的做法时指出，这些学校为了解决财务缺口而把国际学生当成摇钱树的做法是一种短视行为；他还警告说：“如果高校仅仅为了应对财务困难和政府资金削减而加大招生力度只是饮鸩止渴。”与上面两个利益方不同，学术界和公众社会对“博洛尼亚进程”的态度则“略显平淡和超然”。大多数学生和学者似乎都没有听说此事，更不用说做任何相应准备。这种“官热民冷”情况与欧洲大陆国家社会普遍的关注和如火如荼的大讨论形成了鲜明对比。有英国学者提出，“虽然欧洲博洛尼亚宣言在大陆是一个家喻户晓的文件，但在英国鲜有人讨论，甚至听都没听过这个文件。当大陆的同行们都对此表示密切的关注时，或许我们也应该如此”。

四、博洛尼亚进程下的法国大学

（一）《建立高等教育的欧洲模式》

1997 年 6 月，法国总统希拉克宣布提前解散议会进行大选，结果右翼失利，以里奥内尔·若斯潘为首的左翼政府上台。社会党人阿莱格尔被任命为新的教育部长。这是法国政坛继 1986 年首次出现“左右共治”后的第二次“共治”。按照惯例，政府更迭即意味着法国社会新一轮改革的开始。

1998 年 5 月，受阿莱格尔委托组成的法国高等教育改革委员会向政府提交了一份题为《建立高等教育的欧洲模式》的高等教育改革方案。改革方案认为，法国现行的高等教育体制是综合大学和大学校并存的“双轨制”。这种在法国特定历史条件下形成的独特教育体制始于 18 世纪中叶，其发展经历了两个多世纪。随着历史的演进，大学成为法国高等教育民主化的体现，而大学校则代表了法国的精英教育，传统上与企业界保持着密切联系。这两类学校在办学模式、条件、教学、学制、管理等方面区别甚大，而又长期互相“隔绝”。1968 年和 1984 年两次高等教育改革虽然开始打破大学和大学校之间的壁垒，二者在教学和研究方面互相配合，但仍保留各自的基本特点。为适应当代知识创新和科学技术飞速发展的特点，大学与大学校应加强合作力度，发挥各自优势，相互靠拢，成立共同的“高等教育园区”（PRES），并组建由多个大学、大学校或高等教育园区共同组成的“省区大学园”（PUP），以有利于大学和大学校实现优势互补，有利于提高法国高等教育的整体办学效率和竞争力。

改革方案提出改革大学现行学制，将大学原来的三个阶段改为新的三阶段，即 3（年学士）—5（年新硕士）—8（年博士）学制。新的大学学制便于与欧盟及其他国家的学制接轨和学位对等。为促进大学发展，改革方案还建议成立独立的民间高等教育评估机构——高等评估院（ASE）（1984 年后曾组建过国家评估机构），每五年一次对高等教育系统进行评估，分出等级，评估结果与各校教育拨款挂钩，并向社会公布。

（二）博洛尼亚进程下的法国大学

《博洛尼亚宣言》之后，欧盟各国部长约两年时间召开一次会议，共同商讨创建欧洲高等教育区域的相关事宜，以促进欧洲教育一体化进程。法国大学改革逐步实现“博洛尼亚进程”，要求出台了一系列法规，有力地推进了法国高等教育的学制及文凭制度改革，以实际行动推动欧洲高等教育一体化的进程。在学制改革方面，法国首先于 1999 年 8 月在原学士和博士学位中间增设了硕士学位，11 月又引进职业学位以符合欧洲在第一阶段学习中增加职业教育的要求。为防止因称呼不同而引起的误解，2002 年 4 月将 mastaire 改为“master”。从 2002—2003 学年开始，在硕士中又划分为专业硕士和研究硕士。至 2005 年，法国所有大学完成学制改革，统一实施“358 学制”，其最大变化是以五年制的新硕士学位取代之前的四年制硕士学位。

在博洛尼亚进程中，法国高等教育在国际化、规范化和职业化的进程中获得了明显进步。主要体现在四个方面：为取长补短，法国各类高等学校加强了校际合作；大学统一实行“358 学制”，有利于法国大学的学制和文凭与国际接轨，甚至大学校也在努力向这一新学制靠近；法国大学的课程按照欧洲统一学分和统一学时的要求重新进行了梳理，使得法国大学同一文凭中的教学内容更为系统和合理；促进法国大学重视大学生的发展方向，增强了职业性。

但法国高等教育长期形成的复杂体制，使得法国在适应新的标准和要求面前有时显得力不从心，如比较突出的医学教育问题，通常医学院学生在结束第一年学习后再学年考试，这是一种高淘汰率的筛选考试，仅约四分之一的学生可以通过考试继续医学的学习。筛选考试的存在使得法国医学教育要融入“358 学制”显得比较困难。除了学制上的差异带来的改革困境，还有各项内部管理体制的差异也造成法国高等教育在博洛尼亚进程中的种种不适。如大学和大学生对于学分制的成绩考核规则了解不够，致使漏考现象时有发生，影响了学校的考试管理秩序等。

第三节　欧洲大学区域整合背景下澳大利亚大学的回应与发展

一、澳大利亚大学对博洛尼亚进程的回应

（一）澳大利亚大学对博洛尼亚进程的文本回应

面对博洛尼亚进程，澳大利亚政府和高校该如何更好地回应欧洲高等教育改革，澳大利亚教育、科学与培训部在《下一步工作》讨论稿中在概述欧洲高等教育改革近况的基础上努力探寻澳大利亚高等教育改革面对博洛尼亚进程的应对措施。教育、科学与培训部认为与博洛尼亚进程主动接轨会得到更多收益，不及时接轨则可能面临危机，降低澳大利亚的吸引力。例如，海外学生首选留学目的地会是哪里等问题。从《下一步工作》讨论稿中可以看出，澳大利亚政府非常重视博洛尼亚进程，认为不可避免要与之接轨。与政府态度形成对照的是，来自澳大利亚大学、企业、协会等各界的34份回应报告却没有与其分享这种热情。[①] 有些回应报告只讨论了几个问题，有的则干脆只讨论和自身密切相关的一两个问题。其中最值得一提的是澳大利亚大学校长协会（Australian Vice-Chancellors

① Greg Donaghue, "The Bologna Process and Australia:A Study of the Attractiveness,Diffusion and Rejection of A Global Reform Idea",Master Thesis,University of Oslo,2008,pp.65-68.

Committee，简称 AVCC）的回应报告。其态度小心谨慎并且略显消极，其基调是与博洛尼亚进程接轨对澳大利亚并不是必要和明智的选择：首先，AVCC 强调不能因为和博洛尼亚进程接轨而影响澳大利亚与亚太地区的传统教育伙伴关系；其次，欧洲严格的学位结构模式可能威胁到澳大利亚高等教育系统的多样性甚至于教育质量。总之，AVCC 认为与亚洲地区的协调统一可能比与欧洲接轨更为重要。但 AVCC 与教育、科学与培训部的一致意见是：推介澳大利亚高等教育系统时向外界提供“毕业证书附加说明”。

其他方面的回应包括：澳大利亚院长和研究生学习指导委员会（Australian Council of Deans and Directors of Graduate Studies，简称 DDOGS）主要关注博洛尼亚进程下澳大利亚的博士生学习；由澳大利亚 8 所顶尖大学组成的 8 校组织（The Group of Eight，简称 Go8）大体上支持与博洛尼亚进程接轨，但同时认为与印度、巴基斯坦、中国和美国联系可能对 Go8 更为有利；澳大利亚大学技术联盟（The Australian Technology Network of University，简称 ATN）的报告坚决支持澳大利亚高等教育系统与博洛尼亚进程接轨，否则澳大利亚作为教育出口商的地位将会丧失；澳大利亚创新研究型大学（Innovative Research University Australia，简称 IRUA）态度也十分谨慎，认为不能缩减澳大利亚高等教育系统的多样性，否则会降低澳大利亚的比较优势；澳大利亚质量保证局（Australian University Quality Agency，简称 AUQA）更多关注博洛尼亚进程的不足，并且强调澳大利亚和欧洲高等教育所处的不同环境；全国学生联合会（National Union of Students，简称 NUS）态度消极，而全国高等教育联合会（National Tertiary Education Union，简称 NTEU）则大体上持支持态度。

综上所述，澳大利亚面对博洛尼亚进程时各方的议题主要有两个：一是为什么澳大利亚要效仿欧洲而不是美国或者亚洲；一是严格执行博洛尼亚进程可能会使澳大利亚大学的多样性和独特结构丧失优势。这种忧虑导致各方面在实施执行过程中对博洛尼亚进程的拒绝态度。

（二）澳大利亚大学对博洛尼亚进程的行动回应

2006 年 4 月在布里斯班举行的国际教育论坛上全体代表一致通过并签署了《布里斯班公报》。这次会议产生了两个重要成果：一是澳大利亚教育部将会资助大学联盟开发毕业证书附加说明的模板；一是组建高水平的指导组。会上还提出澳大利亚要重视亚洲学生赴欧留学的增长趋势对澳大利亚的威胁，同意在教育证书认证以及教育和培训质量等重大问题上进行合作。[①]关于与亚太地区的教育关系，当时的教育部长在会上说："亚太地区将建立自己的目标和框架，博洛尼亚进程为在一个地区内实现合作提供了一个启示"。[②]

2007 年 1 月澳大利亚教育、科学与培训部部长宣布由十四所澳洲高校组成联盟为澳洲高校毕业生构建一个一致的毕业证书信息模式方便澳大利亚大学的国际认证，让学生和雇主在国内海外的就业中都能获利。后来这个毕业证书信息模式被正式命名为"澳大利亚高等教育毕业声明"。2008 年 3 月，澳大利亚新南威尔士大学率先为其近五百名毕业生发放了首批"澳大利亚高等教育毕业声明"。由此，"澳大利亚高等教育毕业声明"既参与回应了博洛尼亚进程，又推动了亚太地区高等教育证书的国际认证。[③]

---

① Ministers,*The Brisbane Communique*,Brisbane:Asian Pacific Education Ministers Meeting,2006, pp.1–2.

② Greg Donaghue, "The Bologna Process and Australia:A Study of the Attractiveness,Diffusion and Rejection of A Global Reform Idea", Master Thesis,University of Oslo, 2008,pp.65–68.

③ 参见麦可・辛、张玲：《欧洲博洛尼亚进程与"澳大利亚高等教育毕业声明"——降低高校毕业生流动信息障碍》,《现代大学教育》2008 年第 3 期。

关于博洛尼亚进程，澳大利亚政府的态度是积极的，认为参与博洛尼亚进程不仅能让本国高等教育跟上国际发展的步伐，而且能让本国高校毕业生和雇主获利。澳大利亚政府特别关注在全球化高等教育市场的挑战与竞争中，怎样确保本国高校的竞争力以及怎样帮助本国高校与国际规则及欧洲博洛尼亚进程接轨，以增强其作为国际高等教育提供商的地位。

二、澳大利亚大学的博士研究生教育①

（一）澳大利亚博士研究生教育的数量增长②

简单回顾澳大利亚博士研究生教育发展历程可以发现，其背后最主要的推动力就是社会和科学的发展。因为澳大利亚本土起初缺乏博士这样的高等学位，澳大利亚青年在完成科学学士学位以后最多再多学一年以便获得科学硕士学位，然后他们便会争取奖学金去英国从事研究以获得博士学位。澳大利亚战后初期出现了两年制研究型硕士，这也是因为澳大利亚本土大学没有博士学位授予权，澳大利亚科学学会（Australian Academy of Science，简称 AAS）认为“研究型硕士是为博士学位打基础，大学设置研究型硕士的初衷很明确是为了把合适的人选培养成为澳大利亚大学的

① 本节以独立作者发表于北大核心期刊《高教发展与评估》2015 年第 5 期。

② 本文的数据来源包括：1948—1972 年的数据来源于联邦人口普查统计局（Commonwealth Bureau of Census and Statistics，简称 CBCS），1973—1982 年的数据来源于联邦人口普查统计局的继任者澳大利亚统计局（Australian Bureau of Statistics，简称 ABS），1976—1986 年的数据则主要采集自联邦第三级教育委员会（Commonwealth Tertiary Education Commission，简称 CTEC），1987 至今的数据则源自联邦政府教育部。

教工”[①]。

澳大利亚国家就业教育培训部（National Board of Employment, Education and Training，简称 NBEET）将现代意义的博士表述为：“研究性学位，学制三年，全日制学习，事先至少要求进行过含有研究性学术准备在内的四年制本科学习。”1948 年，墨尔本大学授出了澳大利亚大学史上的第一个博士学位，[②]澳大利亚第一个本土大学培养的博士由此产生。1949 年，澳大利亚大学授出了 8 个博士学位，其中农业 2 人、文学 1 人、科学 5 人。随着 1957 年默里报告（Murray Report）和 1965 年马丁报告（Martin Report）的出台，澳大利亚大学中的研究性教育开始大规模增加。默里报告指出澳大利亚大学中存在一个“令人不安”的因素，即“普遍缺乏荣誉性的和研究性的研究型学院”，而马丁报告则认为“考虑到将来的职员需求，大学不应该局限于自身研究生院的规模。优先支持研究生院的扩大和发展”[③]。默里报告和马丁报告在很大程度上促进了澳大利亚大学博士研究生教育的发展，但澳大利亚博士研究生教育真正的迸发时期始于 20 世纪 90 年代早期，尤其是道金斯改革之后澳大利亚高等教育才出现了根本性的变化，所有层次的学生数量都出现了快速增长。

道金斯实行一体化改革废除了明确区分大学和高级教育学院的双轨制，在“越大越好”精神的指导下澳大利亚全国高校掀起了高等教育机构之间

---

① S.Hill & P.Frensham,*Ph.D Education in Australia:the Making of Professional Scientists Report*, No.7,Science and Industry Forum,Canberra:Australian Academy of Science,1974,p.14.

② 此人究竟是谁存有争议：伊文思（Evans）认为是墨尔本大学一个名为乔伊斯·斯通（Joyce Stone）的人，但戴尔（Dale）认为墨尔本大学同时也是澳大利亚第一个博士学位获得者是法国的艾瑞卡·沃尔夫（Erica Wolff），第二个博士学位获得者是理学博士茹波特·梅耶（Rupert Myers）。不论如何，对于澳大利亚第一个博士学位的授出单位为墨尔本大学这点并不存在争议。

③ Australian Universities Commission,*The Fifth Report of the Australian Universities Commission*, Canberra:Australian Universities Commissior,1972,p.5.

的合并风潮，通过合并大学对各种教学和科研资源进行重新管理和分配，降低了单位教学成本，使整个高等教育系统的效率和效益得以提升。就招生数量而言，大学在实际运行过程中的发展速度远远超出了联邦政府的计划和预想，1991年大学入学人数就已经达到了534538人，其中17%接受的是研究生教育，6%是留学生，还有652名原住民大学生，占0.1%，大学提前十年实现了当初联邦政府预计的目标。[①] 等到了计划中的2001年，在校生的数量已经达到了726000人，其中留学生就有110000人，大多数大学的招生规模都翻了两倍，远远超出了联邦政府当初的预想。根据伊安·道博森的统计，在1948—2009年澳大利亚有94423名博士学位获得者。[②] 在澳大利亚大学早期授出的博士学位中，半数以上是科学博士，后来甚至占到了60%以上。随着时间的发展，其他研究领域也开始授予博士学位，这直接导致了科学博士在总体数量中的比例下降，尽管绝对数量一直在增长。

（二）澳大利亚博士研究生的人员构成

随着时间的发展，澳大利亚博士研究生不仅数量增长，人员构成也发生了很大的变化。尤其是20世纪90年代至今，澳大利亚高等教育的历史就是越来越多的女性和越来越多的留学生参与的历史。图1显示了澳大利亚大学1948—2009年授予博士学位的数量和其中女性所占的比例，从20世纪80年代后期博士数量开始达到每年1000名，到90年代中期每年超过了2000名，总体呈稳定增长趋势。产生这种现象的原因主要是在此期

① Simon Marginson, "Steering from A Distance:Power Relations in Australian Higher Education" ,*Higher Education*,No.34（1997）,pp.63-80.

② Ian R.Dobson, "PhDs in Australia,from the Beginning",*Australian Universities' Review*, Vol.54,No.1（2012）,p.95.

间澳大利亚博士学位授予机构的增加，即道金斯所进行的高等教育一体化改革导致一批新大学的产生和创建，同时还有一些例如神学院等小型私立非大学的研究机构也拥有了少量的博士学位授予权。

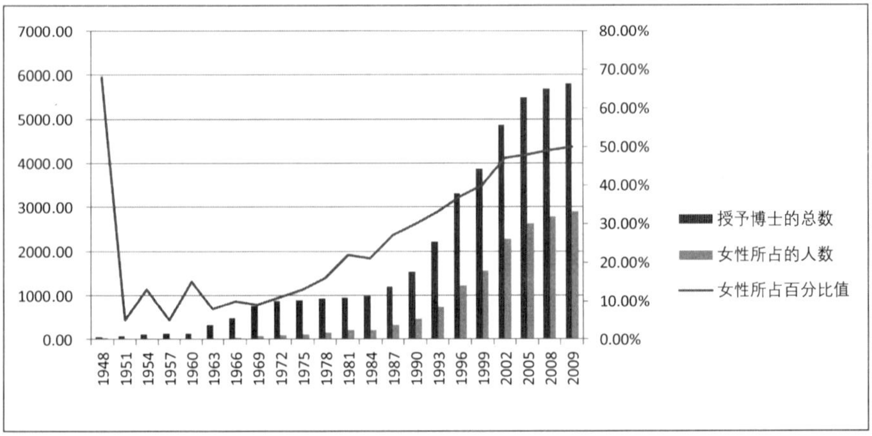

图 1　1948—2009 年澳大利亚大学授予博士学位的数量及女性所占比例

就女性而言，图 1 显示除 1948 年之外女性在整个博士学位获得者中的比例并不高，一直低于男性。这种状态直到 2009 年才开始出现变化：2009 年共有 5796 人获得博士学位，其中女性 2903 人，男性 2893 人。女性比男性多 10 人，即多 0.17%。目前澳大利亚大学中女性博士研究生的人数已经过半，就像在其他教育层次一样，估计将来一段时间内女性将继续保持数量上的优势。其原因一方面是缘于女性对教育的重视，另一方面是因为男性就业空间大就业机会多，无形的就业压力和工作竞争迫使女性更加努力更加优秀，还有在现行的教育体系下女性无论从专业设置还是课程评价等方面都似乎更有优势。

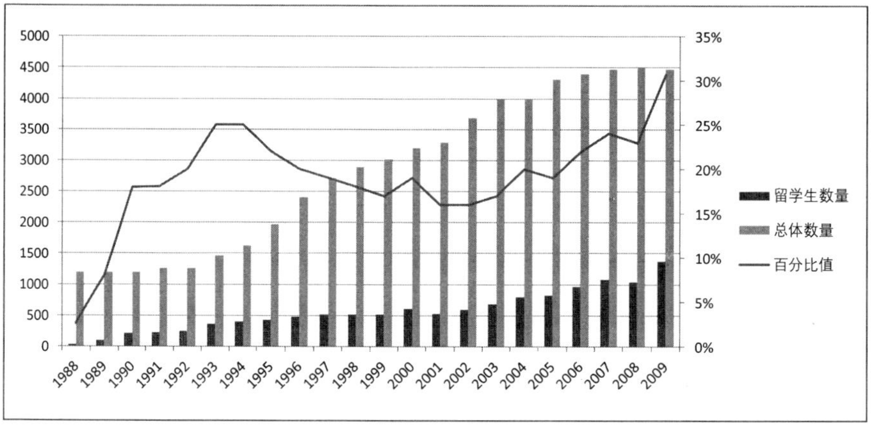

图 2 1988—2009 年澳大利亚大学授予博士学位数量及留学生所占比例

就留学生而言，图 2 总结了 1988—2009 年澳大利亚授予包括留学生在内所有博士学位数量，曲线表示获得博士学位的留学生在全体博士学位获得者中所占的比例。由图 2 可见，1988 年只有 31 名留学生获得博士学位，而 2009 年有 1375 名即近乎 1/4 的留学生获得了博士学位，20 世纪 90 年代前期几乎一致如此。70 年代之前澳大利亚招收海外留学生主要是一种援助，但到 90 年代以后，澳大利亚曾经特设负责具体实施留学生援助的专门委员会改为公司“澳大利亚高等教育国际发展项目”（International Development Program of Australian Universities and Colleges，简称 IDP），在海外设立多家办事处提供留学澳大利亚的全程服务，快捷周到的服务有效促进了澳大利亚的高等教育出口，大学被政府打造成营利性机构进行经济创收的同时使得留学生数量激增。1992 年至 2004 年，在澳大利亚接受高等教育的海外留学生从 35000 人上升到 150000 人，以每年 15% 的速度增长。①

① AAP General News, *Reports Finds Higher Education as An Export Is Booming*, Dec.2006, http://www.high beam.com/doc/1p1-112907576.html.

（三）澳大利亚博士研究生的研究领域

澳大利亚博士研究生教育发展背后最主要的推动力是社会和科学的发展，表 1 展示了从 1949—2009 年以 10 年为周期博士研究生在不同专业领域中数量和比例的变化，这在一定程度上反映了社会的发展与变化。① 由表 1 可见，1949 年 8 个人中有 5 个人的博士学位是在科学领域，占到了总数的 62.5%。1959 年和 1969 年情况基本相似，分别有 63.9% 和 60.8% 的博士研究生在科学领域。然而到了 70 年代和 80 年代，科学领域的博士降到了 41.1% 和 39.2%。文法艺术类的博士生增长最快，从 1949 年的 1 人经过 60 年的发展在 2009 年达到了 1546 名，占总数的 26.7%，同年仅次于有 1585 人占 27.3% 的科学博士数量。医学健康领域和工程领域的博士学位获得者数量位居第三，其中医学健康领域的数量从 1959 年 9 人占 8.3% 的比例上升到 2009 年的 802 人占 13.8%，而同期工程领域的博士学位获得者数量和比例也从 1959 年的 9 人占 8.3% 上升到了 2009 年的 704 人占 12.1%。数据变化的背后是不同时代观念的变化：和五六十年前相比，人们普遍认为通过高等教育能够谋求更好的工作以及其他更多的收益。

就性别而言，博士研究生教育也许是教育领域中男性占主导地位的最

---

① 在进行资料整理时笔者发现在本研究的时间跨度内澳大利亚大学授予博士学位的专业标准并不统一，有时依据学生所在的学院、有时依据专业、有时又采用研究领域这样的表述方式。例如，1948—1971 年的数据统计主要依据学生所在的学院，1988 年以后改为根据“研究领域（field of study）”来进行统计，2001 年“研究领域（field of study）”又改为“教育领域（field of education）”。可以理解其变化的原因在于澳大利亚高等教育的多次改革，但确实给数据整理工作带来了不便。例如按研究领域划分“法律”和“兽医”，分别属于“社会文化”和“医学健康”两个教育领域，但后来“信息技术”被从原属的“科学”研究领域剥离，与原本属于商贸研究领域的“经济”一起被归入“社会文化”教育领域则让人有些匪夷所思。总而言之，笔者综合考虑各个不同时期不同的划分标准之后按通常理解的专业研究领域整理出了表 1 和表 2。

表 1 1949—2009 年澳大利亚大学不同研究领域授予博士学位数量和比例

年份	农业		建筑		文法艺术		商贸		教育		工程		医学健康		科学		总体数量	
1949	2	25.0%		0.0%	1	12.5%		0.0%		0.0%		0.0%		0.0%	5	62.5%	8	100.0%
1959	4	3.7%		0.0%	16	14.8%	1	0.9%		0.0%	9	8.3%	9	8.3%	69	63.9%	108	100.0%
1969	35	7.1%	2	0.4%	60	12.2%	5	1.0%	5	1.0%	50	10.2%	35	7.1%	298	60.8%	490	100.0%
1979	71	8.2%	4	0.5%	177	20.3%	39	4.5%	32	3.7%	87	10.0%	103	11.8%	358	41.1%	871	100.0%
1989	62	5.1%	6	0.5%	263	21.8%	43	3.6%	90	7.4%	106	8.8%	165	13.6%	474	39.2%	1209	100.0%
1999	172	4.7%	40	1.1%	782	21.3%	264	7.2%	275	7.5%	430	11.7%	549	15.0%	1152	31.4%	3664	100.0%
2009	278	4.8%	61	1.1%	1546	26.7%	446	7.7%	374	6.5%	704	12.1%	802	13.8%	1585	27.3%	5796	100.0%

后一块阵地，但女性经过60年的努力终于在2009年改变了这种局面：不仅总体的人数上越来越多，而且涉及的研究领域也越来越广。在1988年女性在博士学位获得者中仅占27%，最高的是43.2%的教育领域和39.5%的医学健康领域，在其他研究领域中比例不高。到2009年，在农业、文学法律和艺术、教育以及医学健康等领域的女性数量都超过了男性，分别为51.1%、61.3%、64.7%和64.0%。建筑领域女性从33.3%上升到了42.6%，商贸领域从17.1%上升到了40.8%，科学领域从22.0%上升到了44.6%。只有在工程领域女性的比例还比较低，只有20.7%，但有意思的是只有15.5%的女性获得了工程类的本科学位。当然，女性在各个研究领域中的分布并不均衡，表2显示了从2001—2009年10年间澳大利亚大学女性在各个研究领域中所占的比例，根据数据可见在大部分研究领域中女性人数都取得了或多或少的增长，但在商贸、工程两类研究领域中则一直保持在大致不变的水平，这些专业依旧是男性的天下，无论是人们的观念还是就业的现实都没有太多变化。

就留学生而言，其在所有研究领域中的比例都有猛烈增长，但分布并不均衡。2001年有16.4%的博士学位授予留学生，到2009年则增长到了23.7%，尤其是教育领域从2001年的13.2%到2009年的30.5%，增长了17个百分点。2009年，在商贸、工程和教育领域的留学生人数相当高，都达到了1/3。除了较高的教育质量和英语国家的优势之外，和英美相比较为低廉的学费、相对宽松的签证政策、良好的自然环境，以及澳大利亚的移民政策等都是吸引各国留学生尤其是亚洲留学生前往的重要因素。澳大利亚在21世纪全球经济一体化的背景下重视国际交流与合作，视教育为重要出口产业，鼓励大学按照商业模式去开拓海外市场吸引海外生源，而《海外学生教育服务法2000》及其配套法规则为这一阶段澳大利亚留学生

表 2 2001—2009 年澳大利亚大学女性和留学生在不同研究领域获得博士学位比例

	2001		2002		2003		2004		2005		2006		2007		2008		2009	
研究领域	女性（%）	留学生（%）	女性（%）	留学生（%）	女性（%）	留学生（%）	女性（%）	留学生（%）	女性（%）	留学生（%）	女性（%）	留学生（%）	女性（%）	留学生（%）	女性（%）	留学生（%）	女性（%）	留学生（%）
农业	33.9	22.3	44.6	21.2	38.9	19.1	41.3	27.4	41.1	27.3	45.9	23.1	43.6	29.5	42.4	31.4	51.1	27.7
建筑	34.4	21.9	42.2	22.2	37.8	31.1	47.2	35.8	41.3	32.0	48.8	41.9	42.9	30.2	45.0	31.3	42.6	27.9
文法艺术	52.7	11.5	51.1	10.9	54.5	12.4	56.8	15.0	55.0	13.8	56.6	17.2	59.8	15.9	57.2	17.9	61.3	18.4
商贸	38.8	23.6	39.4	25.7	38.1	30.9	37.2	32.5	40.0	30.3	42.3	29.9	41.8	32.8	43.2	26.4	40.8	32.1
教育	56.1	13.2	53.1	13.9	61.1	21.3	61.4	21.2	59.2	24.1	59.5	29.0	65.3	22.3	62.8	28.6	64.7	30.5
工程	19.1	23.4	16.7	20.7	21.1	20.5	19.6	26.4	20.0	29.1	19.1	29.9	20.3	32.8	22.4	26.4	20.7	32.1
医学健康	57.2	11.7	58.8	11.3	57.5	12.1	57.8	11.8	63.7	11.1	63.8	16.1	61.4	16.9	63.1	15.3	64.0	15.2
科学	40.4	18.1	40.4	16.5	43.5	16.1	43.4	18.5	41.6	17.1	45.9	19.6	45.1	22.6	43.6	21.%	44.4	24.4
总比	44.2	16.4	44.5	15.4	46.5	16.7	46.9	19.5	46.8	19.0	48.5	21.6	48.5	23.0	48.6	22.3	50.1	23.7
总数	3884		4291		4728		4900		5244		5519		5721		5786		5796	

教育的成功发展奠定了坚实基础。[①] 澳大利亚大学最好的专业为生理学、医学、物理、化学，这几个领域都曾产生过多名诺贝尔奖获得者，但留学生尤其是亚洲留学生一般倾向于选择商贸、工程和教育等移民职业清单上的紧缺专业。

（四）澳大利亚博士研究生的学校分布

在澳大利亚，不同的大学授予博士学位的数量有很大的差距。在第一个博士学位授予之时的 1948 年澳大利亚只有 7 所大学，到 2009 年则有 41 所高等教育机构有博士学位授予权。2009 年授予博士学位数量最多的是墨尔本大学 577 人，最少的是邦德大学 8 人。本部分将对研究型的澳大利亚八所大学（简称“八大”）[②] 和以教学为主的其他大学进行比较，不仅审视其因为类型不同而存在的差异，更分析其出于历史原因而存在的差距。

---

① 参见李晓东：《澳大利亚留学生教育政策研究——以高等教育为研究对象》，硕士学位论文，中央民族大学，2013 年，第 26 页。

② 澳大利亚“八大”（Group of Eight，简称 Go8）是澳大利亚八所大学的联盟，1994 年以非正式的形式开始运行，1999 年正式成立，包括了澳大利亚最顶级的八所大学：阿德雷德大学（The University of Adelaide）、澳大利亚国立大学（The Australian National University）、墨尔本大学（The University of Melbourne）、莫纳什大学（Monash University）、新南威尔士大学（The University of New South Wales）、昆士兰大学（The University of Queensland）、悉尼大学（The University of Sydney）和西澳大学（The University of Western Australia）。澳大利亚的“八大”可以说是澳大利亚版的美国常春藤联盟（Ivy League），代表着澳大利亚最顶尖的高等教育水平。

表 3 1989—2009 年澳大利亚“八大”和其他大学的博士学位授予数量

“八大”	1989	1994	1999	2004	2009	1989—2009 年的增长	
阿德雷德大学	81	142	170	191	213	132	163.0%
澳大利亚国立大学	130	139	219	231	291	161	123.8%
墨尔本大学	168	206	339	496	577	409	243.5%
莫纳什大学	121	182	278	330	411	290	239.7%
昆士兰大学	168	235	340	419	493	325	193.5%
悉尼大学	5	244	342	444	535	530	
新南威尔士大学	88	213	284	368	451	363	412.5%
西澳大学	78	114	167	231	260	182	233.3%
小计	839	1475	2139	2710	3231	2392	285.1%
在总数中所占比例	69.4%	67.0%	58.4%	55.3%	55.7%		
其他大学	370	726	1525	2190	2565	2195	593.2%
在总数中所占比例	30.6%	33.0%	41.6%	44.7%	44.3%		
总体数量	1209	2201	3664	4900	5796	4587	379.4%
总体比例	100.0%	100.0%	100.0%	100.0%	100.0%		

注：悉尼大学在 1989 年 5 人的数据似乎令人难以置信，但 DEEWR 提供的数据确实如此。

2006 年，“八大”接收了澳大利亚研究委员会（Australia Research Council，简称 ARC）和国家健康医药研究委员会（National Health and Medical Research Council，简称 NHMRC）超过 70% 的拨款，它们的学术产量则达到了 52%。从表 3 可见，1989 年“八大”授出了 69.4% 的博士学位，但随着后道金斯年代的来临，到 2009 年这个比例下降到了 55.7%，然后基本上一直稳定在这个比例。“八大”是主要的博士出产地，尤其是悉尼大学和墨尔本大学，2009 年两所老牌名校分别授出了 535 名和 577 名博士，位居第三的是 493 名的昆士兰大学。无论官方排名还是学界口碑，澳大利亚国立大学、阿德雷德大学等都比昆士兰大学强，但昆士兰大学规模非常大。就增长速度而言，“八大”在 1989—2009 年 10 年间的博士学位授予数量增长很快，达到了 285.1%。但其他大学增长更快，高达 593.2%，这些后起之秀正在奋起直追。

1965年接受了马丁报告建议的联邦政府宣布建立一系列新的“文凭学院（Diploma College）”，即“高级教育学院（College of Advanced Education，简称CAE）”。本着和大学“平等但不同”的原则，高级教育学院“旨在为学生开设达到大学水平的职业课程”，也由此形成了澳大利亚高等教育的双轨制。在1988年道金斯的高等教育一体化改革中，虽然包括大学和高级教育学院在内的79所高等教育机构被整合重组为39所大学，但这些大学根据各自的成立时间、教研水平和建筑风格等又重新组合分层，形成了历史由远到近、总体水平由高到低的五个层次：“砂岩”（Sandstones）大学、“红墙”（Redbricks）大学、“胶树”（Gumtrees）大学、“科技”（Unitechs）大学和“新大学”（New Universities）。[①]“八大”包括了大部分的砂岩大学和红墙大学，不包括其他三类大学中的任何一所。“八大”成为澳大利亚博士主要出产地的现象充分反映出历史传承的意义和价值，而其他大学的快速增长更反映出了创新与进取的重要与必要。

三、澳大利亚大学发展的阶段性理念及其问题

（一）澳大利亚大学发展的阶段性理念

澳大利亚的社会发展与转型进程是渐进的，很少暴力冲突，其和平渐进模式源于英国，但是比英国更和平、更平稳。[②]在20世纪80年代之

① ［澳］西蒙·马金森、马克·康西丹：《澳大利亚企业型大学的权力结构、管理模式与再创造方式》，周心红译，浙江大学出版社2007年版，第162页。

② 参见钱乘旦：《序》，载王宇博：《渐进中的转型——联邦运动与澳大利亚民族国家的形成》，商务印书馆2010年版，第1页。

前，大学被定位为国家文化和民族性的塑造者；20 世纪 80 年代后期，道金森的国际化改革将大学定位成国家参与全球化经济的重要支撑力量；而到 2003 年尼尔森改革时，大学被定位成国际高等教育市场上运行的私营企业。①

不论是工党执政还是自由党和国家党联合执政，在决策圈内部的争论不在于教育要不要私有化商品化，而是私有化商品化到什么程度。公有和私有之间的区别之所以重要是因为公共部门属于公共政策和政治争论的管辖范围，直接受到政府为了维护公众利益而进行的调节的影响，而政府政策对私营部门的影响和作用则十分有限。这意味着在其他条件都同等的情况下，教育从公共部门转为私营部门是教育非政治化的一种形式，其结果是教育可以顺着市场轨迹更自由地发展了。虽然私有化本身并不构成市场关系，但它为教育中的市场行为创造了潜在的良好环境。一位教育官员曾说过，“若想在一个急剧变化的社会中求得生存与繁荣，大学必须皈依市场并成为以消费者为中心的商业机构”②。

但是，道金森时期所强化的在高等教育中应用市场力量实现私有化的重要性在尼尔森这里却发生了偏移。尼尔森反对一个没有任何限制的自由市场，所以他有意建立实行管制的自由市场，创建一个竞争性的商业化的高等教育系统，使大学成为一种既不是公立也不是私立的教育混合机构。就收取学生费用而言，其市场色彩非常明显，但是他使用了一个很中性的说法即“给予学生选择权”，尽管所谓的个人选择权也不过是道金森时期高等教育分担计划的改版。在以前道金森的高等教育分担计划阶段，学生付费或者是提前付或者是通过税收系统延后付，而尼尔森

① 参见杜海燕:《澳大利亚大学发展史研究》，博士学位论文，河北大学，2011 年，第 177 页。
② J.Currie&J.Newson, “Introduction”,in J.Currie& J.Newson,*Universities and Globalization:Critical Perspectives*,Thousand Oaks:Sage Publications,1998, pp.1-13.

则对此进行了改版和升级，为本国学生增加了全额付费的本科生名额，而且大学可以增加 25% 的收费。再有就是把各学科专业的收费进行了分层，根据培养成本和毕业预期收入，不同的学科专业需要交纳高中低不同数额的学费。还有就是通过降低联邦政府的财政拨款迫使大学不得不进行创收以维持生存，强制性地把大学推向了市场实现其私有化进程。但和市场化政策相矛盾的一点是，在宏观层面上联邦政府回撤资金并极力把大学推向私有化，但在微观层次上各种规章制度却限制大学拓展其国内的收入资源，例如联邦政府设置了大学收费的上限和学生贷款金额的上限，这就人为地给大学和学生加了一层天花板，只剩下了国际留学生作为大学创收的主要来源。面临激烈竞争的国际市场、政府复杂的政策限制和逐年减少的财政拨款，澳大利亚大学被挤兑得有点不能承受其压力之重。2000 年，哈曼（G.Harman）曾预测逐渐增长的竞争环境会使一些澳大利亚大学倒闭或被兼并①，而到 2006 年，西澳大利亚的埃迪斯·科文大学（Edith Cowan University）果真面临严重的财政短缺，差点倒闭。

综上所述，在1950—1987年的传统体制时期，联邦政府以《马丁报告》（1965）为基础，更多地强调社会和经济的发展，将大学视为国家文化和国民性的塑造者，主题是坚持大学作为受政府税收支持机构的公共性，当时存在的主要问题是入学机会和公平问题；而在 1988—2002 年的道金森时期，政府则以《道金森报告》（1988）为基础，更多地强调全球化经济中的竞争，将大学视为国家参与全球化经济的重要支撑力量，主题是促使澳大利亚大学在全球化教育市场的竞争力，当时存在的主要问题是提高参与率和大学的扩张；从 2003 年以后进入了尼尔森时期，政府以《尼尔森报告》

① G.Harman, "Institutional Mergers in Australian Higher Education Since 1960", *Higher Education Quarterly*,Vol.54, No.4（2000）,pp.343-366.

（2003）为基础，更多地强调私有化和大学的自我创收，将大学视为国际高等教育市场上运行的私营企业，主题是大学作为私营企业与工业界关系的改革、多样化和放权，当时存在的主要问题是效率、公平和竞争。

（二）澳大利亚大学发展阶段性理念存在的问题

就民族风格而言，虽然澳大利亚人和美国人同种同源，但美国人比较缺乏耐性。一旦有什么问题出现，美国人马上就希望得到解答，其秉性中有两个简单化的观念：一是所有问题都可以解决；二是解决问题的方法就是倾注人力和物力。用存在主义的术语来说，人是被扔到这个世界上的，因此人类总是碰到异己力量和敌对力量，而澳大利亚人则又从英国被扔到了这个四面环海的广袤大陆，在无可奈何的基础上是又一层的无可奈何，人也变得相当有耐性，无论看起来多么激烈的言辞和激进的改革，落到现实的土壤时总是像落在了海绵上，力度被化解了很多很多。所以澳大利亚很少有标志性的运动与改革，也没有群龙之首性质的组织机构能够作为教育科学界的发言人，往往是个人充当了澳大利亚大学发展进程的标志，其中以主管教育的政界人物居多。这使得澳大利亚大学紧跟时代政治。虽然大学由于社会机构的滞后性而往往落后于它们所表现和推动的生活，但澳大利亚大学在骨子里滞后的同时，时常也像报纸和政客那样满足社会的时尚，像一个生怕被别人落下的小孩子。

蔡元培说“大学为纯粹研究学问之机关，不可视为养成资格之所，亦不可视为贩卖知识之所”，但澳大利亚政府常常受到诱惑把注意力集中在眼前的、可以测量的经济回报上而忽视教育的文化功能。“高等教育机构拥有一系列非常适于营销的资源，包括解除新知识、慈善支持、税收优惠和大量的公共信任。不过这些资源并非可以无限更新。随着大学变得越来越商业化，它们冒险挥霍学术忠诚和公共支持，以维系自身。必须不断地评价潜在的收益，以防止威胁到它们意欲保证的重要使命。”[①]教育首先是与长期的能力培养相关的，其经济收益也不仅仅只是眼前的那一点，也有长期的，还有从根本上讲不可测量的意义和价值。澳大利亚政策的主要失误之处在于把教育想象成了一架追求短期效应的机器，并按照这一想法配置资源。澳大利亚政府教育支出的下降对资源和教育质量都形成了严重的威胁，因为联邦政府由此更专注于产出和提高效率，以进一步拓展资源的利用，但是产出是由投入决定的，而对大学在资源方面的投入却在下降。有投入不一定有产出，但是没有投入肯定没有产出，澳大利亚政府对其大学的希望是：不给羊吃草，还要羊儿长得好。经济思考和经济实践已经在联邦政府的教育决策中占据了主导地位，把对教育的其他理解都推到了靠边站的位置，这严重影响了澳大利亚大学的准确定位和可持续性发展。第二个失误是联邦政府对教育靠自身的力量所能办到的事情的期望值太高，似乎社会的发展所需要的一切就是教育改革，使大学承受了太多其不能承受的压力。西蒙·马金森认为：“这个国家（指澳大利亚）的教育辩论是一系列从受到限制的立场出发所进行的程式化的斗争。”[②]教育无能论是不对的，教育万能论也是不对的。大学若想在全球化的环境中有竞争力，需要诸多其他条件的配合，仅凭教育自身的努力是远远不够的。单凭教育，更不能保证国民经济的领先与优势。这需要整体制度的完善与协调。

① Richard Anderson, “The advantages and risks of entrepreneurship”,*Academe*,No.9–10（1990）, pp.9–14.

② ［澳］西蒙·马金森：《澳大利亚教育与公共政策》，严慧仙、洪森译，浙江大学出版社2007年版，第xii页。

结　语

一、大学之“变”

在大学发展历史上，自由和控制的矛盾关系一直是大学贯穿始终的中心主题。作为社会进化重要组成部分的大学，在自由与控制的矛盾关系中经历了深刻的变化。“1900 年的巴黎与 1700 年的巴黎完全不同；20 世纪的牛津尽管从外部看变化不大，但与 18 世纪的牛津相比已大相径庭；尽管相距不到一百年，阿尔特霍夫（Althoff）时代的柏林已经有异于威廉·冯·洪堡（Wilhelm von Humboldt）时代的柏林；1869 年埃利奥特任校长时的哈佛与 1909 年他退休时的哈佛也的确很不一样。”[①] 大学在历史的发展过程中所做出的调整，有时是缓慢且无意识的，有时则是有意识和剧烈的。弗莱克斯纳说：“大学不是孤立的事物，不是老古董，不会将各种新事物拒之门外；相反，它是时代的表现，是对现在和未来都会产生影响的一种力量。”[②] 大学不是流行什么就迎合什么的风向标，它不断满足社会变化的需求，同时，它也有自身的习惯、惰性与阻力。“大学是负责的有机组织：它们的胳膊可能是健全的，而双腿却可能折了；它们即使表面上看起来

① ［美］亚伯拉罕·弗莱克斯纳：《现代大学论》，徐辉等译，浙江教育出版社 2001 年版，第 3 页。
② ［美］亚伯拉罕·弗莱克斯纳：《现代大学论》，徐辉等译，浙江教育出版社 2001 年版，第 1 页。

很能满足时尚，骨子里却是滞后的；它们在骨子里滞后的同时，也能像报纸和政客那样对待时髦话题侃侃而谈。”[①]

二、大学之“魂”

大学的变化与成长，一直伴随着“大学是什么”与“大学不是什么”的争论。尽管一直没有在“大学是什么”的问题上达成共识，但对“大学不是什么”的回答却很一致：“大学不是行政机关，不是官场，不是企业，不是商场，不是简单的政治工具或经济工具。”[②]哈斯金斯认为中世纪大学为现代大学所提供的最直接的大学传统是大学制度，“首先是大学这一名称没有改变，它代表着由教师和学者组成的进行教育生活的社团。中世纪大学这一机构所具有的特征在个人主义盛行的现代世界中仍然是没有什么可以取而代之的”[③]。最值得一提的是，大学从诞生之初就有自治权，这种自治权被理解为：“大学本身不受外来干涉而具有的自我管理的权限，包括有权处理与外部的关系，监督成员的录用，制订自己的章程等。大学自治来自师生捍卫自身利益和权利的需要，是经过与教会和世俗当局长期斗争的结果。”[④]作为大学之魂，欧洲中世纪大学赋予现代大学以学术独立的姿态和理性思考的责任，彰显自身的尊严和立场。

① ［美］亚伯拉罕·弗莱克斯纳：《现代大学论》，徐辉等译，浙江教育出版社2001年版，第4页。
② 杨东平：《大学之道》，文汇出版社2003年版，第2页。
③ 贺国庆等：《欧洲中世纪大学》，人民教育出版社2009年版，第226页。
④ 贺国庆等：《欧洲中世纪大学》，人民教育出版社2009年版，第212页。

三、大学之“用”

大学与社会关系的良性互动是推动现代大学发展的必要因素。“社会”是一个处于变化与发展中的有机整体和复杂系统。社会有机体中的各个因素彼此联系、相互作用。“大学”作为“社会”有机体中的重要组成部分，会因其变化而变化，并与社会经济、文化、政治制度相互作用。从现代大学的发展来看，一方面，社会发展对大学教育具有促进作用，现代大学充分关注到社会的新变化和新需求，并据此调整了自身规模与结构。另一方面，大学又对社会发展产生推动作用，如现代大学不仅将其科研成果应用于社会所需部门的生产和建设，而且还为社会各领域的发展培养了大量的精英人才。这些重要的人力资源往往正是国家经济腾飞所需的必要冲力。学术是大学的本质所在，而社会需要则是大学学术拓展的重要外在条件。大学在保持其内部学术发展水平的同时，还要不断地与外部社会进行互动，从中找到大学与社会联结的渠道，并因其所需地对自身结构、政策等进行适应性调整，从而在根本上保证学术内因产生新的价值动力。

四、大学之“界”

在过去的几十年中，由纽曼和洪堡所倡导的常规大学模式以及作为研究和自由教育传统牢固基础的大学面临一种日益增强的挑战。高等教育新的供应商正在涌现，不断增长的私有化，有时候以“大学”的名义“追求利润”，经常在通讯和信息技术最新发展的帮助下进行远距离和跨地区的传送。[1]就地理和观念层面来讲，对高等教育的边界有越来越多的渗透，这导致对边界的描述没有以前那么清晰。这些新的发展不可避免地改变着高等教育的范围和规模。“无边界”高等教育的成长意味着新的结构和合作形式的出现，在公共资金缺乏的情况下，这样便扩大了容量，满足了人口比例增加所产生的不断增强的高等教育需求。“无边界的教育”最早由澳大利亚学者提出，这个词所唤起的直接印象是没有了地理边界，或者至少是在地理边界之间容易的和有规则的流动。具体包括三方面：学习时间为一天 24 小时、一周 7 天的全天候提供；地点不限，无论学习者的物理位置在哪里，都为学习者提供学习的机会；水平即教育与培训、大学与学院之间的边界变得日益模糊。

21 世纪大学协会是无边界高等教育中最负盛名的国际联盟之一，成立于 1997 年。作为一个由研究型大学组成的国际网络，它在合作、联合领导和创业的基础上，采取了一系列发展措施，有条理地开展工作。其在线学习的业务和加拿大汤姆森公司（Thomson Corporation）合作进行，具有明显的商业形式。汤姆森公司负责市场规划以及大部分课程的开发，并为学习者提供支持。21 世纪大学协会代表着那些有可能被看作具有良好基础的、以科研为导向的传统大学之中的一个相当保守的联盟。然而，全球 21 世纪大学联盟的权力看起来更加具有无边界性，它通过与汤姆森公司合作这样一些相当新颖的方式扩展了传统大学的模式，这种方式大多数以大学和媒体或出版社相合作的方式更进了一步。

随着高等教育的边界越来越具有渗透性，一些传统的东西已经发生了变化，诸如在何地接受教育以及学习的层次等问题已经较难回答，高等教育的边界越来越难以严格地区分。提供高等教育的新的形式和机构看来正在对长期存在的大学的垄断地位提出挑战。一种渐增的多样化的前景开始

① 参见［英］罗杰·金：《全球化时代的大学》，赵卫平主译，浙江大学出版社 2008 年版，第 234 页。

出现，这种发展提出了一些这样的问题，例如“高等教育是由什么构成的”以及从根本上讲“它重要吗”？无边界高等教育的发展表明，传统大学的领域和特权正在遭受挑战，如果还不算围攻的话。美国教育家彼得·德鲁克认为大学的丧钟即将敲响：“30 年后，庞大的大学校园将成为遗骸，大学将无法幸存。”[①]这种说法相当草率，在互联网的时代大背景下，大学或许会发生变化，某些变化甚至是戏剧性的，但不至于无法幸存。但，不管怎样，国家和大学都必须附有革新精神和积极性，以应对变动的世界。“如果没有一个对所有国家和机构的明确的行动计划，也可能需要有一个基本的前提，从而明确高等教育系统是如何有效地为各个国家的发展做出贡献，以及各个机构在这个系统内如何有选择性地发展。”[②]

各历史时期，因国家任务及国家对大学要求的不同，国家对大学的职能范围也发生着相应变化。从国家对大学的“不作为”到“大有作为”的转变中不难看出国家职能变化对国家和大学关系的调整所发挥的影响力。而“当国家职能发生变化时，如何合理调整国家与大学关系，并使两者置于良性发展的状态”则是需要进一步深思的问题。无论国家职能如何变化，国家对大学都要尽可能地发挥积极保障的作用，如在资金、物质、资源、组织等方面为大学提供必要的支持与援助；为大学提供良好的学术研究氛围，抵御和防范一切可能威胁“学术自由”的因素，使其免受来自国家、社会的干扰和内部派系斗争的破坏。同时，国家也要将对大学的消极保障置于合理的限度内。这里的消极保障主要指国家以保障“学术自由”为名义，对大学的教学与科研活动进行监督，甚至在一定程度上对其实施强制性的干预。合理的监督是必要而无害的，但是当这种监督超出一定的限度

① ［英］罗杰·金：《全球化时代的大学》，赵卫平主译，浙江大学出版社 2008 年版，第 266 页。

② Jamil Salmi, “Pacing the Challenges of the Twenty-first Century”,in Simon Sohwartzman, *Higher Education in Latin America and the Challenges of the 21st Century*,Ny:springer, 2020,p.27.

而变为强制性的干预时，则会阻碍大学教学和科学研究的正常发展。

当国家职能发生变化时，合理地调整国家与大学的关系，并将两者置于良性的发展机制中，是保证和促进现代大学教育发展的重要因素。现代大学只有不断增强自我管理能力才能从根本上提高自身的组织意识、责任意识和对社会的适应能力。这些对我国现代大学制度的完善有借鉴意义。让我们回顾一下弗莱克斯纳的一段话："……承担决策的责任是一回事，为证实真理或检验理论而进行实验则是另一回事。现代大学既不必害怕社会，也不必对其行为承担责任。我一向主张大学与现实世界保持接触，同时继续不需承担责任。这两种态度是否不相兼容？大学是否真能对社会的、政治的和经济的现象持客观态度？它们是否能够在研究现象的同时，不去考虑在任何特定的时候就某些特定的事告诉立法机关、社区公众、市政当局和各种商会应做些什么？我认为大学必须而且能够做到这一点。这是一个观念和组织的问题。"①

威尔·杜兰特说过的一段乐观又有信心的话可以作为本书的结尾："如果教育能传播文明，我们毫无疑问是在进步之中。文明不能遗赠，它必须经由每一代人重新学习。如果传播的过程被打断一个世纪以上，文明就会死亡，我们又会重新变成野蛮人。因此当代最好的成就，就是付出了空前的财力和人力，为所有的人提供了更高的教育。过去念大学是奢侈的，是为有闲阶级的男士设计的；今天的大学到处都是，只要你肯努力，就可以变成博士。我们也许超不过古代那些出类拔萃的天才，但是我们的知识水平与平均数已经上升，远远超过了历史上的任何一个时代。"②

① ［美］亚伯拉罕·弗莱克斯纳：《现代大学论》，徐辉等译，浙江教育出版社 2001 年版，第 11 页。
② ［美］威尔·杜兰特：《历史的教训》，倪玉萍等译，四川人民出版社 2015 年版，第 180—181 页。

参考文献

| 中文文献 |

（一）学术专著

1. [澳]W.F. 康内尔:《20 世纪世界教育史》，孟湘砥、胡若愚译，人民教育出版社 1990 年版。
2. [澳] 戈登·福斯:《当代澳大利亚社会》，赵曙明译，南京大学出版社 1993 年版。
3. [澳] 黄开济、奥德丽·艾伦斯:《悉尼大学》，朱勃、王孟宪、沈煜峰译，湖南教育出版社 1988 年版。
4. [澳] 杰弗里·博尔顿:《澳大利亚历史：1942—1988》，李尧译，北京出版社 1993 年版。
5. [澳] 理查德·怀特:《创造澳大利亚》，杨岸青译，云南人民出版社 1999 年版。
6. [澳] 曼宁·克拉克:《澳大利亚简史》，中山大学《澳大利亚简史》翻译组译，广东人民出版社 1973 年版。
7. [澳] 斯图亚特·麦金泰尔:《澳大利亚史》，潘兴明译，东方出版中心 2009 年版。
8. [澳] 西蒙·马金森、马克·康西丹:《澳大利亚企业型大学的权力结构、管理模式与再创造方式》，周心红译，浙江大学出版社 2007 年版。
9. [澳] 西蒙·马金森:《澳大利亚教育与公共政策》，严慧仙、洪淼译，浙江大学出版社 2007 年版。
10. [澳] 西蒙·马金森:《教育市场论》，金楠、高莹等译，浙江大学出版社 2008 年版。
11. [澳] 西蒙·马金森:《现代澳大利亚教育史——1960 年以来的政府、经济与公民》，沈雅雯、周心红、蒋欣译，浙江大学出版社 2007 年版。
12. [比] 希尔德·德·里德 - 西蒙斯:《欧洲大学史——第一卷中世纪大学》，张斌贤、程玉红、和震等译，河北大学出版社 2008 年版。
13. [德] 彼得·贝格拉:《威廉·冯·洪堡传》，袁杰译，商务印书馆 1994 年版。
14. [德] 弗·鲍尔生:《德国教育史》，滕大春等译，人民教育出版社 1986 年版。

15. [德]弗里德里希·包尔生:《德国大学与大学学习》，张弛等译，人民教育出版社2008年版。
16. [德]汉斯格特·派泽特:《联邦德国的高等教育》，陈洪捷译，北京大学出版社1993年版。
17. [德]克里斯托弗·福尔:《1945年以来的德国教育：概览与问题》，肖辉英等译，人民教育出版社2002年版。
18. [德]威廉·格·雅柯布斯:《费希特》，李秋零译，中国社会科学出版社1992年版。
19. [法]埃米尔·涂尔干:《教育思想的演进》，李康译，上海人民出版社2006年版。
20. [法]里昂耐尔·理查尔:《魏玛共和国时期的德国》，李末译，山东画报出版社2005年版。
21. [法]雅克·勒高夫:《中世纪》，王晓辉译，重庆大学出版社2011年版。
22. [法]雅克·韦尔热:《中世纪大学》，王晓辉译，上海人民出版社2007年版。
23. [美]巴巴拉·伯恩:《九国高等教育》，上海人民出版社1973年版。
24. [美]查尔斯·霍默·哈斯金斯:《大学的兴起》，梅义征译，上海三联书店2007年版。
25. [美]丹尼尔·贝尔:《后工业社会》，彭强译，科学普及出版社1985年版。
26. [美]丹尼尔·布尔斯廷:《美国人：民主历程》，中国对外翻译出版公司译，三联书店1993年版。
27. [美]克拉克·克尔:《大学之用》，高铦、高戈、汐汐译，北京大学出版社2008年版。
28. [美]乔纳森·德瓦尔德:《欧洲贵族1400—1800》，姜德福译，商务印书馆2008年版。
29. [美]史蒂文·迪纳:《非常时代：进步主义时期的美国人》，萧易译，上海世纪出版集团2008年版。
30. [美]斯塔夫里阿诺斯:《全球通史：从史前史到21世纪》，吴象婴等译，北京大学出版社2006年版。
31. [美]雅罗斯拉夫·帕利坎:《大学理念重审：与纽曼对话》，杨德友译，北京大学出版社2008年版。
32. [美]亚伯拉罕·弗莱克斯纳:《现代大学论——美英德大学研究》，徐辉、陈晓菲等译，浙江教育出版社2001年版。

33. [美] 约翰·布鲁贝克:《高等教育哲学》，王承绪、郑继伟、张维平等译，浙江教育出版社 1987 年版。
34. [美] 约翰·根室:《澳新内幕》，符良琼译，上海译文出版社 1979 年版。
35. [西] 奥尔特加·加塞特:《大学的使命》，徐小洲、陈军译，浙江教育出版社 2001 年版。
36. [印] 阿马蒂亚·森:《以自由看待发展》，任赜、于真译，中国人民大学出版社 2009 年版。
37. [印] 拉贾·罗伊·辛格:《亚洲及太平洋地区的教育——回顾与展望》，马燕生、师淑云译，中国对外翻译出版公司 1989 年版。
38. [英] 阿什比:《科技发达时代的大学教育》，滕大春、腾大生译，人民教育出版社 1983 年版。
39. [英] 大卫·帕尔菲曼:《高等教育何以为“高”——牛津导师制教学反思》，冯青来译，北京大学出版社 2011 年版。
40. [英] 海斯汀·拉斯达尔:《中世纪的欧洲大学——大学的起源》，崔延强、邓磊译，重庆大学出版社 2011 年版。
41. [英] 凯恩斯:《就业、利息和货币通论》，徐毓枬译，商务印书馆 1983 年版。
42. [英] 罗杰·金:《全球化时代的大学》，赵卫平译，浙江大学出版社 2008 年版。
43. [英] 温斯顿·丘吉尔:《英语国家史略（下）》，薛力敏、林林译，新华出版社 1985 年版。
44. [英] 约翰·亨利·纽曼:《大学的理想（节本）》，徐辉、顾建新、何曙荣译，浙江教育出版社 2001 年版。
45. 艾伟:《出席澳洲新教育国际会议记》，商务印书馆 1947 年版。
46. 陈学飞:《美国高等教育发展史》，四川大学出版社 1989 年版。
47. 戴问天:《格廷根大学》，湖南教育出版社 1986 年版。
48. 单中惠、杨捷:《外国大学教育问题史》，山东教育出版社 2006 年版。
49. 丁建弘:《发达国家的现代化道路》，北京大学出版社 1999 年版。
50. 丁学良:《什么是世界一流大学》，北京大学出版社 2004 年版。
51. 杜成宪、邓明言:《教育史学》，人民教育出版社 2004 年版。
52. 杜海燕:《澳大利亚大学发展史研究》，天津教育出版社 2012 年版。
53. 符娟明:《比较高等教育》，北京师范大学出版社 1987 年版。
54. 高志敏:《国外及中国台湾省高中后教育比较研究》，中国劳动出版社 1992 年版。

55. 宫敬才:《睿智圣殿的后裔》，河北大学出版社 1998 年版。
56. 郭德红:《美国大学课程思想的历史演进》，中央编译出版社 2007 年版。
57. 郭健:《哈佛大学发展史研究》，河北教育出版社 2000 年版。
58. 国家教育发展与政策研究中心:《发达国家教育改革的动向和趋势》，人民教育出版社 1994 年版。
59. 何伟强:《英国教育战略研究》，浙江教育出版社 2014 年版。
60. 何兆武:《历史理性的重建》，北京大学出版社 2005 年版。
61. 贺国庆等:《欧洲中世纪大学》，人民教育出版社 2009 年版。
62. 贺国庆、王保星、朱文富:《外国高等教育史》，人民教育出版社 2006 年版。
63. 贺国庆:《德国和美国大学发达史》，人民教育出版社 1998 年版。
64. 贺国庆:《近代欧洲对美国教育的影响》，河北大学出版社 2000 年版。
65. 贺国庆:《西方大学改革史略》，河北教育出版社 2011 年版。
66. 胡显章、曹莉:《大学理念与人文精神》，清华大学出版社 2006 年版。
67. 黄源深、陈弘:《从孤立中走向世界——澳大利亚文化简论》，台湾淑馨出版社 1994 年版。
68. 江爱华:《澳洲高等教育品质保证制度：背景、政策与架构》，台湾高等教育出版社 2007 年版。
69. 姜天明:《澳大利亚联邦史略》，辽宁大学出版社 2000 年版。
70. 李伯杰:《德国文化史》，对外经济贸易大学出版社 2002 年版。
71. 李昌芳、梁翠英:《当今德国教育概览》，河南教育出版社 1994 年版。
72. 李其龙:《德国教育》，吉林教育出版社 2000 年版。
73. 李盛兵:《研究生教育模式嬗变》，教育科学出版社 1998 年版。
74. 李臻:《诺贝尔奖得主的大学时代》，文汇出版社 2006 年版。
75. 林玉体:《西洋教育史专题研究论文集》，文景出版社 1988 年版。
76. 吕达:《当代外国教育改革著名文献·德法卷》，人民教育出版社 2004 年版。
77. 吕炜等:《高等教育财政：国际经验与中国道路选择》，东北财经大学出版社 2004 年版。
78. 吕一民、钱虹、汪少卿:《法国教育战略研究》，浙江教育出版社 2014 年版。
79. 马桂琪、黎家勇:《德国社会发展研究》，中山大学出版社 2002 年版。
80. 梅伟惠:《意大利教育战略研究》，浙江教育出版社 2014 年版。

81. 朴雪涛:《重建中国精英高等教育》，黑龙江人民出版社 1987 年版。
82. 钱乘旦、许洁明:《英国通史》，上海社会科学院出版社 2007 年版。
83. 秦德占:《塑造与变革：澳大利亚工党社会政策研究》，河南人民出版社 2009 年版。
84. 裘克安:《牛津大学》，湖南教育出版社 1986 年版。
85. 邵兴江:《中国教育战略研究》，浙江教育出版社 2014 年版。
86. 沈红:《美国研究型大学形成与发展》，华中理工大学出版社 1999 年版。
87. 台湾比较教育学会主编:《世界高等教育改革动向》，幼狮文化事业公司 1977 年版。
88. 滕大春:《美国教育史》，人民教育出版社 1994 年版。
89. 滕大春:《外国教育史和外国教育》，河北大学出版社 1998 年版。
90. 滕大春:《外国教育通史》，山东教育出版社 2005 年版。
91. 王保星:《西方教育十二讲》，重庆出版社 2008 年版。
92. 王斌华:《澳大利亚教育》，华东师范大学出版社 1996 年版。
93. 王承绪、徐辉:《战后英国教育研究》，江西教育出版社 1992 年版。
94. 王英杰:《美国高等教育的发展与改革》，人民教育出版社 1993 年版。
95. 王宇博:《澳大利亚——在移植中再造》，四川人民出版社 2000 年版。
96. 王宇博:《渐进中的转型——联邦运动与澳大利亚民族国家的形成》，商务印书馆 2010 年版。
97. 王治河:《全球化与后现代性》，广西师范大学出版社 2003 年版。
98. 王仲达:《加拿大教育动态与研究（1996—1998）》，教育科学出版社 1999 年版。
99. 吴世淑:《国外高等教育招生制度》，南海出版公司 1992 年版。
100. 吴式颖:《外国现代教育史》，人民教育出版社 1997 年版。
101. 吴祯福:《澳大利亚历史（1788—1942）》，北京出版社 1992 年版。
102. 谢少华:《权力下放与课程政策变革——澳大利亚经验与启示》，中山大学出版社 2002 年版。
103. 谢泳:《西南联大与中国现代知识分子》，湖南文艺出版社 1998 年版。
104. 刑克超:《战后法国教育研究》，江西教育出版社 1993 年版。
105. 徐辉、郑继伟:《英国教育史》，吉林人民出版社 1993 年版。
106. 杨汉清:《比较高等教育概论》，人民教育出版社 1997 年版。
107. 杨洪贵:《澳大利亚多元文化主义研究》，西南交通大学出版社 2007 年版。
108. 杨明、赵凌:《德国教育战略研究》，浙江教育出版社 2014 年版。

109. 殷企平:《英国高等科技教育》，杭州大学出版社 1995 年版。
110. 于富增:《国际高等教育发展与改革比较》，北京师范大学出版社 1999 年版。
111. 张建新:《高等教育体制变迁研究——英国高等教育从二元制向一元制转变探析》，教育科学出版社 2006 年版。
112. 张泰金:《英国的高等教育：历史·现状》，上海外语教育出版社 1995 年版。
113. 张燕军:《美国教育战略研究》，浙江教育出版社 2014 年版。
114. 赵演:《六十七国教育制度一览》，商务印书馆 1937 年版。
115. 赵中建、顾建民:《比较教育的理论与方法——国外比较教育文选》，人民教育出版社 1994 年版。
116. 郑富芝:《高等教育发展政策国别报告》，教育科学出版社 2002 年版。

（二）期刊论文

1. [澳]麦可·辛、张玲:《欧洲博洛尼亚进程与“澳大利亚高等教育毕业声明”——降低高校毕业生流动信息障碍》,《现代大学教育》2008 年第 3 期。
2. 白惠芳:《欧洲大学教育“品质保证”之趋势》,《深圳大学学报（人文社会科学版）》1994 年第 3 期。
3. 蔡丹、叶云竟:《17、18 世纪欧洲大学普遍走向衰败的根本原因及对我国的启示》,《世界教育信息》2009 年第 4 期。
4. 蔡敏:《欧洲大学内部质量保障体系的构建及评价》,《比较教育研究》2012 年第 1 期。
5. 曾满超、王美欣、蔺乐:《美国、英国、澳大利亚的高等教育国际化》,《北京大学教育评论》2009 年第 2 期。
6. 陈·巴特尔、Peter ENGLERT :《从民族大学的建立看中加少数民族高等教育发展模式的异同——以中国中央民族大学和加拿大第一民族大学为例》,《民族教育研究》2008 年第 3 期。
7. 陈立鹏:《关于我国大学章程几个重要问题的探讨》,《中国高教研究》2008 年第 7 期。
8. 陈敏:《我国现代大学章程的缘起与困境分析》,《现代教育科学》2007 年第 4 期。
9. 陈树清:《美国研究生教育发展的历程其特点》,《外国教育动态》1982 年第 1 期。

10. 陈伟:《大学如何产生?——中世纪晚期欧洲大学的逐步形成及其历史意义》,《现代大学教育》2005 年第 3 期。
11. 陈宪:《澳大利亚的 HECS 经验——我国高等教育可以借鉴的高校收付费体制》,《比较教育研究》2001 年第 2 期。
12. 陈欣:《澳大利亚高等教育问责: 政策和实践》,《外国教育研究》2009 年第 10 期。
13. 谌启标:《澳大利亚“新管理主义”教育改革述评》,《外国教育研究》2003 年第 4 期。
14. 崔爱林、张在法:《澳大利亚联邦和各州对高等教育投资的法律权限的转换》,《河北大学学报(哲学社会科学版)》2007 年第 5 期。
15. 戴星东:《澳大利亚的高级教育学院》,《外国问题研究》1982 年第 2 期。
16. 董筱婷:《欧盟: 欧洲大学需要全球性思考》,《比较教育研究》2013 年第 10 期。
17. 董秀华:《澳大利亚私立邦德大学发展探秘》,《教育发展研究》2003 年第 6 期。
18. 范元伟、宋殿清、孙亚琴:《澳大利亚高等教育收费计划改革及其对中国的启示》,《黑龙江高教研究》2005 年第 8 期。
19. 付有强:《近代早期欧洲大学与城镇间的互动》,《黑龙江史志》2010 年第 7 期。
20. 葛盈辉:《澳大利亚大学生资助政策及其变革》,《比较教育研究》2006 年第 6 期。
21. 顾明远:《大学的理想和高等教育改革》,《吉林教育科学》1997 年第 5 期。
22. 郭振铎、孙玉秀:《中世纪欧洲大学的城市》,《史学月刊》1957 年第 4 期。
23. 韩震:《社会发展与大学组织方式、教学方式及其功能的变革——考察澳大利亚高等教育的体会与思考》,《比较教育研究》2009 年第 4 期。
24. 何怀宏:《观念的力量》,《读书》2008 年第 1 期。
25. 何雪莲:《从英国“外省”到自我认同: 澳大利亚大学校训研究》,《高等教育研究》2010 年第 6 期。
26. 贺国庆:《法国启蒙运动教育思想对美国的影响》,《河北大学学报(哲学社会科学版)》1994 年第 3 期。
27. 贺国庆:《近代欧洲大学起源探微》,《河北大学学报(哲学社会科学版)》1999 年第 4 期。
28. 贺国庆:《中世纪大学向现代大学的过渡——文艺复兴与宗教改革时期欧洲大学的变迁》,《教育研究》2003 年第 11 期。

29. 贺国庆:《高等教育的重大转折——工业时代欧洲大学的变革》,《河北师范大学学报(教育科学版)》1999 年第 3 期。
30. 贺国庆:《还原大学——以历史的眼光看当今中国的大学》,《高等教育研究》2004 年第 2 期。
31. 贺国庆:《开拓新的研究领域——比较教育史实研究的意义》,《比较教育研究》1996 年第 2 期。
32. 贺国庆:《中世纪大学和现代大学》,《河北师范大学学报(教育科学版)》2004 年第 2 期。
33. 侯怀银、李旭:《20 世纪比较教育学学科建设的本土探索》,《高等教育研究》2010 年第 2 期。
34. 侯威、许明:《澳大利亚高等教育质量保证机制概述》,《比较教育研究》2002 年第 3 期。
35. 胡建华:《大学史研究之于高等教育学科的意义 —— 读张斌贤与贺国庆等翻译的〈欧洲大学史〉》,《高等教育研究》2009 年第 1 期。
36. 胡劲松:《传统大学的现代改造——德国联邦政府高等教育改革政策述评》,《比较教育研究》2001 年第 4 期。
37. 胡莉芳:《大学章程制定的核心问题与原则探究》,《中国高教研究》2007 年第 10 期。
38. 胡钦晓:《从文艺复兴到启蒙运动:社会资本视角下欧洲传统大学的没落》,《江苏高教》2011 年第 1 期。
39. 黄旭华、盛世明、孙元:《中世纪欧洲大学学费政策》,《高教探索》2014 年第 1 期。
40. 黄旭华、盛世明:《中世纪欧洲大学教师资格制度及启示》,《清华大学教育研究》2013 年第 1 期。
41. 吉田正晴、张宝泉:《法国大学的自治与管理》,《现代中小学教育》1988 年第 3 期。
42. 姜文闵:《欧洲大学的兴起及其特点》,《河北大学学报(哲学社会科学版)》1982 年第 4 期。
43. 孔莹莹:《高等教育质量保障:欧洲大学协会的新思路》,《中国高等教育评估》2004 年第 3 期。

44. 李红宇、陈强、张毅:《澳大利亚墨尔本大学“墨尔本模式”改革初探》,《清华大学教育研究》2008 年第 6 期。
45. 李平:《欧洲大学智力资本报告制度及其启示》,《比较教育研究》2008 年第 12 期。
46. 李巧平:《墨尔本模式:澳大利亚公立大学新型人才培养模式的探路者》,《全球教育展望》2008 年第 12 期。
47. 李庆豪、沈红:《西方国家高等教育学费政策的变化及其影响》,《比较教育研究》2005 年第 9 期。
48. 李胜元:《澳大利亚高等教育质量保障体制略论》,《西南大学学报(人文社会科学版)》2006 年第 1 期。
49. 李兴业:《法国大学的学制、学位与文凭》,《外国教育动态》1983 年第 5 期。
50. 李兴业:《90 年代法国高等教育发展回眸》,《比较教育研究》2000 年第 5 期。
51. 李兴业:《法国大学的危机与改革》,《上海高教研究》1988 年第 4 期。
52. 李旭、肖甦:《澳大利亚跨国高等教育跨越式发展历程及其特点、问题述评》,《比较教育研究》2010 年第 11 期。
53. 李永全:《1793—1896 年法国大学断层分析——基于教育生态学的视角》,《复旦教育论坛》2011 年第 6 期。
54. 刘春华:《德国大学对美国“大学化”运动影响探析》,《高校教育管理》2013 年第 2 期。
55. 刘大明:《法国启蒙运动公民教育思想析论》,《北大史学》2005 年第 11 期。
56. 刘河燕:《欧洲中世纪大学学生资格考》,《黑龙江高教研究》2015 年第 4 期。
57. 刘晖:《从〈罗宾斯报告〉到〈迪尔英报告〉——英国高等教育的发展路径、战略及其启示》,《比较教育研究》2002 年第 2 期。
58. 刘辉、王向华:《大众化进程中高等教育机会多样化改革:澳大利亚的政策与启示》,《高等教育研究》2007 年第 6 期。
59. 刘辉:《澳大利亚大学战略规划:探究与启示》,《高等教育研究》2005 年第 12 期。
60. 刘莉:《欧洲大学科研评价与拨款的相关度》,《复旦教育论坛》2004 年第 3 期。
61. 刘益春:《澳大利亚大学教师管理、培训的特点与启示》,《外国教育研究》2006 年第 1 期。
62. 卢乃桂、操太圣:《中国改革情境中的全球化:中国高等教育市场化现象透析》,《北京大学教育评论》2003 年第 1 期。

63. 罗爱梅:《阿拉伯伊斯兰文明对欧洲大学创立的影响》,《阿拉伯世界》2001 年第 2 期。
64. 马超:《从讲座制到系科制：欧洲大学内部管理权力的变更》,《比较教育研究》2006 年第 4 期。
65. 马怀德:《欧洲大学校长选拔制度与治理结构》,《教育研究》2011 年第 2 期。
66. 马陆亭:《大学章程地位与要素的国际比较》,《教育研究》2009 年第 6 期。
67. 米歇尔・列申斯基:《德国高等教育中的财政和绩效导向预算：竞争激发效率》,《北京大学教育评论》2008 年第 1 期。
68. 倪小敏:《政策视阈下高等教育使命的当代转型——澳大利亚〈处在十字路口的高等教育〉解读》,《江苏高教》2010 年第 1 期。
69. 牛长松:《澳大利亚的“高等教育贡献计划”》,《高等工程教育研究》2006 年第 5 期。
70. 潘懋元:《一流大学不能跟着“排名榜”转》,《清华大学教育研究》2003 年第 3 期。
71. 钱玲:《“欧洲定期法规”实施，引发欧洲大学裁员风波》,《比较教育研究》2005 年第 1 期。
72. 宋军:《欧洲大学的诞生对于其文明进程的影响》,《自然辩证法研究》2010 年第 11 期。
73. 孙瑜:《大学与 18 世纪的启蒙运动》,《浙江学刊》2009 年第 5 期。
74. 田恩舜:《澳大利亚高等教育投资体制改革综述》,《比较教育研究》2002 年第 12 期。
75. 田莉:《澳大利亚高等教育改革政策的发展趋势》,《外国教育研究》2005 年第 12 期。
76. 田凌晖:《澳大利亚高等教育发展：战略分析的视角》,《复旦教育论坛》2008 年第 1 期。
77. 王保星:《大学之变・大学之源・大学之魂——〈欧洲中世纪大学〉的学术使命》,《河北师范大学学报（教育科学版）》2010 年第 5 期。
78. 王斌华:《澳大利亚高等教育（上）》,《外国教育资料》1993 年第 2 期。
79. 王斌华:《澳大利亚高等教育（下）》,《外国教育资料》1993 年第 3 期。
80. 王成云、阎红梅:《澳大利亚高等教育改革的态势分析》,《高教探索》2006 年第 3 期。

81. 王春华:《欧洲大学协会的欧洲高等教育认证方案》,《比较教育研究》2001 年第 3 期。
82. 王大中:《关于在中国建设世纪一流大学的若干问题》,《清华大学教育研究》2000 年第 1 期。
83. 王凤玉:《中国书院与欧洲中世纪大学的不同历史命运及文化潜因》,《河北师范大学学报(教育科学版)》2000 年第 4 期。
84. 王莉华:《英国高等教育成本分担政策——政府市场策略的发展及其影响》,《比较教育研究》2007 年第 2 期。
85. 王晓辉:《20 世纪法国高等教育发展回眸》,《高等教育研究》2000 年第 2 期。
86. 王峥:《从澳大利亚对大学的评估排名看对高等教育的评价》,《云南师范大学学报哲学(社会科学版)》1996 年第 1 期。
87. 吴雪萍、刘辉:《澳大利亚高等教育教学质量保障策略探究》,《比较教育研究》2004 年第 9 期。
88. 武学超:《基于"知识三角"逻辑的欧洲大学改革与启示——以芬兰阿尔托大学为例》,《比较教育研究》2014 年第 2 期。
89. 刑克超:《大学发展的一个新阶段——法国高等教育管理改革十年简析》,《比较教育研究》2001 年第 7 期。
90. 邢来顺:《启蒙运动与德国的文化民族主义》,《浙江学刊》2007 年第 3 期。
91. 徐兵:《欧洲中世纪大学的科学研究与科学教育》,《高等教育研究》1996 年第 6 期。
92. 徐春妹:《欧洲中世纪大学自治对现代大学自治的启示》,《现代教育科学》2007 年第 7 期。
93. 徐继宁:《英国大学与工业关系研究述评》,《现代教育科学》2007 年第 1 期。
94. 徐静:《欧洲诸大学资金缺乏,险落二流地位》,《比较教育研究》2003 年第 5 期。
95. 徐岚、卢乃桂:《市场化背景中的澳大利亚八校联盟及其启示》,《高等教育研究》2010 年第 1 期。
96. 许智宏:《创建世界一流大学要有新思路新对策》,《中国高等教育》2001 年第 2 期。
97. 燕凌、洪成文:《入世后澳大利亚高等教育服务贸易》,《比较教育研究》2005 年第 2 期。
98. 杨果、赵治乐:《也谈宋代书院与同时代的欧洲大学》,《湖北大学学报(哲学社会科学版)》2004 年第 2 期。

99. 杨军、焦志勇:《我国公立大学章程制定中存在的问题及对策》,《中国高等教育》2008 年第 19 期。
100. 杨锐:《90 年代澳大利亚高等教育的新变化》,《高教探索》1998 年第 1 期。
101. 杨晓波:《中国公立大学章程的制定主体资格研究》,《高教探索》2007 年第 4 期。
102. 杨晓斐:《欧洲大学科研捐赠模式与保障措施》,《高教探索》2014 年第 1 期。
103. 杨尊伟、杨昌勇:《澳大利亚高等教育国际化发展及动因探析》,《外国教育研究》2008 年第 9 期。
104. 姚文峰、谌启标:《欧洲大学化教师教育改革新进展》,《外国中小学教育》2006 年第 11 期。
105. 姚先国:《一流大学如何打造? ——读丁学良〈什么是世界一流大学〉有感》,《中国高等教育》2005 年第 19 期。
106. 易红郡、刘东敏:《文艺复兴时期欧洲大学的变迁》,《清华大学教育研究》2005 年第 3 期。
107. 易红郡:《近代早期欧洲大学中的科学研究》,《中国人民大学教育学刊》2012 年第 4 期。
108. 易红郡:《宗教改革时期欧洲大学的变革: 以德、法、英三国大学为例》,《现代大学教育》2012 年第 6 期。
109. 易红郡:《英国大学与产业界之间的“伙伴关系”》,《清华大学教育研究》2004 年第 1 期。
110. 殷朝晖:《澳大利亚科研密集型大学的形成与发展》,《理工高教研究》2004 年第 2 期。
111. 于书娟:《欧洲大学史的研究史》,《大学教育科学》2011 年第 4 期。
112. 张安德:《澳大利亚民族文化心理的自卑与优越》,《湖北大学学报 (哲学社会科学版)》1997 年第 5 期。
113. 张安梅:《澳大利亚: 寻求多样性的高等教育发展蓝图》,《比较教育研究》2010 年第 11 期。
114. 张斌贤:《“大学发展不能摆脱历史” ——〈欧洲大学史〉第一卷〈中世纪大学〉译介》,《清华大学教育研究》2005 年第 3 期。
115. 张民选:《关于大学生资助政策发展的比较研究》,《教育研究》2007 年第 4 期。
116. 张文显、周其凤:《大学章程: 现代大学制度的载体》,《中国高等教育》2006 年第 20 期。

117. 张晓丹:《中世纪黑暗中的一束火花——欧洲大学兴起的历史意义再认识》,《湖湘论坛》1992 年第 5 期。

118. 郑必俊、陶洁:《欧洲诸大学妇女研究发展之走向》,《妇女研究论丛》1999 年第 1 期。

119. 郑建林、马立武:《从大学发展的源头看高等教育的职业性特征——欧洲中世纪大学的职业性分析》,《河北师范大学学报(教育科学版)》2011 年第 11 期。

120. 舟辑:《中世纪的欧洲大学》,《上海师范大学学报(哲学社会科学版)》1990 年第 3 期。

121. 周谷平、张雁:《中国古代太学与欧洲中世纪大学之比较——兼论我国现代大学的起源》,《高等教育研究》2006 年第 5 期。

122. 朱锡强:《中世纪欧洲的大学》,《徐州师范学院学报》1979 年第 2 期。

123. 祝怀新、李玉静:《澳大利亚高等教育资助制度改革新策略——〈2003 年高等教育支持法案〉解析》,《高等教育研究》2005 年第 3 期。

124. 祝怀新、刘晓楠:《澳大利亚大学教育券制的设想与论争》,《高等教育研究》2004 年第 2 期。

125. 祝怀新:《澳大利亚私立高等教育的发展及其启示》,《教育发展研究》2001 年第 10 期。

| 英文文献 |

(一)学术专著

1. Barcan,Alan,*A History of Australian Education*,Melbourne:Oxford University Press,1980.

2. Blackmore,W.H.,*Landmarks:A History of Australia to the Present Day*,Adelaide:The Macmillan Company of Australia Pty Ltd.,1977.

3. Blaug,Mark,*An Introduction to the Economics of Education,*London:Penguin Books,1970.

4. Buchanan,James & Devletogiou,Nicos,*Academia in Anarchy*,New York:Basic Books,1970.

5. Buckingham,D.,*Education as An International Commodity:the Policy Context*,Canberra:Commonwealth Department of Education,1986.

6. Butts,R.F.,*A Cultural History of Education*,Irwin:McGraw-Hill,1947.

7. Chipman,Lauchlan,*Liberty,Equality and Unhappiness*,Sydney:The Centre for Independent Studies,1978.

8. Clark,B.R.,*Entrepreneurial Universities*,New York:Elsevier,1998.

9. Connell,W.F.,*A History of Education in the Twentieth Century World*,New York:Teachers College Press,1980.

10. Currie,J.,Newson,J.,*Universities and Globalization:Critical Perspectives*,Thousand Oaks:Sage Publications,1998.

11. Currie,Jan,Thiele,Bev,Harris,Patricia,*Gendered Universities in Globalized Econnomies:Power,Careers,and Sacrifices*,New Youk:Lexington Books,2002.

12. DEET,*Selected Higher Education Statistics*,Canberra:Australian Government Publishing Service,1991.

13. Evatt,H.V.,*Australian Labor Leader*,Sydney:Angus&Robertson,1942.

14. Eveline,Joan,*Ivory Basement Leadership:Power and Invisibility in the Changing University*,Crawley:University of Western Australia Press,2004.

15. Forth,Gordon,*Contemporary Australian Society*,Geelong:Deakin University Press,1993.

16. Green,Madeleine,*Transforming Higher Education:Views from Leaders Around the World*,Phoenix:The Oryx Press,1997.

17. Hall,Stuart,Jacques,Martin,*New Times:Changing Face of Politics in the 1990's*,New York:Lawrence & Wishart Ltd.,1989.

18. Halsey,A.H.,Lauder,Hugh,Brown,Phillip,*Education:Culture,Economy,and Society*,Oxford:Oxford University Press,1997.

19. Harman,G.,*The Dawkins Reconstruction of Australian Higher Education*,San Francisco:Paper at the 1989 Annual Meeting of the American Education Research Association,1989.

20. Heald,D.,*Public Expenditure:Its Defence and Reform*,Oxford:Martin Robertson,1983.

21. Hore,Terry,Linke,Russell D.,West,Leo H.T.,*The Future of Higher Education in Australia*,Melbourne:The Macmillan Company of Australia Pty Ltd.,1978.

22. Jones,David,Anwyl,John,*Privatizing Higher Education:A New Australian Issue*, Canberra:University of Melbourne,1987.

23. Karmel,Tom,Nguyen,Nhi,*Australian Tertiary Education Sector* ,Melbourne:Ascot House,2003.

24. Lacey,Philip de.,*So Many Lessons to Learn:Failure in Australian Education*,Ringwood: Penguin Books,1974.

25. Macintyre,Stuart,*A Concise History of Australia*,Cambridge:Press of University of Cambrige,2004.

26. Macmillan,David.S.,*Australian Universities:A Descriptive Sketch*,Sydney:Sydney University Press,1968.

27. Marginson,S.McCulloch,G.,*Why Would Fees Increase Inequality?* Canberra:Higher Education Round Table,1985.

28. Mauch,James E.,Sabloff Paula,*Reform and Change in Higher Education:International Perspectives*,New York:Garland Pub,1995.

29. McCallum,D.,*The Social Production of Merit*,London:Falmer,1990.

30. Mclaren,John,*A Dictionary of Australian Education*,Blackburn:Dominon Press,1974.

31. Medley,J.D.G.,*The Present and Future of Australian Universitis*,Melbourne:Melbourne University Press,1945.

32. Orr,Brian,*Bond University,the Beginning,1985-1991:A Personal View*,Canberra: Branxton Press,1991.

33. Potts,Anthony,*Civic Leaders and the University:State and Municipal Politicians' Perspectives on Higher Education in Australia*,Bern:Peter Lang AG,2003.

34. Sheldrake,Peter & Linke,Russell,*Accountability in Higher Education*,Sydney:Ceorge Allen&Unwin,1979.

35. Singleton,Gwynneth,*The Howard Government*,Sydney:University of New South Wales Press,2000.

36. Slaughter,A., & Leslie,I.I.,*Academic Capitalism:Politics,Policies and the Entrepreneurial University*,Baltimore:Johns Hopkins University Press,1997.

37. Spaull,Andrew,*Australian Education in the Second World War*,Brisbane:University of Queensland Press,1982.

38. Stone,D.,*Private Higher Education in Australia*,Sydney:H.V.Evatt Foundation,1984.

39. Taylor,Sandra,Rizvi,Fazal,*Educational Policy and the Politics of Change*,London·New York:Routledge,1997.

40. David,C.B.,*Higher Education in A Post-Binary Era:National Reforms and Institutional Responses*,London·Philadelphia:Jessica Kingsley Publishers,1999.
41. Theobal,Marjorie,*Knowing Women:Origins of Women's Education in Nineteenth-century Australia*,Cambridge:Cambridge University Press,1996.
42. G.Tierney,William,*The Social Role of Higher Education:Comparative Perspectives*,New York:Garland Publishing,1996.
43. Turney,C.,*Pioneers of Australian Education*,Sydney:Sydney University Press,1969.
44. Turney,C.,*Sources in the History of Australian Education:1788-1970*,Sydney:Angus and Robertson Pulishers Pty Ltd.,1975.
45. Williams,Bruce,*Systems of Higher Education:Australia*,NewYork:ICED,1978.
46. Williams,Clive,*The Early Experiences of Students on Australian University Campuses*,Sydney:University of Sydney,1982.
47. Halsey,A.H.,Lauder,H.,*Education:Culture,Economy,and Society*,Oxford:Oxford University Press,1997.

（二）工作报告

1. Anderson,D.S.,Boven,R.,*Students in Australian Higher Education:A Study of Their Social Composition since the Abolition of Fees*,Canberra:Australian Government Publishing Service,1980.
2. Chapman,B.,Chia,Tai Tee,*Financing Higher Education:Private Rates of Return and Externalities in the Context of the Tertiray Tax*,Canberra:Australian National University,1989.
3. Christine Ewan,*Rationalising Responsibility for Higher Education in Australia:Vice Chancellors' Views*,Canberra:Australian Government Department of Education,Science and Training,2005.
4. Davidson,K.,*Education and Economy:A Portfolio of Choices for Australia's Future*,Melbourne:Commission for the Future Conference on "Futures in Education",1986.
5. Dawkins,John,*Higher Education:A Policy Discussion Paper*,Canberra:Australian Government Publishing Service,1987.

6. DEEWR,*Review of Australian Higher Education:Discussion Paper*,Commonwealth of Australia,2008.

7. DEST,*Backing Austrilia Ability*,Canberra:Australian Government Publishing Service,2001.

8. DEST,*Higher Eucation At The Crossroads:An Overview Paper*,Canberra:Australian Government Publishing Service,2002.

9. DEST,*Our Universities:Backing Our Future*,Canberra:Australian Government Publishing Service,2003.

10. DEST,*Universities Commonission Report for 1977-79 Triennium*,Canberra:DEST,1976.

11. FAUSA,*Efficiency and Effectiveness in Higher Education-Submission*,FAUSA AGM Paper,1985.

12. FAUSA,*Relation between FAUSA and the FCA:Discussion Paper*,FAUSA AGM Paper,1982.

13. FAUSA/FCA,*Thinking Ahead-Planning Growth in Australian Higher Education:A Framework,*Melbourne:Federation of Australian University Staff Assoxiation,Federated Council of Academics,1988.

14. Finn,B.,*Young People's Participation in Post Compulsory Education and Training*, Canberra:Australian Government Publishing Service,1991.

15. Fitzgerald,Ron,*Poverty and Education in Australia*,Canberra:AGPS,1976.

16. HERT,*The Tertiary Education Report:Education Unions Report to the Australian Public*,South Melbourne:Higher Education Round Table,1984.

17. Jongbloed,Ben,*Higher Education in Australia:IHEM Country Report*,Enschede: CHEPS,Universiteit Twente,2007.

18. Karmel,P.,*Some Economic Aspects of Education*,Melbourne:Cheshire,1962.

19. Martin,L.,*Tertiary Education in Australia:Report of the Committee on the Future of Tertiray Education in Australia*,Canberra:Commonwealth Government Printer,1964.

20. MCEETYA,*National Protocols for Higher Education Approval Processes*,Canberra: Ministerial Council on Education,Employment,Training and Youth Affairs,2000.

21. Miliband,D.,*Markets,Politics and Education*,London:Institute for Public Policy Research,1991.

22. Partridge,P.H.,*Tertiary Education:Society and the Future*,Sydney:Angus&Robertson,1965.

23. Pearse,H.,*The Social and Economic Impact of Student Debt*,Carlton South,VIC:Council of Australian Postgraduate Associations,2003.

24. Phillips Fox Lawyers,*The Regulatory Environment Applying to Universities*,Canberra: Australian Government Department of Education,Science and Training,2001.

25. Roderick West,et al.,*Learning for Life,Final Report:Review of Higher Education Financing and Policy*,Canberra:Department of Employment,Training and Youth Affairs,1998.

26. Trow,Martin,et al.,*Problems in the Transition from Elite to Mass Higher Education*,Berkeley: Carnegie Commission on Higher Education,1973.

27. UNSWSA,*Comments on the Discussion Paper:Co-operation between FAUSA and the FCA and Relations in the Future*,Sydney:University of New South Wales Staff Association,1983.

28. Wran,Neville,et al.,*Report of the Committee on Higher Education Funding*,Canberra:DEET,1988.

29. Sinclair-Jones,Janet,et al.,*The Idea of the University in Australia in the 1990s*,The Dissertation from the School of Social Sciences and Asian Languages,Perth:Curtin University of Technology,1996.

（三）期刊论文

1. Allard,Andrea C.,"Reform and Resistance in Aboriginal Education:The Australian Experience",*Australian Educational Researcher,*2004,31(2).

2. Anderson,Richard, "The Advantages and Risks of Entrepreneurship",*Academe,*1990(9-10).

3. Bates,Richard,"Education and the Corporate Economy:a Response to Headley Beare",*Unicorn*,1982,8(4).

4. Birrell,Bob&Daniel,Edwards,"The Bradley Review and Access to Higher Education in Australia",*Australian Universities Review,*2009,51(1).

5. Blandy,Richard,"A Liberal Strategy for the Reform of Education and Training in Australia",*Education,Training and Employment*,1979(2).

6. Boadle,Don,"Australian University Archives and Their Prospects",*Australian Academic&Research Libraries,*1999,30(3).

7. Byrne,Alex, “Librarians Abroad:Australian Librarianship in the World”,*Australian Academic&Research Libraries*,2005,36(3).

8. Caruana,Albert,Ra maseshan,B.,T.Ewing,Michael,“Do Universities that Are More Market Orientated Perform Better?”,*The International Journal of Public Sector Management,*1998,11(1).

9. Chapman,B.,“Conceptual Issues and the Australian Experience with Higher Income Contingent Charges for Higher Education”,*Economic Journal,*1997,107(5).

10. Coady,Tony,Miller,Seumas,“Australian Higher Education and the Relevance of Newman”,*The Australian Universities' Review,*1993,36(2).

11. Coates,Hamish,“What's the Difference? A Model for Measuring the Value Added by Higher Education in Australia”,*Higher Education Management and Policy,*2009,21(1).

12. Cohen,David,“Australia Is Foreign Students' Favorite Destination,Survey Finds”,*Chronicle of Higher Education*,2005,52(10).

13. Davies,Susan,“The Martin Committee and the Binary Policy of Higher Education in Australia”,*Higher Education,*1991,21(3).

14. Deem,Rosemary,“Globalisation,New Managerialism,Academic Capitalism and Entrepreneurialism in Universities:Is the Local Dimension Still Important?”, *Comparative Education*,2001,37(1).

15. Duckett,S.J.,“Turning Right at the Crossroads:The Nelson Report's Proposals to Transform Australia's Universities”,*Higher Education*,2004(47).

16. FAUSA,“Late Motion-Macquarie University Staff Association”,*FAUSA AGM Paper,*1979(31).

17. FCUSAA,“Federal Council Submission to the Committee on the Future of Tertiary Education”,*Vestes,*1962,5(2).

18. Franke,D.,“Private Universities in Australia”,*Minerva,*1991,29(3).

19. Garlick,Steve,Langworthy,Anne,“Benchmarking University Community Engagement: Developing A National Approach in Australia”,*Higher Education Management and Policy,*2008,20(2).

20. Goh,Jonathan Wee Pin,“Globalization's Culture Consequences of MBA Education across Australia and Singapore:Sophistry or Truth?”,*Higher Education,*2009,58(2).

21. Harman,G.,"Institutional Mergers in Australian Higher Education Since 1960",*Higher Education Quarterly,*2000,54 (4).

22. Kenny,John,"Efficiency and Effectiveness in Higher Education:Who is Accountable for What?",*The Australian Universities' Review*,2008,50(1).

23. Lafferty,G.,"The Restructuring of Academic Work in Australia:Power,Management and Gender",*British Journal of Sociology of Education,*2000,21(2).

24. Lafferty G. & Fleming,J.,"The Restructuring of Academic Work in Australia:Power, Management and Gender",*British Journal of Sociology of Education*,2000,21(2).

25. Laurie,V.,"Learning to Export,by Degree",*Bulletin,*1992(4).

26. Marginson,Simon,"Steering from a Distance:Power Relations in Australian Higher Educaiton",*Higher Education*,1997(34).

27. Marks,Gary Neil,"The Social Effects of the Australian Higher Education Contribution Scheme(HECS)",*Higher Education*,2009,57(1).

28. Matthews J.K.& Fitzgerald R.T.,"Educational Policy and Political Platform:The Australian Labor Government",*Australian Education Review*,2007,7(4).

29. McCollow,John,"FAUSA and the Rise and Fall of the Binary System of Higher Education in Australia",*Australian Universities'Review,*1994(2).

30. McKinnon,K.,"Higher Education and Industry",*Higher Education Quarterly,*1988,42(2).

31. Meek,V.Lynn,"The Transformation of Australian Higher Education from Binary to Unitary System",*Higher Education,*1984,21(4).

32. Nyland,Chris,Forbes-Mewett,Helen & Marginson,Simon,etc.,"International Student-Workers in Australia:'A New Vulnerable Workforce'",*Journal of Education and Work,*2009,22(1).

33. Pascoe,Robert,"Admission to Australian Universities",*Journal of Higher Education Policy and Management,*1999,21(1).

34. Pick,David,"The Re-Framing of Australian Higher Education",*Higher Education Quarterly,*2006,60(3).

35. Pick,David & Taylor,Jeannette,"'Economic Rewards Are the Driving Factor':Neo-Liberalism, Globalisation and Work Attitudes of Young Graduates in Australia",*Globalisation, Societies and Education,*2009,7(1).

36. Polesel,John,"Deferring A University Offer in Rural Australia",*Australian Journal of Education,*2009,53(1).

37. Ramsey,Gregor Allen,"Higher Education in Australia:A Time of Change",*Higher Eudcation in Australia,*2001,108(3).

38. Roskam,John,"What's So Special About Universities?",*IPA Review,*2003(6).

39. Stone,D.,"The Failure of the Yanchep International Campus:A Case Study in the Politics of Marketing Education",*Politics,*1987(9).

40. Stone,Diana L.,"Private Higher Education in Australia",*Higher Education,*1990,20(2).

41. Wallis,L.,"Some Questions for the Future",*FAUSA News,*1987,87(3).

42. Walshe,Terry,"Rewarding Excellence and Promoting Improvement in Higher Education Teaching in Australia",*Journal of Higher Education Policy and Management,*2008,30(3).

43. Watty,Kim & Bellamy,Sheila,"Changes in Higher Education and Valuing the Job:The Views of Accounting Academics in Australia",*Journal of Higher Education Policy and Management,*2008,30(2).

44. West,E.,"Australian First Nations University:A Discussion on the Establishment of An Aboriginal University",*The Australian Universities' Review*,1994,37(1).

45. Wheelahan,Leesa,"Do Educational Pathways Contribute to Equity in Tertiary Education in Australia?",*Critical Studies in Education*,2009,50(3).

46. Whitchurch,Celia,"The Rise of the 'Blended Professional':A Comparison between the United Kingdom",Australia and the United States,*Higher Education,*2009,58(3).

47. Yu,P. & Kippen,R.,"The Impact of The Higher Education Contribution Scheme(HECS) and Other Factors on Australian Fertility Expectations",*Journal of Population Research,*2007,24(1).